Wilhelm Leise

WO ARMINIUS DIE RÖMER SCHLUG

SERIE PIPER
Band 1035

Zu diesem Buch

Der historische Ort der Varusschlacht, einer der berühmtesten Schlachten der Weltgeschichte, ist eines der großen Rätsel der antiken Geschichte. Wo im Teutoburger Wald lockte Arminius die Römer in einen Hinterhalt und brachte den sieggewohnten Legionen jene Niederlage bei, die den Versuch, auch das rechtsrheinische Germanien zu erobern, schon im Ansatz scheitern ließ? Mit ungewöhnlichen Methoden gelang es Wilhelm Leise, die bisher plausibelste Hypothese über die „Schlacht im Teutoburger Wald" aufzustellen. Aus vielen historischen und archäologischen Befunden entsteht so ein anschauliches Bild der dramatischen Ereignisse, die das Schicksal des rechtsrheinischen Germaniens auf Jahrhunderte hinaus bestimmen sollten.

Wilhelm Leise, geboren 1909, war Offizier, Kaufmann und Pädagoge. Zuletzt war er als Landschaftsplaner tätig. Wilhelm Leise lebt in Münster.

Wilhelm Leise

WO ARMINIUS DIE RÖMER SCHLUG

DER HISTORISCHE ORT DER VARUSSCHLACHT

Piper
München Zürich

Meiner Frau gewidmet

ISBN 3-492-11035
Juni 1990
R. Piper GmbH & Co. KG., München 1990
Lizenzausgabe mit Genehmigung der
Aschendorffschen Verlagsbuchhandlung Münster

Umschlag: Federico Luci,
unter Verwendung eines Reliefs auf einem Säulensockel
in Mainz aus der Zeit des Kaisers Vespasian
(Mittelrheinisches Landesmuseum Mainz)
Satz: Aschendorffsche Verlagsbuchhandlung Münster
Druck und Bindung: Clausen & Bosse, Leck
Printed in Germany

Inhaltsverzeichnis

Vorwort

Seit 1945 legten die Deutschen eine große Scheu an den Tag, sich mit der eigenen Geschichte zu befassen, und fremde Einflüsse jeder Art verwischten klare Bilder. Erst zur Zeit verspürt man wieder, vor allem bei der Jugend, eine Suche nach Klärung der Geschichte der Deutschen; man sucht Grundlagen, an denen man sich orientieren kann.

Als Ausgangspunkt deutscher Geschichte gilt zumeist die Auseinandersetzung der Bewohner Mitteleuropas, der Germanen, mit dem Weltreich der Römer aus dem Süden und die Abwehr des römischen Einflusses durch den Sieg des Arminius über die Römer am Beginn unserer Zeitrechnung. Doch wir wissen davon auch nur, was der Gegner selbst uns darüber berichtet hat.

Noch 1983 schrieb der Vorsitzende der Westfälischen Altertumskommission, Professor Wilhelm Winkelmann: „700 Theorien – doch keine führt zum Schlachtfeld"; denn um ein klares Bild von diesem Ereignis zu erhalten, müßte auch der Ort dieses gewaltigen Ringens bekannt sein. Hier nun liegt das Ergebnis einer Untersuchung vor, in der sich der Verfasser nicht allein von den Berichten der Römer leiten ließ, sondern zuvor ein eingehendes Bild der Eigenart der westfälischen Landschaft und ihrer Sonderheiten entwarf. Dazu gehörten die Geologie und die Geographie des Landes und andere Teile der Landeskunde, das Wasser in und auf der Erde, die Flüsse und Sümpfe, wie ihre Berge, Wälder und Heiden, auch ihre Verkehrsmöglichkeiten zu Wasser und zu Land, ebenso ihre Verteidigungsfähigkeit. Hier hinein fügte er die römischen Berichte.

Mit Erstaunen wird man nunmehr die Aufhellung feststellen, die die bisher so dunklen Stellen erfahren, und dabei die Richtigkeit der Vision erkennen, die Hans Delbrück, der große Historiker, Ende des vorigen Jahrhunderts in seiner „Geschichte der Kriegskunst" voraussagte: „Die richtige Rekonstruktion, einmal gefunden, pflegt sich darin zu bewähren, daß auch andere Stücke der Überlieferung, sonst schwer zu verstehen, eine einfache und einleuchtende Erklärung finden."

Es wird den Leser, der diese Arbeit zur Hand nimmt, trotzdem wundern, daß jemand in dieser schnellebigen Zeit des ausgehenden 20. Jahrhunderts sich daran versucht, eine Frage zu klären, die heute so unwesentlich erscheint und an der bereits so viele, auch hervorragende Geister sich verschwendet haben, allerdings ohne ein positives und klares Ergebnis. Der Ort der Varusschlacht blieb bisher unbekannt.

Wie kommt der Verfasser nun dazu, sich dieser Fragestellung zu widmen? Schon den jungen Menschen verwunderte, von der alten Geschichte anderer Völker viel zu erfahren, von der des eigenen Volkes dagegen oft nur nebulöse Vorstellungen. Doch prägten sich Gestalten wie Hermann der Cherusker aus der Geschichte oder Siegfried der Drachentöter aus der Sage stark in die junge Seele ein.

Unvorstellbar erschien es dem Verfasser jedoch, daß der Ort der Schlacht, in

der die Germanen ein ganzes Heer der weltbeherrschenden römischen Militärmacht in nur drei Tagen vollständig vernichteten, nicht mehr festzustellen sei. Anstöße und Erlebnisse ließen langsam, aber sicher eigene Erkenntnisse reifen. Insbesondere haben vier Erlebnisse in der Entwicklung der Vorstellungen, die zu einer Leitlinie wurden, besondere Impulse gegeben.
Zunächst war es ein Buch – Albert von Hofmann, „Das deutsche Land und die deutsche Geschichte" –, das über den Zusammenhang von Landschaft und ihrer Geschichte nachdenken ließ.
Später wurde der Höhenzug des Haarstrangs zeitweise Wohn- und Arbeitsgebiet des Verfassers. Dort konnte der Blick nach Süden weit über das Ruhrtal hinweg in die Berge des Sauerlandes und auf der anderen Seite nach Norden über den Hellweg in das weite Münsterland schweifen. Hier zeigte eines Tages ein alter Bauer auf den Höhenweg, einen Feldweg über seinen Acker, mit der Bemerkung: „dat es en ollen Hiärwiäch", das ist ein alter Heerweg. Es war der Haarweg.
Der Krieg führte den Verfasser als Grenadier nach Polen und durch Frankreich bis zur spanischen Grenze; doch seine Lehren erhielt er auf dem über tausend Kilometer langen Fußmarsch mit seiner bespannten Kompanie durch Ostpreußen, Litauen und über Nowgorod am Wolchow entlang bis zum Ladogasee. Mit den 140 Pferden seiner Kompanie und den 2-, 4-, und 6fach bespannten schweren Fahrzeugen lernte er die Nöte und Gefahren eines militärischen Vormarsches durch schwach erschlossene Gebiete mit allen Folgerungen bis zur Neige kennen. Dies vermittelte Einsichten in die Marschmöglichkeiten der Römer in der Zeit um Christi Geburt im rechtsrheinischen Raum, die zur Klärung der Frage nach der Örtlichkeit der Varusschlacht eine zentrale Bedeutung haben.
Zuletzt übergab ein Freund dem Verfasser in den 50er Jahren das Buch seines Vaters – A. Beneke, „Siegfried und die Varusschlacht im Arnsberger Wald" –, das, Anfang des Jahrhunderts geschrieben (Dortmund 1909), eine Menge wertvoller Informationen über den ganzen Fragenkreis barg und Kenntnisse über den Plackweg vermittelte.
Als vor wenigen Jahren im familiären Kreis mit Freunden ein Gespräch auch auf die Zusammenhänge um die Schlacht im Teutoburger Wald kam, forderte ein Historiker den Verfasser auf, seine Meinung unbedingt zu Papier zu bringen.
Erst jenseits der Pensionsgrenze kam der Verfasser dazu, sich der Frage nach dem Ort der Varusschlacht ganz zu widmen, und legt hiermit das Ergebnis der Arbeit vor.
Frau Dr. Margret Wevers und Herrn Hans-Jürgen Breuer bin ich zu großem Dank verpflichtet für Anregungen, Durchsicht und begleitende Hilfen.

Worms / Rhein, am 1. Juli 1986 — Wilhelm Leise

Teil A

Das Vexierbild

„Es wird nicht schwer fallen, Örtlichkeiten nachzuweisen,
auf welche alle gegebenen Voraussetzungen zutreffen;
aber mehrere Lösungen einer Aufgabe,
von denen nur eine richtig sein kann,
sind solange keine, als es nicht gelingt,
die ausschließliche Zulässigkeit
einer dieser Lösungen zu erweisen."

Theodor Mommsen, Die Örtlichkeit der Varusschlacht

1. DAS DENKMAL

a. Überlieferung

Aus dem Nebel unserer Frühgeschichte leuchtet kurz eine Zeit auf, welcher die Deutschen, wohl an falscher Stelle und im Stil des vorigen Jahrhunderts, ein ragendes Denkmal setzten. Das Hermannsdenkmal auf der Grotenburg bei Detmold gilt einem germanischen Fürsten, den die Deutschen fast 2000 Jahre nach seinem Leben ehren wollten: Arminius dem Cherusker. Die wenigen Jahre in der Frühgeschichte, die hier herausgestellt werden, waren erfüllt vom Abwehrkampf der rechtsrheinischen Germanen gegen einen übermächtigen Gegner: die Römer. Die entscheidende Schlacht fand statt im saltus Teutoburgiensis im Jahre 9 nach Christus.

Bis zum Beginn der Neuzeit ist die Erinnerung an diese frühe Zeit immer mehr verblaßt; das missionierte Land war von seiner frühen Geschichte getrennt. Erst seit dem Anfang des 16. Jahrhunderts, nach dem Druck der ‚Annalen' des Tacitus, streiten sich die Gelehrten über den Ort dieser Schlacht und um den germanischen Namen des Arminius.[1] Wir wissen von beidem nur, was uns der Gegner darüber berichtet hat. Die Flut der Beurteilungen und Deutungen der römischen Berichte hat in der Folgezeit ein Ausmaß erreicht, das nach Schätzungen des Bonner Museumsdirektors Harald von Petrikovits die Zahl von 700 erreicht hat.[2]

Ein halbes Jahrhundert vor unserer Zeitrechnung waren die Römer in Germanien als Eroberer erschienen. Ein Ereignis von weltgeschichtlicher Bedeutung war das „Halt", das den Römern 20 Jahre nach dem Beginn ihres stürmischen und kraftvollen Vordringens ins ostrheinische Germanien geboten wurde. Die Welteroberer wurden durch eine Macht aufgehalten, die sie bis dahin nicht recht ernst genommen hatten. Stämme, die in den Augen der Römer unterentwickelt waren, hatten in einer militärischen Blitzaktion eine ganze römische Armee in nur drei Tagen vollständig vernichtet. Nach einer Überlieferung Suetons soll Kaiser Augustus seinen Kopf gegen die Wand geschlagen haben mit dem Ruf: „Varus, Varus, gib mir meine Legionen wieder!"[3]

Die eigenständige Entwicklung, die sich danach jenseits des Rheines im germanischen Kernraum vollzog, war nicht nur bestimmend für die geschichtliche Entwicklung des frühen Mittelalters, sondern sie schuf auch die Grundlagen für das eigenständige Werden der Deutschen bis in unsere Zeit.

Allerdings, wer dieses Halt gebot, das die Germanen jenseits des Rheines den sieggewohnten Römern setzten, und wie dies geschah, das ist in Deutschland erst sehr spät bekannt geworden. Die Überlieferung dieser geschichtlichen Vorgänge erfolgte auch nicht auf eigenen Wegen, sondern durch Berichte römischer Schriftsteller. Obwohl die Germanen noch hundert Jahre nach den Ereignissen Arminius in Liedern besangen, wie Tacitus berichtet,[4] fielen die Ereignisse der Vergessenheit anheim.

b. Die römischen Schriftsteller

In Deutschland erfuhr man von diesen Ereignissen der eigenen Frühgeschichte erst nach einem Bücherdiebstahl in dem berühmten Benediktinerkloster Corvey an der Weser. Man schrieb das Jahr 1505, als die Annalen des Tacitus nach Rom kamen. Papst Leo X. ließ sie 1515 drucken. Seit dieser Zeit rätselt man an den Tatsachen, die die römischen Schriftsteller nicht eindeutig genug geschildert haben.

Den wesentlichen Bericht über die Schlacht haben wir von *Dio Cassius,* um 155 nach Chr. geboren, der zweimal Konsul war und außerdem Statthalter in Afrika. Er schrieb in griechischer Sprache. Da er in seiner Stellung wohl Zugang zu allen vorhandenen Quellen hatte, so auch zu den staatlichen Geheimunterlagen, kann man trotz des zeitlichen Abstandes eine gewisse Genauigkeit unterstellen. Es scheint, daß seine Darstellung auf Schilderungen von Augenzeugen aufbaut.[5]

Der einzige zeitgenössische Historiker ist der um 20 vor Chr. geborene *Velleius Paterculus,* Reiteroberst in Armenien und Germanien; er schrieb einen Abriß der römischen Geschichte bis 30 nach Chr. Es ist anzunehmen, daß er mit Arminius, dem germanischen Heerführer in der Schlacht im Teutoburger Wald, römischer Offizier war und ihn persönlich gekannt hat.[6]

Weiterhin liegt uns ein Bericht des *Publius Cornelius Tacitus* vor, der einen Besuch des Germanicus auf dem Schlachtfeld sechs Jahre nach der Schlacht schildert. Tacitus, der, um 55 nach Chr. geboren, 88 nach Chr. Prätor und 97 nach Chr. Konsul wurde, hat ihn etwa 100 Jahre nach den Ereignissen geschrieben. Er ist der einzige römische Schriftsteller, der in den Annalen, seinem Alterswerk, einigermaßen präzise Ortsangaben der Geschehnisse gibt.[7]

Von anderen Berichterstattern wollen wir nur noch *Florus* erwähnen, der um 120 nach Chr. einen Abriß der römischen Geschichte verfaßt hat. Seine Schilderung der Schlacht ist aber offensichtlich so ungenau, daß auf seinen Unterlagen kaum aufgebaut werden kann.

Diese Geschichtsschreiber überliefern in ihren Berichten, daß die Ereignisse in Germanien durch einen germanischen Stammesfürsten eingeleitet wurden, dessen germanischen Namen wir bis heute noch nicht kennen, sondern nur den, den ihm die Römer gegeben und uns überliefert haben: Arminius. Seine Persönlichkeit ist uns von einem

Zeitgenossen geschildert, von dem oben erwähnten römischen Offizier und Schriftsteller *Velleius Paterculus:*

„Ein junger Mann, der mit dem römischen Bürgerrecht den Rang eines Ritters erlangt hatte, mit dem Namen Arminius, ein Sohn des Fürsten jenes Volkes, Segimer. Von adeliger Herkunft, tapfer, schnell und gewandteren Geistes als die Germanen gewöhnlich, leuchtete die Kraft seines Geistes aus seinen Augen."[8]

c. Verbreitetes Wissen heute

Um festzustellen, was man im allgemeinen von der Schlacht im Teutoburger Walde weiß, greifen wir das erfolgreiche Buch von Pörtner und einen Lexikonartikel heraus.
Rudolf Pörtner beginnt die Schilderung der Schlacht in dem Buch „Mit dem Fahrstuhl in die Römerzeit" so: „Kaum ein Ereignis der deutschen Geschichte hat die Geister derart beschäftigt wie die Varusschlacht ... Ein wahrer ‚furor germanicus' aber hat sich an der Frage nach dem Schauplatz der Katastrophe entzündet ... Wenn ein Verzeichnis der in den Jahren 1909–1949 erschienenen Schriften zum Thema ‚Aliso und die Varusschlacht' allein 375 Titel nennt, so kann man ermessen, was sich ... abgespielt hat ... Insgesamt zählt man heute etwa 30 Varusschlachtfelder ... Vielleicht wird es einmal gelingen, das Sommerlager des unglücklichen Varus zu entdecken. Das Schlachtfeld wird kaum zu bestimmen sein ... Sollte der Spaten nicht auch in Westfalen in der Lage sein, alle Fragen zu beantworten, über die man bis dahin vergeblich diskutiert hatte?" Aber: „Die Archäologen ... müssen zugeben, daß ihre eigene Mitarbeit an der Lösung des Problems sich auf unliebsame negative Feststellungen beschränkt."[9]
Den bisherigen Wissensstand faßt das Lexikon von Brockhaus (1974) so zusammen: „Varusschlacht, Schlacht im Teutoburger Wald, auch Hermannschlacht. Der Cheruskerfürst Armin vernichtete 9 nach Chr. an der Spitze eines Bundes germanischer Völker drei unter dem Befehl des P. Q. Varus stehende Legionen und ihre Hilfstruppen bis auf geringe Reste der Reiterei. Der Ort der Schlacht ist umstritten. Varus wurde auf dem Marsch von der Weser (bei Hameln) zu den Winterlagern (am Rhein) durch eine List in ein unwegsames Wald- und Sumpfgebiet gelockt, unter Ausnutzung eines Unwetters überfallen und in erbitterten dreitägigen Kämpfen überwältigt. Der von Tacitus als Saltus Teutoburgiensis bezeichnete Schlachtort soll im Bereich der Lippe oder Ems liegen. Seit Melanchthon wurde von vielen Forschern der Osning, wo dann 1875 das Hermannsdenkmal errichtet wurde, für den Teutoburger Wald gehalten und im 17.

Jahrhundert von Ferdinand von Fürstenberg, Bischof von Paderborn, so benannt; andere suchen den Ort an der oberen oder mittleren Lippe, auch im Eggegebirge. Die Folge des Germanensieges war die Befreiung des Gebietes zwischen Rhein und Elbe von der römischen Herrschaft. So entging der größte Teil der germ. Stämme der Romanisierung."[10]

2. EINE SACKGASSE?

a. Exakte wissenschaftliche Forschung

Wer sich eingehender über den Stand der exakten wissenschaftlichen Forschung um Ort und Ablauf der ‚clades Variana' im Jahre 9 nach Chr. und den sich daraus herleitenden unterschiedlichen Vorstellungen unterrichten möchte, dem sei die umfassende und verdienstvolle Arbeit von Walther John über P. Quinctilius Varus empfohlen.[11]

b. Die Quellen

Wie schwierig es jedoch ist, einen erfolgversprechenden Ansatz zu finden und klärende und weiterführende Erkenntnisse zu sammeln, das mögen einige wenige herausgezogene Sätze und Zitate um die Quellen der antiken Berichte verdeutlichen, die hier nur als Anregung für den Leser angeführt sind, sich mit dieser Übersicht von John eingehender zu befassen: „Zunächst muß hier festgestellt werden, daß kein einziger der vielfachen Versuche, das Geschehen der Katastrophe irgendwie im Gelände genau zu lokalisieren, Anspruch auf Gültigkeit erheben darf."

Über das Werk von Dio sagt John: „Soweit ist alles in gutem Zusammenhang dargestellt, und abgesehen von Florus steht die übrige Überlieferung hierzu nicht in Widerspruch, es läßt sich vielmehr ein wichtiger Punkt zur gegenseitigen Bestätigung beibringen, auch aus Florus: die Vertrauensseeligkeit des Varus und die Zurückweisung aller Warnungen, vornehmlich des Segestes, ist noch bezeugt bei Velleius, Tacitus und Florus ... Wer nun unvoreingenommen aufmerksam bei Dio weiterliest, wird bemerken, ... wie sich dabei Widersprechendes neben geradezu unmöglichen Behauptungen findet. Statt der ‚unwegsamen Wälder' erscheinen jetzt Berge, die in einfältiger Weise als ‚schluchtenreich und uneben' charakterisiert werden ... denn weder bei Velleius noch bei Tacitus noch bei Florus wird von einer gebirgigen Beschaffenheit des Katastrophengeländes gesprochen ... Hier liegt also gegen Dio eine unbedingte Übereinstimmung unserer übrigen Quellen vor ... Die Schlachtbeschreibungen Dios sind ausnahmslos rhetorische Schilderungen ohne jeden Wert ... So steht dieser verworrene Schlachtbericht Dios

in einem grellen Gegensatz zu der klaren Darstellung der beiden vorangegangenen Capitel ..."
Zu Florus heißt es: „... wenn man genauer hinsieht, entfaltet sich ‚die lächerliche Schilderung, daß, wenn Varus auf dem Gerichtsstuhl sitzt und der Herold die Parteien vorladet, die Germanen zu allen Toren einbrechen, ...' ... das heißt doch nichts anderes, als daß Varus im Sommerlager während eines Gerichtstages überfallen wird, die drei Legionen überwältigt werden und das Lager selbst eine Beute der Germanen wird. Ein solcher Verlauf der Niederlage ist einfach undenkbar: ... man wird sich also damit begnügen müssen, daß dieser Überfall auf das Sommerlager während einer Gerichtssitzung, willkürliche Erfindung des Florus ... ist. ... So muß man sich mit der Feststellung bescheiden, daß ebenso wie die Schlachtschilderung Dios auch der Bericht des Florus unmöglich als historische Quelle über den Verlauf der clades Variana gelten kann, und diese Mangelhaftigkeit der beiden Berichte ist auch als Ursache dafür anzusprechen, daß alle Versuche, aus diesen Berichten ein Bild über das wirkliche Geschehen zu gewinnen, das als glaubwürdig auf allgemeine Zustimmung Anspruch erheben könnte, schon von vorneherein zur Unfruchtbarkeit verurteilt waren und es wohl auch immer bleiben werden."
Und über Tacitus: „Der Heereszug rückt also bis zu ‚den äußersten der Brukterer' vor, ... ganz in der Nähe war der Teutoburgensis saltus ... gewiß liegt in haud procul an sich eine relative Entfernungsangabe vor, aber schon N. hat richtig gesehen, daß bei Tacitus diese Worte zur Bezeichnung einer Ortsentfernung eine Entfernung von nicht mehr als 3 bis 4 Stunden Weg zu Fuß oder zu Schiff bezeichnen ... Es handelt sich bei Tacitus unzweifelhaft um ein Marschlager in schwer zugänglichem Gelände. Und Dio spricht von einem solchen ausdrücklich.
Wenn man aber von Dio her den Tacitusbericht deuten will, erscheint es also als das natürlichste, die prima Vari castra mit dem Lager gleichzusetzen, das Varus nach dem ersten Überfall aufschlagen ließ, das zweite Lager mit der Notverschanzung wäre dann nach dem folgenden Marschtage aufgeschlagen und schließlich würde das medium campi als Stätte der letzten Vernichtung noch einen weiterem Marsch- bzw. Kampftag voraussetzen ... man muß füglich zwischen den beiden so aus Tacitus zu erschließenden Lagern doch eine Wegstrecke von mindestens 8 bis 10 km denken und dann weiter bis zu dem medium campi noch einige zusätzliche Kilometer ...
Man sieht, auch aus Dio läßt sich der Bericht des Tacitus nicht erklären, und bei einer solchen Feststellung, daß diese drei Quellenberichte miteinander absolut unvereinbar sind, bliebe tatsächlich methodisch die eine Konsequenz, auf jede weitere Deutung des Ablaufs der Katastrophe zu verzichten und uns mit der nackten

Feststellung zu begnügen, daß Varus mit seinen drei Legionen eben durch Arminius seinen Untergang gefunden habe, ohne daß wir über das Wie? und das Wo? irgendetwas aussagen könnten, das Anspruch auf allgemeine Gültigkeit erheben könnte."

Es wird für den Leser, der dieses Buch bis zu seinem Ende mit Aufmerksamkeit gelesen hat, hoffentlich von besonderem Reiz sein, den zuvor aufgeführten letzten Absatz sich erneut vorzunehmen, um zu vergleichen, ob die inzwischen gewonnenen Einsichten die hier getroffene Aussage über die drei Quellenberichte bestätigen oder ob neue Erkenntnisse eine neue und andere Beurteilung der Aussage der antiken Autoren ergeben.

3. NEUER VERSUCH

Wenn man die gesammelten Einsichten von John, wie sie im vorhergehenden Abschnitt in Auszügen wiedergegeben sind, liest, und nach der so negativen Bilanz, wie sie von Pörtner gezogen wurde, könnte jedem der Mut vergehen, sich der Frage nach dem Schauplatz der Varusschlacht zu stellen. Trotzdem wollen wir den Versuch wagen, da wir glauben, eine neue Antwort geben zu können.

a. Ergebnis bisheriger Forschung

Zunächst werden wir die Ergebnisse der bisherigen Forschung ansehen und danach, unbeschwert von den bisherigen Mißerfolgen, Grundlagen neu suchen, auf denen klare Erkenntnisse sich aufbauen könnten.

In seinem Buch „Der Befreier Arminius" gibt Hermann Kesting kurzgefaßt eine sachliche und übersichtliche Zusammenfassung der Problematik.[12] Auf der bei Kesting nachgedruckten Karte aus Wilisch, „Der Kampf um das Schlachtfeld im Teutoburger Walde" sind die wichtigsten Hypothesen zur Lokalisierung der Varusschlacht aufgezeichnet (siehe Abb. 1). Kesting unterscheidet dabei 4 Gruppen:

„1. Orte im Norden, besonders bei Barenau (Th. Mommsen) und Marl (Dünzelmann), am Dümmersee in der Gegend von Bramsche (K, L, M, N, O).

2. Orte am Osning, dem heutigen Teutoburger Wald, wie Detmold (Clüver, Clostermeier, Schuchardt), Dörenschlucht (H. Delbrück), Hiddesen (Wilms, Stamford), Oerlinghausen (Höfer), Habichtswald, 16 km südlich Osnabrück (Knoke) (C–H).

3. Orte im Süden, so Arnsberger Wald (Hülsenbeck), Beckum (Esselen) (A und B).

4. Abweichend von diesen Anschauungen verlegte der verstorbene Vorgeschichtsforscher Friedrich Langewiesche den Schauplatz der Katastrophe weit nach Osten bei Hannover."

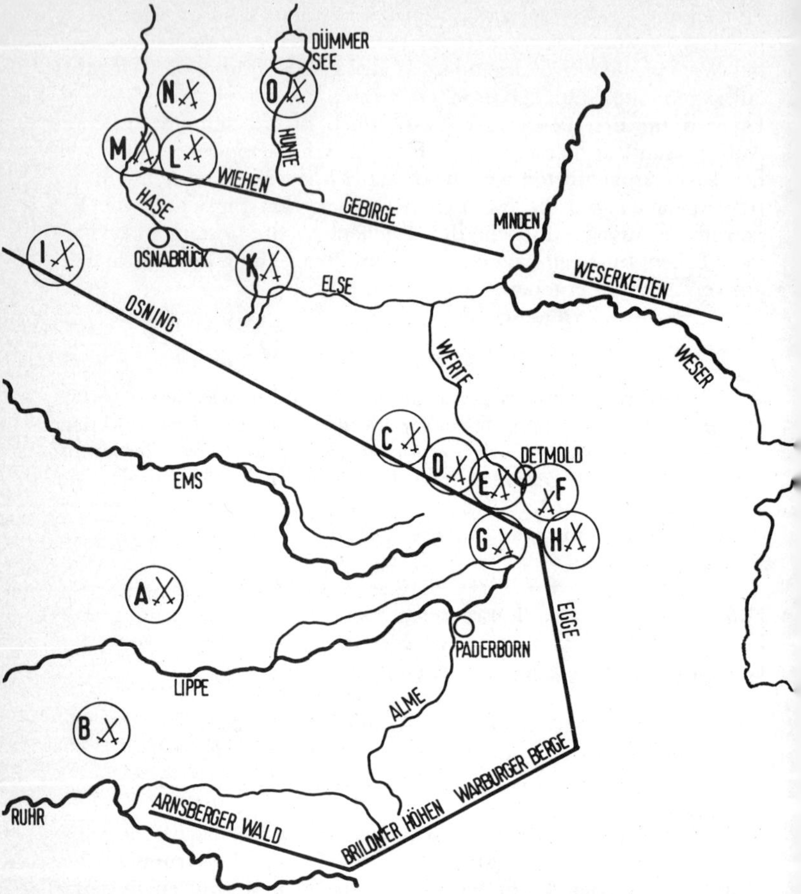

A Beckum (Esselen)
B Werl (Hülsenbeck u. a.)
C Oerlinghausen (Höfer)
D Dörenschlucht (Delbrück u. a.)
E Hiddesen (Stamford, Wilms)
F Winfeld (Neuburg u. frühere)
G Senne (Clostermeier)
H Veldrom (Hammerstein, Wolf u. a.)
I Habichtswald (Knoke)
K Düstrup (Möser)
L Barenau (Mommsen u. a.)
M Wittefeld (v. Müller, Sondermühlen)
N Damme (Böcker)
O Marl-Hunteburg (Dünzelmann)

Abb. 1: Karte der wichtigsten Hypothesen zur Lokalisierung der Varusschlacht. (1 cm = 10 km)

Kesting schreibt dazu: „Eine wissenschaftliche Behandlung des Problems muß von den Angaben der römischen Schriftsteller, besonders denen von Tacitus, ausgehen. Er ist der einzige, der in den Annalen I,60 einige Ortsangaben macht. Hier berichtet er, wie Germanicus im Jahre 15, also 6 Jahre nach der Varuskatastrophe, auf dem Schlachtfeld gewesen ist, um die Reste der im Jahre 9 Gefallenen zu bestatten. Er hat für diesen Feldzug sein Heer in drei Gruppen geteilt, die getrennt marschieren und sich an der Ems, wahrscheinlich bei Rheine, zu gemeinsamer Aktion vereinigen. ‚Von da', sagt Tacitus, ‚wird das Heer zu den äußersten Gebieten der Brukterer geführt und alles Land zwischen Ems und Lippe verwüstet, nicht weit vom Teutoburger Wald, wo die Überreste der Legionen unbestattet liegen sollten.' . . . Germanicus steht also zwischen Ems und Lippe, etwa zwischen Rheda und Lippstadt, und zieht zu den äußersten Grenzen der Brukterer an den Sennerand zwischen Oerlinghausen und Lippspringe. Als er hier stand, war er nach Tacitus nicht weit vom Teutoburger Wald. Das kann nach der geographischen Lage nur das Gebirge zwischen Altenbeken und Oerlinghausen sein, wo die Überreste des Varusheeres lagen. In diesem Wald, der nach Tacitus in Teutoburger Wald umbenannt wurde, muß also der Kampf gewesen sein. Strabo in seinen ‚Geographika' sagt ferner, daß die Schlacht im Lande der Cherusker geschlagen sei, Dio Cassius, daß die Germanen die Römer ins Land der Cherusker gelockt haben. Durch diese Angaben scheiden die oben erwähnten Hypothesen 1, 3 und 4 . . . aus, weil sie mit ihnen nicht in Einklang zu bringen sind. Wenn Germanicus von der Ems auf das Schlachtfeld zog und Varus von der Weser kam, als ihn die Katastrophe ereilte, dann erhebt sich die Frage, wo Varus den heutigen Teutoburger Wald überschritten hat."
Wir fügen hier noch den Originaltext der Zielbeschreibung bei Dio Cassius an: καὶ πρὸς τὸν Οὐίσουργον = ‚und auf die Weser zu'.[13]
Wir wollen nicht Gefahr laufen, uns durch das Wörtchen ‚an' auch an die Weser locken zu lassen. Daß das Sommerlager an der Weser gelegen hat, ist nicht erwiesen. Kesting spürt ja auch, daß etwas an der Übersetzung nicht stimmen kann und setzt in Klammer die wohl richtigere Übersetzung (in Richtung auf) hinzu,[14] und das kann bedeuten, daß vom Rhein aus auf dem Wege zur Weser irgendwo das Sommerlager gelegen haben muß. Nirgendwo steht, daß es jenseits der Berge gelegen habe. Es wird von Tacitus nur berichtet, daß im ‚saltus Teutoburgiensis' die Schlacht stattgefunden hat.

b. Wege zu neuer Erkenntnis

Will man den Schlachtort feststellen, so ist zuvor der Standort des Sommerlagers zu bestimmen. Dies wird aber nur möglich sein, wenn man sich nicht nur von den Berichten der Römer leiten läßt, in denen

die Ortsbestimmungen zu ungenau sind. Wir müssen vielmehr ein Gesamtbild der historischen Situation entwerfen, um nach neuen Wegen zur Lösung der Frage nach dem Ort der Schlacht suchen zu können.
Um dieses Gesamtbild zu erhalten, werden wir ausgehen von der geschichtlichen Lage in der Zeit vor Christi Geburt, um uns dann mit der politischen Situation zu befassen, die sich aus dem Zusammenstoß des großen römischen Weltreiches mit der einfacheren Welt der Germanen ergab. Ein sehr wesentlicher Faktor der Untersuchung ist die Einfühlung in die Landschaft zwischen Rhein und Weser und das Wissen um die landeskundlichen Gegebenheiten, woraus sich Rückschlüsse ziehen lassen zu den militärstrategischen Vorstellungen, die die Römer entwickelt haben werden. Daraus ist wiederum das Verhalten der Germanen und ihres Führers Arminius abzuleiten.
Zum Schluß soll die Frage geprüft werden, wie sich die Berichte der antiken Schriftsteller in das erarbeitete Bild einpassen lassen.

Teil B

Die Wasserscheidenstraße

„Überall sollen ‚uralte Heer- und Handelsstraßen' vorhanden gewesen sein. Leider ist von allen diesen nicht eine einzige als einwandfrei zu römischer Zeit bestehend bekannt. . . Sicher ist, daß es z. Z. der Römerkriege in unserer Heimat viel weniger Straßen gegeben hat, als allgemein angenommen wird."

Johannes Norkus, Die Feldzüge der Römer in Nordwestdeutschland in den Jahren 9–16 n. Chr., von einem Soldaten gesehen

„Es ist selbstverständlich und wird zudem ausdrücklich bezeugt, daß die Kämpfe an den von den Römern benutzten Straßen stattfanden. Wären uns diese bekannt, so eröffnete sich uns die Aussicht, auch die Schlachtfelder mit einiger Wahrscheinlichkeit nachweisen zu können. Allein, wie dürfen wir hoffen nach fast zwei Jahrtausenden eine solche Kenntnis zu gewinnen?"

E. Dünzelmann, Das römische Straßennetz in Norddeutschland

1. KRIEGSPLANUNG

Als im Jahre 16 vor Chr. nach langen Jahren der Ruhe die Sugambrer über den Rhein vorstießen, den Statthalter Lollius überfielen, ein Legionslager bei Aachen erstürmten und den Legionsadler erbeuteten, eilte Kaiser Augustus persönlich an den Rhein und bereitete in dreijährigem Aufenthalt den Eroberungskrieg gegen die Germanen vor.[1]

In diesen drei Jahren wird Augustus die Erkundungen über Germanien jenseits des Rheines, die man bisher wohl wesentlich von reisenden Händlern erhalten hatte, durch systematisch angesetzte und militärisch vorbereitete Unternehmungen unterbaut und ergänzt haben.

Es ist bei der realen Denkweise und der großen Kriegserfahrung der Römer als sicher anzunehmen, daß das Ergebnis dieser gründlichen Beobachtungen und Untersuchungen eine verhältnismäßig genaue Darstellung der Landschaft des rechtsrheinischen Raumes erbrachte.[2] Das Gebiet, in dem die Kundschafter tätig wurden, könnte sich bis zur Elbe ausgedehnt haben, weil die Römer dorthin ihre neue Grenze verlegen wollten. Da in diesem Land große militärische Operationen durchgeführt werden sollten, mußte vor allem den Durchgangsstraßen, den schiffbaren Wasserläufen und den Gebirgen besondere Bedeutung geschenkt werden; es mußte überprüft werden, wie sie militärisch zu nutzen, wie Hindernisse zu beseitigen oder zu umgehen waren. Es ist vorauszusetzen, daß der große Plan zur Eroberung des Landes schon damals von Augustus festgelegt und entschieden wurde, und zwar so, daß durch große Zangenbewegungen die germanischen Truppen eingekesselt und vernichtet werden sollten.

a. Drusus

Zu diesem Zweck übergab der Kaiser seinem Stiefsohn Drusus (Anhang Abb. 1) das Kommando in Germanien und über die Armee am Rhein.[3] Die Grenze des römischen Imperiums verlief zunächst noch am Rhein. Hier wurden zur Sicherung dieser Linie entlang der linksrheinischen Römerstraße fünfzig sogenannte Drususkastelle angelegt. Zwei große Legionslager als Ausgangsbasen für die militärischen Vorstöße nach Germanien entstanden auf dem Kästrich bei Mainz gegenüber der Mündung des Mains und auf dem Fürstenberg bei Birten in der Nähe von Xanten, gegenüber der Mündung der Lippe in den Rhein, das vielerwähnte Lager ‚castra vetera'. Damit waren die Stoßrichtungen vorgezeichnet, in die die Zangenarme greifen sollten: in das Gebiet der mittleren Weser. Die militärischen Vorstöße gingen dann auch auf diesen vorgesehenen Wegen.

b. Die Angriffe

Zunächst versuchte Drusus im Jahre 12 vor Chr., einen dritten Zangenarm zu überprüfen und die nördliche Flanke abzuklären, indem er die Friesen und Bataver auf seine Seite brachte.[4] Um überdies auch einen Angriff von See her durchführen zu können, ließ er für den Einsatz der Flotte einen Kanal (die ‚fossa Drusiana') graben, der vom Rhein über Ijssel und Vechte zum Flevosee (dem damals noch im Binnenland liegenden späteren Ijsselmeer/Zuidersee) und weiter bis zur Nordsee führte. Er sollte den Wasserweg in die Flußmündungen von Ems, Weser und Elbe verkürzen.
Im folgenden Jahr, 11 vor Chr., griff er in der Mitte an und brachte von Vetera aus die Cherusker und die Angrivarier und, da die Sugambrer und die Chatten sich befehdeten, auch diese zur Unterwerfung (Anhang Abb. 30). Die Cherusker wohnten an der mittleren Weser, die Angrivarier weiter nördlich an der Aller, die Sugambrer im Sauerland und die Chatten südlich von den Cheruskern im heutigen Hessen. Alle Stämme zwischen Rhein und Weser hatte Drusus damit überwunden. Doch auf dem Rückmarsch wurde er in einem Engpaß bei ‚Arbalo' umzingelt.[5] Er konnte sich nur mit Mühe befreien, legte aber danach trotzdem oder gerade deswegen ein großes Lager am Einfluß des Elison in die Lippe an, vermutlich das Lager Oberaden oder Aliso; sie könnten auch identisch sein.
Im folgenden Jahr, im Jahre 10 vor Chr., kam Drusus von Süden, von Mainz, und ging gegen die Chatten vor, die er erneut unterwarf, da sie sich gegen die neue Herrschaft erhoben hatten, und zog dann gegen die Markomannen am oberen Main. Diese wichen jedoch über die Berge nach Böhmen aus.

c. Die Elbe

Nachdem Drusus jeden der drei Angriffskeile (siehe Abb. 2) überprüft hatte, wagte er im Jahre 9 vor Chr. den Vorstoß an die Elbe, die er von Mainz aus auch erreichte, im Lande der Cherusker die Weser überschreitend. *Dio Cassius* berichtet uns:

„Drusus konnte die Elbe nicht überschreiten, sondern kehrte um. Denn ein Weib von übermenschlicher Größe trat ihm entgegen und rief ihm zu: ‚Wohin in aller Welt willst du, unersättlicher Drusus? Es ist dir nicht beschieden, alles hier zu schauen. Kehr um! Denn das Ende deiner Taten und deines Lebens ist da'."[6]

Auf dem Rückmarsch fand Drusus den Tod, nachdem er mit seinem Pferd gestürzt war.

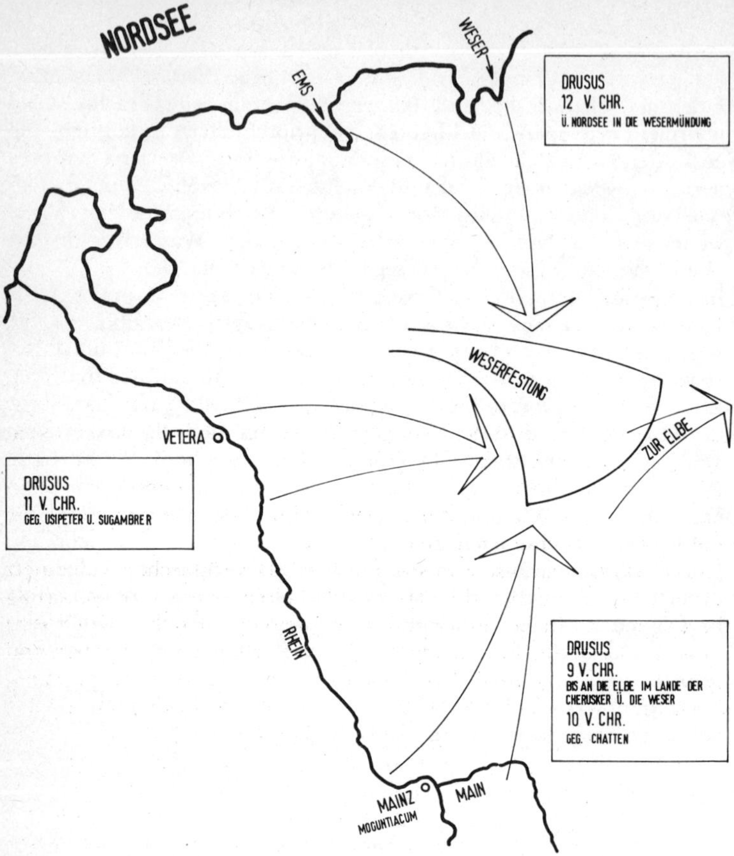

Abb. 2: Die Zange der Römer gegen Germanien nach Vorbereitungen des Augustus (15–13 v. Chr.).

2. ZWISCHEN RHEIN UND WESER

Ehe wir nun das Wirken des neuen römischen Statthalters Tiberius verfolgen, der als Nachfolger für Drusus den Oberbefehl in Germanien übernahm, wollen wir den Versuch unternehmen, den Fragen nachzugehen, die die militärischen Unternehmungen des Drusus aufgeworfen haben. Dazu ist zunächst der Weg aufzuspüren, den Drusus vom Rhein aus bis an die Weser genommen hat.

a. Die Wege

Die bisherigen Ergebnisse der Forschung haben nicht feststellen können, wo dieser Weg verlaufen ist. Deshalb wollen wir uns bemühen, ganz von vorne diese Frage neu zu überdenken. Dazu sagt Johannes Norkus in seinem Buch „Die Feldzüge der Römer in Nordwestdeutschland in den Jahren 9–16 n. Chr., von einem Soldaten gesehen“: „Haben wir ... die Straßen festzustellen versucht, die den Römern bei ihrem Vordringen in Nordwestdeutschland zur Verfügung standen, dann werden wir auch Anhaltspunkte für die römischen Lager, Befestigungen, Stützpunkte, Flußübergänge und damit auch Hinweise für die römische Kriegsführung gewinnen.
Überall sollen ‚uralte Heer- und Handelsstraßen‘ vorhanden gewesen sein. Leider ist von allen diesen nicht eine einzige als einwandfrei zu römischer Zeit bestehend bekannt ...
Es bleiben also nur die großen Heer- und Handelsstraßen, die es seit der Bronzezeit in unserer Gegend gegeben hat und auf denen allein sich ein solcher Heereszug bewegen konnte ...
Diese Straßen müssen gefunden werden ... Die Kenntnis des Verlaufs und der Bedeutung der alten Straßen bildet die Grundlage für die Kriegsgeschichte jener Zeit.“[7]
Und E. Dünzelmann sagt in seinem Werk „Das römische Straßennetz in Nordwestdeutschland“: „Die wiederholten, stets von Mißerfolg begleiteten Versuche, auf Grund der taciteischen Berichte die Orte zu bestimmen, wo die Entscheidungsschlachten zwischen Germanen und Römern geschlagen wurden, haben in weiten Kreisen die Meinung hervorgerufen, als ob jede fernere Untersuchung in dieser Richtung verlorene Mühe sei. Nicht mit Unrecht. Die Wissenschaft hat hier wie so oft ein Problem mit unzureichenden Mitteln zu lösen unternommen. Nur einem glücklichen Zufall wäre es zu verdanken, wenn man auf die bisher beliebte Weise zu einem befriedigenden Ergebnis gelangte. Die Forschung hat vielmehr einen anderen Weg einzuschlagen. Es ist selbstverständlich und wird zudem ausdrücklich bezeugt, daß die Kämpfe an den von den Römern benutzten Straßen stattfanden. Wären uns diese bekannt, so eröffnete sich uns die Aussicht, auch die Schlachtfelder mit einiger Wahrscheinlichkeit nachweisen zu können. Allein, wie dürfen wir hoffen, nach fast zwei Jahrtausenden eine solche Kenntnis zu gewinnen?“[8]
Da der Ausgangspunkt für den Vormarsch der Römer in den Osten des Landes das Legionslager Vetera bei Xanten am Niederrhein war und die Lippe, die hier mündete, damit die Zielrichtung vorzeichnete, werden wir annehmen müssen, daß dieser Fluß zum Vormarsch genutzt worden ist.

b. Die Westfälische Bucht

Ein klares Bild von dem weiten Raum, in den dieser schwierige Vormarsch einer großen Armee gehen sollte, zeichnet Albert von Hofmann in seinem Buch „Das deutsche Land und die deutsche Geschichte": „Fährt man den Rhein abwärts, so hören plötzlich bei Duisburg die das rechte Ufer ferne begleitenden Höhen auf und eine weite Ebene öffnet sich nach Osten zu. Sie öffnet das deutsche Land vom Rhein her wie keiner der vielgewundenen Flüsse, die weiter oberhalb aus dem Inneren Deutschlands dem Rhein zufließen, und hier war daher naturgemäß auch eine der Hauptpforten Deutschlands für einen vom Westen her kommenden Feind. Solange die Römer ihre Eroberungspolitik den Germanen gegenüber noch aufrechterhielten, hat diese im wesentlichen hier eingesetzt.
Die sich abwärts Duisburg nach Osten öffnende Ebene wird am besten als die westfälische Ebene bezeichnet; sie wird begrenzt im Süden durch das Rheinische Schiefergebirge; im Osten durch die Egge und im Nordosten durch den Teutoburger Wald. Nach dem Rhein zu ist sie offen. Sie bekommt durch ihre eigenartige Begrenzung durch Gebirge vom Rhein her betrachtet etwas Buchtartiges, und sie heißt daher auch die westfälische Tieflandbucht.
Der Hauptfluß Westfalens, der vom Rhein her den Weg weit in das Land öffnet, der andererseits wieder den direkten Weg zeigt von der Weser nach dem Rhein, ist die Lippe. Er durchströmt ostwestlich die westfälische Tieflandbucht in kurzem Abstand von den Erhebungen des Rheinischen Schiefergebirges, gerade in der Richtung, in welcher die westfälische Tieflandbucht ihren größten Durchmesser erreicht."[9]

c. Die Marschkolonne

Nun genügte der Wasserweg allein auch den Römern nicht für einen solch tiefen Vorstoß in fremdes Land, obwohl sie hervorragende Pioniere und Flußfahrer waren und ausgezeichnetes Material besaßen. Die Marschkolonne war hier, wo der Weg bis an die Elbe gehen sollte, die Grundlage jeder militärischen Operation. Der römische Soldat trug seine Verpflegung für einen längeren Zeitraum selbst, bis zu 25 kg Getreide, ebenso seine Waffen und das Gerät zum Aufschlagen des abendlichen Lagers. Wenn auch für 10 Soldaten ein Tragtier mitgeführt wurde, so ist doch zu verstehen, daß die Truppe sich dadurch nur schwerfällig bewegte.[10] Es mußte also eine Straße gefunden werden, die möglichst wenig von Wasser behindert wurde und auf der es nur wenig Steigungen zu überwinden gab.

d. Die einzige Straße

An der Lippe entlang (Anhang Abb. 13) zu marschieren, was ja das Nächstliegende gewesen wäre und was viele Forscher auch bereitwilligst angenommen haben, diese Möglichkeit gab es kaum. Johannes Norkus meint: „So war in der uns interessierenden Gegend zum Beispiel das Lippeufer in seiner ganzen Länge versumpft und daher nicht überschreitbar, mit Ausnahme des Stückes von Haltern bis Lünen."[11] Und Albert von Hofmann sagt: „Das Münsterland muß in ältester Zeit fast ganz aus Sumpf- und Bruchgebieten bestanden haben ... Von den Ufern der Lippe hat das linke Ufer den Vorzug der Bergseite: in einem Abstand von kaum zwei Meilen begleiten hier sumpffreie Höhen den Lauf des Flusses, während sich auf der rechten Seite weithin die Niederung erstreckt. So bildet das linke Ufer die natürliche Straßenseite, eine Art Bergstraße, wie wir sie allenthalben im frühen Mittelalter finden über den fast immer versumpften Flußniederungen. In den Zeiten ohne Kunststraßen, ja überhaupt ohne Straßen, ist der feste Grund die erste Bedingung für jeden Verkehr, ein Kulturfaktor ersten Ranges ... Die westfälische Bergstraße nun wurde das wichtige Rückgrat des Landes, die Königstraße (Anhang Abb. 14). Der Königsweg aber heißt in Westfalen Hellweg."[12] Der Hellweg als Heerweg wurde erst 785 von Karl dem Großen gebaut. Der Verkehr vorher wickelte sich über weite Strecken vermutlich auf den Wasserscheiden ab, so daß die Höhenstraße, die ‚Urstraße', der naturgemäße Weg ist, während der spätere Hellweg dort, wo er Abkürzungen suchte, von der Wasserscheide abgewichen ist. Die Abweichung des Hellweges von der ‚Urstraße' zeigt sich besonders deutlich im Gebiete des Haarstrangs, wo der spätere Hellweg auf der untersten Stufe des Bergzuges teilweise fast 300 m unterhalb der Wasserscheide verläuft, während sich oben auf der Wasserscheide als eine Urstraße der Haarweg befindet.

3. HÖHENWEGE

a. Wasserscheiden

Der Hellweg, der so viele Forscher auf eine falsche Fährte gelockt zu haben scheint, scheidet als Marschweg für die römischen Truppen aus, da es ihn als durchgehende Marschstraße für ein großes Heer noch nicht gab. Auch die Vorfahren von Karl d. Gr. sind noch andere Wege gezogen, die auch Karl zunächst benutzt hat. Die Römer verwendeten die Wege, die von den Germanen vorgegangen waren: Über lange Strecken sind dies Höhenwege, die über die Wasserscheiden zwischen den Flüssen verliefen.

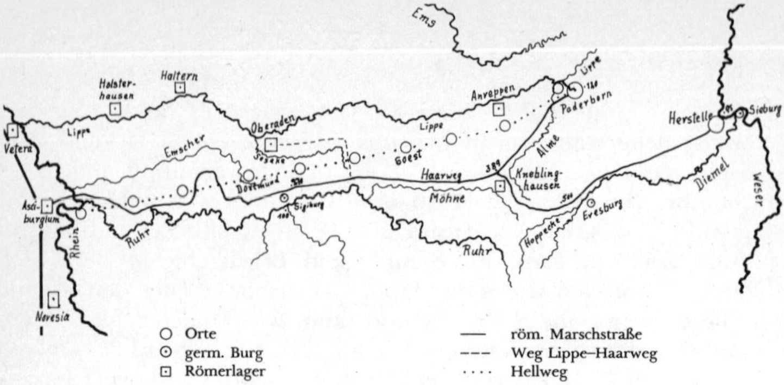

Abb. 3: Straße der Römer
vom Rhein zur Weser und nach Paderborn. (1 cm = 15 km)

Diese Wasserscheidenstraßen sind die naturgemäß ältesten Straßen, und man geht sicher nicht fehl, wenn man auf der Suche nach den Wegen, die die Römer gegangen sind, sich recht starr an den Grundsatz hält, daß sie für die weiten Vorstöße immer nur den obersten Grat eines Bergzuges für ihre Marschkolonnen gewählt haben, außer wenn zu steile Erhebungen dies verhinderten. Josef Koch, der sich sehr intensiv mit dem Straßensystem des Paderborner Raumes befaßt hat, sagt in seinem Buch „Frühe Verkehrsstraßen in der östlichen Westfälischen Bucht“: „Wenn auch vorerst noch keine Möglichkeit besteht, das vorkarolingische Straßensystem dieses Raumes exakt nachzuweisen, so dürfen die nach dem Gelände festgelegten günstigsten Trassen innerhalb der den geringsten Bodenwiderstand vorfindenden Wegezüge als die frühgeschichtlichen angesehen werden ... Die Theorie über die Wasserscheidenwege ist zur gesicherten Erkenntnis geworden und bedarf keiner Erklärung.“[13]

b. Vom Rhein ab

Wenn wir uns ein klares Bild von diesem ‚Urweg‘ vom Rhein zur Weser verschaffen wollen, dann müssen wir ihn von seinem Beginn bis zu seinem Ende begehen (siehe Abb. 3).

Wenden wir uns deshalb zunächst dem Ausgangspunkt unseres Weges zu, dem Rhein. Zwischen der Ruhrmündung und der Mündung der Emscher – beide Flüsse fließen nur wenige Kilometer voneinander entfernt in den Rhein – muß die Straße über den großen Strom geführt worden sein, möglicherweise auf einer Schiffsbrücke. Auf der linken Rheinseite verläuft die alte Römerstraße, an der entlang Drusus die Reihe der Kastelle gebaut haben soll. Die Straßen, die dort verliefen, sind uns bekannt, denn die römischen Itinerare geben uns Kunde über sie und über die Marschstrecken von einem Anlaufort zum anderen. In der ‚Peutingerschen Tafel'[14] ist uns ein solches Itinerar des 4. Jh. erhalten geblieben. Diese Schriftrolle mit einer Länge von 6,75 m und einer Breite von 34 cm verzeichnet fast alle Straßen des römischen Imperiums mit ihren Anlaufstellen. Gegenüber der Ruhrmündung haben anscheinend mehrere Lager beieinander gelegen. In den Itineraren Antonini A und Antonini B ist der Anlaufpunkt jenseits des großen Rheinbogens mit Calone (Mühlenwinkel) bezeichnet; in der Peutingerschen Tafel mit Asciburgium (Essenberg), das schon Tacitus mehrfach erwähnt,[15] ebenso Claudius Ptolemaios in seiner 98 nach Chr. verfaßten ‚Geographia'[16] (Anhang Abb. 17).

An der großen Römerstraße lag das Kastell genau in der Mitte zwischen den Lagern Neuss und Vetera, je einen Tagesmarsch von ihnen entfernt. Es war, von Rom aus gesehen, das letzte Lager vor Vetera.[17] Von Vetera werden die römischen Truppen gekommen sein, die hier über den Rhein gingen, um nach Westfalen zu marschieren.

c. Zwischen Emscher und Ruhr

Der Rhein fließt auf einer Höhe über NN von etwa 25 m, und das Gebiet zwischen den Mündungen der beiden Flüsse Ruhr und Emscher war als Tiefland schwer zu überwinden; man hat sicher Knüppeldämme anlegen müssen. Doch bereits im heutigen Stadtgebiet von Oberhausen hat man Höhen von über 40 m erreicht, und in Essen-Bredeney kam man schon auf 150 m. Der Weg wird sich möglichst nahe an der Ruhr auf der Wasserscheidenlinie gehalten haben. Wir finden hinter Essen-Steele, einer alten Königspfalz, noch heute die Bezeichnung ‚Hellweg' für den Wasserscheidenweg. Die Straße führt aus dem Ort heraus bis nach Bochum, wo sie durch die Stadt hindurchgeht. Die ‚Urstraße' jedoch zweigt auf halber Strecke nach Südosten ab und geht über die Wasserscheide um Bochum südlich herum, bis sie östlich von Bochum den Hellweg wieder trifft und ihn kreuzt. Nach Norden verläuft der Wasserscheidenweg weiter unter der Namensbezeichnung: Castroper Hellweg und Bövinghauser Hellweg, bis er die Quelle des Oelbachs umgangen hat und hier auf der Trasse der Provinzialstraße wieder nach Süden einschwenkt, um nach erneuter Kreuzung mit dem Hellweg auf der Trasse der ‚Hauptstraße' in Richtung Witten zu verlaufen. Hinter Langendreer steigt die ‚Urstraße' dann an, über Stockum und Annen zu den Höhen des Ardey ‚Auf dem Schnee'.

d. Der große Hellweg

Der Hellweg verläuft von Bochum aus zur Begradigung und Abkürzung des Urweges über den Oelbach hinweg nach Osten mit den heute noch bestehenden Benennungen: Werner Hellweg, Lütgendortmunder Hellweg, Alter Hellweg, Martener Hellweg, Dorstfelder Hellweg. In Dortmund kommt er als Westen-Hellweg an, wo er inmitten der Stadt den Osten-Hellweg trifft. Vor dem Übergang über die Emscher hat sich der Hellweg nun endgültig von dem Wasserscheideweg getrennt,[18] er führt nun in gestreckter west-östlicher Richtung fast schnurgerade zu dem 100 km entfernten Paderborn, immer auf gleicher Höhenlage von 100 m ü. NN bleibend. Auf der hier von fruchtbarem Löß überdeckten Kreide haben sich bedeutende alte Städte entwickelt, so Dortmund, Soest und Paderborn.

e. Die vergessene Straße: Der Haarweg

Durch den ‚großen Hellweg', die Kunststraße, wurde der Verkehr von der alten Wasserscheidenstraße abgezogen; die Emscher war überbrückt, und der steile Anstieg auf den Ardey entfiel. Die Sogwirkung der großen und starken Reichsstadt Dortmund tat ein Übriges, und selbst die Sigiburg wurde in ihrer Bedeutung als Tor nach Westfalen von Dortmund abgelöst; die Urstraße verfiel der Vergessenheit. Es entfiel damit auch der Anschluß aus dem Westen an die großartige Wasserscheide des Haarstrangs mit dem auf ihm verlaufenden ‚Haarweg'.

Über das Alter der beiden Straßen, Haar- und Hellweg, gibt es noch unterschiedliche Auffassungen. Josef Koch berichtet: „Es war Rübel, der versuchte, die frühgeschichtlichen Straßen nach einem festen System in der Anordnung urkundlich belegter Reichsgüter in Verbindung mit den Feldzügen Karls nach den Festen Syburg und Eresburg in den Sachsenkriegen zu erschließen. Erst als Paderborn als geistliche Zwingburg an die Stelle der strategischen Zwingburg Eresburg rückte, bekam der (große) Hellweg seine Bedeutung: ‚. . . als eine wesentliche neue Etappenstraße, die von Karl wohl im Winter 784/785 fertiggestellt ist, um die Zufuhr nach Paderborn vom Rheine her und weiterhin zur Weser zu regeln.' Das erforderte die planmäßige Anlage von Reichshöfen am (neuen) Hellweg. Mit der Frequentierung dieses (neuen) Hellweges verlor der nach Paderborn führende Zweig des Haarweges, der ‚alte' Hellweg, seine Bedeutung als West-Ost-Verbindung. Die These Rübels, daß die Trasse des großen Hellweges

wohl im Winter 784/785 fertiggestellt ist, stützt sich auf die fränkischen Reichsannalen."[19]
A. K. Hömberg schreibt dazu: „Der Dortmunder Historiker Karl Rübel hat ... zu begründen versucht, daß der Hellweg erst gegen Ende des 8. Jahrhunderts entstanden sei ... Diese Ansicht wird ... vertreten ... von dem hessischen Straßenforscher Willi Görich mit der Begründung, daß alle alten Straßen Höhenwege gewesen seien und deshalb auch nicht der Hellweg, der am Fuße des Haarstranges entlang führt, sondern der Haarweg auf dem Kamm des Gebirges die älteste Verbindung zwischen Rhein und Weser dargestellt haben müsse, der Hellweg also erst später, erst nach der Eingliederung Sachsens in das Fränkische Reich ausgebaut worden sein könne. Ich halte diese Argumentation nicht für richtig."[20]
Hömberg begründet seine Ansicht damit, daß die Münz- und Grabfunde aus vorkarolingischer Zeit bei Soest und Dortmund alte Straßenverbindungen hier bedingen. Außerdem versucht er das größere Alter des Hellweges durch die Langstreifenfluren, vom Hellweg den Haarstrang hinauf, zu belegen, die lange vor Karls Zeit eingerichtet gewesen seien. Die karolingische Organisation setze die Existenz des Hellweges voraus, während sie von dem Haarweg überhaupt keine Kenntnis nähme.
Dazu bemerkt Koch in Ergänzung seiner eigenen Angaben: „Andererseits ist wenig glaubhaft, daß der ‚große' Hellweg eine Neuanlage durch Karl den Großen darstellt. Die merowingischen Funde in Soest und Geseke weisen darauf hin, daß bei der Einrichtung der fränkischen Rastorte mindestens lokale Wege vorhanden gewesen sein müssen, die in das Rastortsystem eingebaut worden sind."[21]
Wir dürfen annehmen, daß Koch recht hat, wenn er die Existenz eines Weges am Fuße des Haarstranges annimmt, die ältere Bedeutung jedoch dem Haarweg zuweist, der alle Bedingungen eines natürlichen ‚Urweges' in hohem Maße erfüllt und deshalb zur Zeit der Römer für weite Heeresmärsche allein in Frage kam. Hierauf weist insbesondere die Anlage des Römerlagers Kneblinghausen hin, das nur in Verbindung mit dem Haarweg denkbar ist.

4. DER DREHPUNKT

Der Urweg mußte sich, durch Emscher und Ruhr eingeklemmt, seine Bahn suchen. Hier stand die alte Sigiburg, das feste Bollwerk hoch über der Ruhr, als Sperre vor dem Eingang nach Westfalen. Von hier oben sieht man, wie die Lenne tief unten, weit von Süden herkommend, sich mit der aus dem Osten herfließenden Ruhr trifft, um gemeinsam dem Rhein zuzuströmen. Man spürt hier oben die ganze beherrschende Bedeutung dieser Burg in alter Zeit.[22] Im Süden liegt das unwegsame Sauerland, in das die Lenne den Weg weist zu dem großen Gegenstück, der Wilzenburg bei Grafschaft, die hinter dem südlichsten Bogen der Lenne das Land schützt. Erst 1950 fand man hier durch einen Zufall germanische Waffen aus der Zeit um Christi Geburt,[23] und seit diesem Fund weiß man erst, daß Germanen zur Zeitenwende diesen Raum besiedelt haben. Jenseits der Lenne liegt vorgeschoben die Stammesgrenze, und eine Landwehr mit drei großen Wällen zieht sich von der Stammesgrenze bei Steele an der Ruhr südwärts durch die Berge. Sie zeigt bis zum heutigen Tag die Sprachgrenze des Niederdeutschen an, die sich von diesem Südpunkt an der Wilzenburg[24] in einem großen Bogen bis zur Eresburg an der Diemel hinzieht und dort wieder die Ostrichtung aufnimmt. Beide Burgen, die Sigiburg und die Eresburg, waren auch für Karl den Großen die Bollwerke, die er erst erobern mußte, ehe er die Sachsen überwinden konnte.

Diese Enge bei der Sigiburg ist auch für Geschehen zur Römerzeit bedeutsam, denn nun tritt unser ‚Urweg' in eine direkte Beziehung zum Lippefluß. Albert von Hofmann schildert uns das Verhältnis so: „Es wurde nun von nachhaltiger Bedeutung, daß die westfälische Bergstraße sich nicht ganz mit der Lippelinie deckte. Zwischen die Berge und den Unterlauf der Lippe nämlich schiebt sich wie ein Keil der alte Emscherbruch, ein großes Sumpfgebiet, welches die Lippe von dem Vorland der Berge abdrängte. Der Hellweg aber, an den festen Grund gebunden, verließ auf diese Art die Lippe und sprang über zur Ruhr, und so wird der natürliche Ausgangspunkt des Hellweges nicht die Lippemündung, die große Eingangspforte Deutschlands, sondern die Ruhrmündung, die Gegend von Duisburg . . ."[25]

Durch das Verhältnis von Fluß- und Straßenführung wird deutlich, daß der eigentliche Drehpunkt der Ereignisse der frühen Zeit in Westfalen in diesem Raum liegt: „So kann man mit Recht dieses kleine Gebiet als eines der wichtigsten Kerngebiete des Landes in historischem Sinne ansprechen. Ein Punkt ist indes der wichtigste von allen; es ist der Punkt, wo der Hellweg das Lippegebiet zuerst betritt bzw. zuletzt verläßt, und an diesem Punkt steht nicht umsonst die wichtigste und bedeutendste alte Stadt Westfalens, die einzige Reichsstadt des Landes, Dortmund."[26]

Hier nun baute auch Drusus, ehe der Hellweg entstand und ehe Dortmund war, seinen vorgeschobenen Hauptstandort, das erste und größte Lager an der Lippe, Oberaden = Aliso, mit 54 ha gleichgroß dem bedeutenden Ausgangslager Vetera am Rhein.[27]

5. DER HAARSTRANG

a. Auf der Wasserscheide

Wir sind nun auf der Wasserscheide von Ruhr und Lippe (Anhang Abb. 6); Hellweg und Haarweg, die zunächst fast parallel verlaufen, sind hier nur drei Kilometer voneinander entfernt. „Der Hellweg zieht am Nordfuß des Haarstrangs auf tiefgründigem Lehmboden von Ort zu Ort und quert auf der fast 100 km langen Strecke Dortmund – Paderborn mindestens 50 Wasserläufe oder heute trockene Sieks ... Dagegen benutzte der nur wenig südlicher verlaufende Haarweg die großartige Wasserscheide des Haarstrangs entweder schon von der Ruhrmündung oder doch etwa von Witten her, blieb auf ihr bis zur unteren Alme ...“[28]
Von jedem Punkt der Lippe aus, dem Nachschubfluß der Römer, ist der Kamm des Haarstrangs mit dem bloßen Auge als ein gleichmäßig sich hinziehender Bergrücken zu erkennen. Er geht von West nach Ost bis zur 65 km entfernten ‚Spitzen Warte‘ und steigt dabei stetig von 200 m bis auf 389 m an der Spitzen Warte an.

b. Oberkreide

Eine bedeutsame geologische Besonderheit des Haarstranges, auf dessen Kammlinie der Haarweg verläuft, ist die Tatsache, daß der Untergrund des gesamten Haarstrangs aus Oberkreide besteht, die die Eigenschaft besitzt, karstfähig zu sein. Karstfähig bedeutet, daß dieses Kalkgestein durch Wasser angreifbar ist, wodurch im Untergrund sich Hohlräume bilden, durch die die Oberflächenwässer einsickern und erst am Ende der Oberkreide, das ist am Nordende des Haarstrangs, in starken Quellen wieder zutagetreten.[29]
Für die Marschstraßen und -wege auf der Oberkreide bedeutet diese Eigenart naturgemäß, daß sie auch bei Regen und Unwetter trocken bleiben und nie Schlamm, Sumpf oder Bruch zu befürchten sind, die die Marschfähigkeit behindern könnten. Der Haarweg verläuft am höheren südlichen Rande der Oberkreide; auf der tieferen nördlichen Begrenzung, die gleichmäßig auf der gesamten Strecke bei 100 m bleibt, liegt die Trasse des Hellweges. Sie liegt nur wenig über der Lippeniederung; im Gegensatz zum Haarweg, der über die gesamte Entfernung ohne jede Behinderung ist, hat man auf dem Hellweg am unteren Rande des Bergzuges naturgemäß schon mit einer ganzen Menge querlaufender Sieks mit und ohne Wasser zu rechnen.

6. ZWISCHEN OBERKREIDE UND MASSENKALK

Hinter der ‚Spitzen Warte‘ trifft der Haarweg auf einen Fluß, die Alme. Hier zweigt ein Höhenweg entlang der Alme nach Nordosten

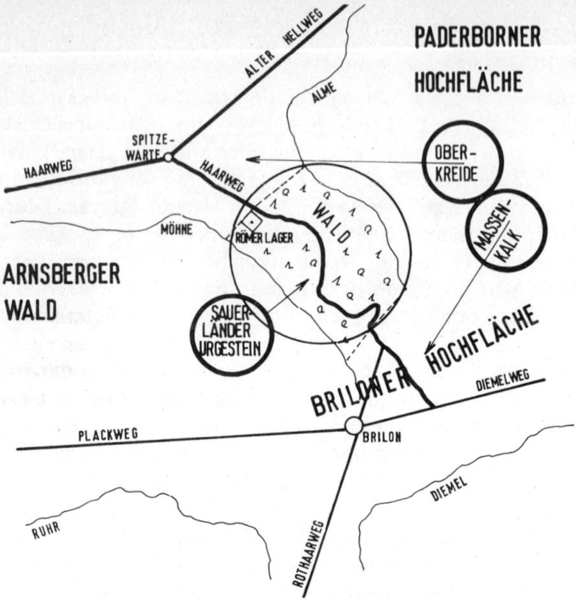

Abb. 4: Römerlager Kneblinghausen
zwischen Oberkreide und Massenkalk. (1 cm = 2,5 km)

ab. Mit ihm werden wir uns später noch befassen. Unser Weg führt weiter auf der Wasserscheide zwischen Alme und Möhne in Richtung Briloner Hochebene. Die Landschaft ändert vollständig ihren Charakter, denn der Weg tritt nach wenigen Kilometern von der weiträumigen Haarhöhe in einen tiefen und schluchtenreichen Wald ein. Am Eingang des Waldes liegt unmittelbar am Weg das Römerkastell Kneblinghausen (siehe Abb. 4).

Dieses Kastell hat, wie wir vermuten dürfen, zur Römerzeit den Weg beschützt oder auch gesperrt.[30]

Erst recht sucht sich hier der Weg die höchsten Stellen, die Wasserscheide, denn links und rechts des Weges entspringen viele Bäche und bilden schmale Wegeengen, wenn sie gleichzeitig auf beiden Seiten des Weges in Schluchten ablaufen. Die Straßenführung, die im Wald immer auf Höhen zwischen 400 und 450 m dahinzieht, nimmt öfters in ihrem etwa 10 km langen Verlauf durch den Wald scharfwinklige Richtungsänderungen vor, ehe sie nach einem steileren Abfall von 60 m aus dem Wald heraustritt und wieder freie Sicht entsteht.

Die Veranlassung für diesen Wechsel der natürlichen Gegebenheiten ist der Untergrund: Auf der Haarhöhe aus der Oberkreide, die mit Löß überdeckt ist; die Ausläufer des Rheinischen Schiefergebirges bestehen aus flözleerem Karbongestein; die Briloner Hochebene schließlich hat als Untergrund Massenkalk.[31]

7. WASSERSCHEIDE VON RHEIN UND WESER

a. Das Straßenkreuz auf der Hochfläche

Die Briloner Hochfläche, auf der wir uns jetzt befinden, liegt wie ein beherrschender Block auf der Wasserscheide von Rhein und Weser. Sie ist nicht nur der hervorragende Platz zwischen Ruhr, Diemel und Lippe, sondern hier haben sich auch sehr alte Wege gekreuzt. In der vorliegenden Urkunde von 973 bestätigt Otto II., als Nachfolger seines Vaters Otto I. (936–973), dem Erzstift Magdeburg seinen westfälischen Besitz. Die Urkunde bezieht sich auf das an der Kreuzung alter Heerwege „In den Bruilen" gelegene[32] Grundstück. In der ersten Urkunde, die wir haben, wird damit bezeugt, daß Brilon an der Kreuzung alter Heerwege lag. Hier entstand die Stadt Brilon, die nach der Soester Fehde (1444–1449) die bedeutendste Stadt und die Hauptstadt des Herzogtums Westfalen wurde.
An diesem Straßenkreuz trafen sich vier Wege. Da ist zunächst der schon beschriebene Weg, der, von der Spitzen Warte kommend, zwischen Möhne und Alme und an deren Quellen vorbei auf die Briloner Hochfläche führte. Nach Süden steigt der Weg auf der Wasserscheide von Hoppecke und Ruhr in das Rothaargebirge nach Winterberg. Winterberg liegt auf Höhen von 620 bis 841 m. Der Ort ist Straßenknotenpunkt mit der ‚Heidenstraße'.[33] Nach Westen führt uns der ‚Plackweg' auf der Wasserscheide von Ruhr und Möhne durch den Arnsberger Wald; er findet in Arnsberg sein Ende, da er hier auf die Ruhr stößt. Der Weg nach Osten nun führt uns wieder auf den Weserweg, den wir in Thülen treffen. Thülen muß früher bedeutsamer gewesen sein als heute, denn von den vierzehn Stammpfarreien im kurkölnischen Westfalen wurde die in Thülen schon 850 nach Chr. gegründet. Dort steht heute noch eine schöne romanische Kirche.[34]

b. Massenkalk

Die Bedeutung der Briloner Hochfläche ist auch abhängig gewesen von dem Gestein, aus dem sie besteht. Der Untergrund ist Massenkalk, der, wie die Oberkreide am Haarstrang, auch zur Karstbildung neigt und deshalb wenig Oberflächenwasser zuläßt, weil das Wasser in Bachschwinden und Dolinen in den Untergrund abläuft. Hier ist schon sehr früh Vieh gehalten und Ackerbau betrieben worden; der Wald konnte sich auch früher wohl nur an den Steilhängen der Einschnitte halten. So wird diese Hochfläche auch in alter Zeit weitsichtige Ausschau ermöglicht haben.[35]

c. Über der Diemel

Unseren Höhenweg nennen wir von der Briloner Kreuzung ab ‚Diemelweg', weil er bis zu seinem Ziel, dem Weserknie bei Herstelle, andauernd auf der Wasserscheide zur Diemel verläuft. Bis zum Eggegebirge ist er auch die Wasserscheide von Rhein und Weser. Von dem Teil unseres Weges von Madfeld bis Essentho sind wenige Unterlagen vorhanden und genauere Untersuchungen anscheinend auch noch nicht angestellt worden; es scheint so, als ob durch die Kunststraßen des Mittelalters und der Neuzeit diese durchgehende Straße in Vergessenheit geraten ist.

Josef Koch, der über den anschließenden Raum der Paderborner Hochfläche sehr genaue Angaben macht, sagt leider über diesen Weg nichts;[36] allerdings gibt er einen wesentlichen Hinweis: „Bodenfunde aus der Zeit um Christi Geburt finden sich im besonderen bei Brilon, Rösenbeck und Marsberg. Die Gesamtheit der Funde aus früher Zeit hebt die Möhne-Ruhr-Hoppecke-Diemelverbindung vor anderen hervor."[37]

Wir halten uns an die These von den Wasserscheidenstraßen, die naturgemäß immer die älteren Straßen sind. So geht der Weg von Thülen (460 m) ohne wesentliche Höhenunterschiede bis zu dem 5 km entfernten Madfeld (460 m) über die baumlose Kalkhochfläche, die in früher Zeit ‚Matfeld' genannt wurde.[38]

Ehe wir nach Madfeld kommen, liegt rechts des Weges, hoch über dem Tal der Hoppecke, und auf ihrer nördlichen Seite, die Burg Aldenfels, wo seit dem Mittelalter von unserer Urstraße auf der Höhe eine Straße in das Tal abzweigt, die nach Marsberg führt. Auf der Burg wurde die schöne Dolchscheide von Rösenbeck[39] gefunden (Anhang Abb. 38).

Diese Burg wird uns erneut begegnen, da sie in der Schlacht im Jahre 9 nach Chr. eine bedeutsame Rolle spielte, denn sie bildete das Tor, durch welches die germanischen Stämme aus dem Osten und die aus dem Südosten über die Hoppecke hinweg auf den Wasserscheidenweg nach Norden geleitet wurden und so in die Flanke des römischen Heeres kamen.

Vor uns (Anhang Abb. 7) liegt jetzt der Fürstenberger Wald, dessen Untergrund aus Flözleerem Karbon besteht und damit zum Sauerländischen Waldgebiet gehört. Von Madfeld vor dem Wald bis Essentho hinter dem Wald beträgt die Entfernung 9 km, von denen wir 6 km durch den Wald zurücklegen müssen.[40]

Essentho, wieder im Gebiet der Oberkreide, liegt auf einer Höhe von 430 m ü. NN. Der mit 503 m höchste Punkt auf dem Weg durch den Wald ist der Totenkopf, den wir auf halber Strecke erreichen.[41] Dabei sind die zu überwindenden Steigungen kaum zu werten, so sanft sind die Anhebungen. Damit scheint dieser Weg ein klassischer Wasserscheidenweg zu sein, und es ist sicher, daß die Römer auch diesen Weg benutzt haben, wenn sie zur Weser wollten (siehe Abb. 5).

d. Der Schnittpunkt

In Essentho treffen wir den ‚Frankfurter Weg' oder, wie die Straße auch heißt, die ‚Via Regia'. Vor uns liegt wieder eine offene Landschaft, das Sintfeld. Ludwig Maasjost schildert die Landschaft auf unserem Wege nach Meerhof, das in 5 km Entfernung vor uns liegt; allerdings in umgekehrter Folge, er kommt von Meerhof:
„Wir durchfahren Meerhof und biegen den Höhenweg nach Essentho ein. Er führt über die Wasserscheide zwischen Rhein und Weser, die hier von der Cenomanschicht gebildet wird. Auf der Schwelle der Wasserscheide (Wasserwerk Meerhof 451 m) sind wir plötzlich im Grenzbereich von drei Großlandschaften: Sauerland, Waldecker Tafelland und Westfälische Bucht, gefaltetem Grundgebirge, gestörtem älterem Deckgebirge (Perm) und ungestörtem jüngeren (Kreide). Wir gehen einige Kilometer zu Fuß und sehen die Härtlingsrücken an der Diemeltalsperre, den Kopf von Obermarsberg und das Hochplateau des Waldecker Tafellandes, von dem die Via Regia unter der Eresburg zur Diemelfurt hinabstieg und auf der Nordseite zur Paderborner Hochfläche hinaufstieg. Mehr als 200 m unter uns liegt das Diemeltal mit Hangwäldern, die auf paläozoischem Schiefer stehen. Das Dorf Essentho liegt wie Oesdorf auf dem Quellensaum unter der Außenseite der Hochfläche. Im Rückblick südlich von Essentho ist die Randstufe des Westfälischen Kreidebeckens zu erkennen."[42]
Über die Via Regia, die hier von der Diemel heraufsteigt und unseren Diemelweg quert, schreibt Dünzelmann: „Und an einem Beispiel wenigstens läßt sich der Beweis ihres römischen Ursprungs mit Sicherheit erbringen. Bei Marsberg am linken Ufer der Diemel gibt es einen ¾ Stunden weit durch den Felsen getriebenen Weg, der seiner ganzen Anlage nach nur römisch sein kann und als solcher lange bekannt ist."[43]
Hier ist der Schnittpunkt zweier großer alter Wege, von dem von Süd nach Nord, von Mainz nach Paderborn, und der West-Ost-Straße von Ruhrort am Rhein nach Herstelle an der Weser, an der die immer wieder erwähnte uralte Volksburg, die Eresburg liegt (Anhang Abb. 25).

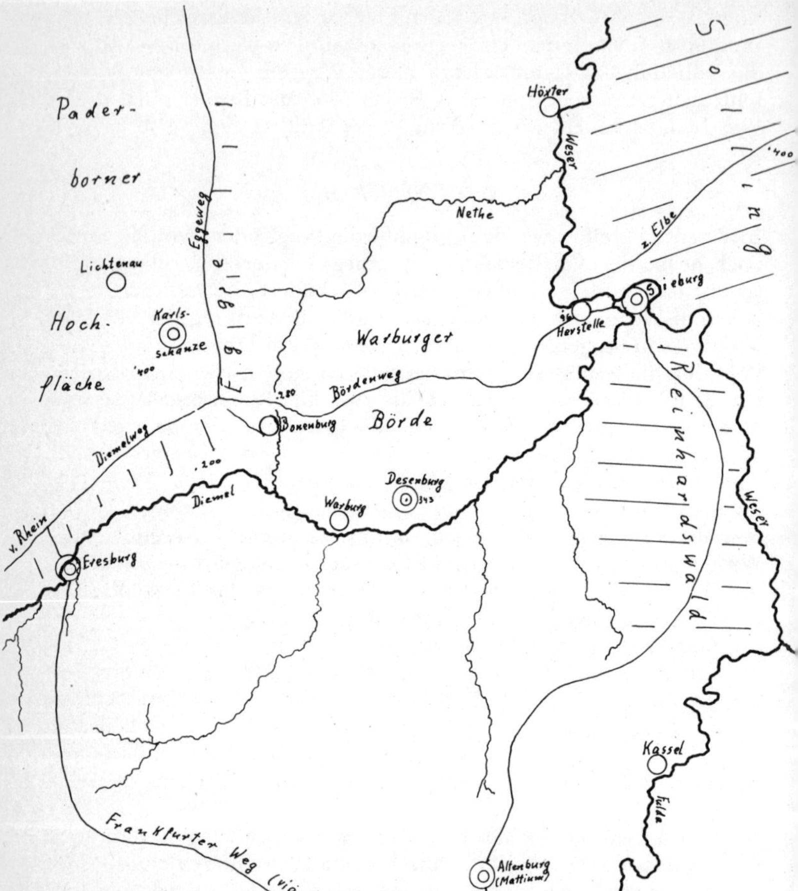

Abb. 5: Treffpunkt der Wege vom Rhein und vom Main am Weserknie.
(1 cm = 4 km)

Der direkte Kreuzungspunkt dieser beiden Straßen befindet sich bei Essentho, weil die germanischen Wege, die Wasserscheidenwege, hier waren und die Römer nur auf diesen marschiert sein können. Die Flüsse, so auch hier die Diemel, wurden rechtwinklig in Furten überschritten. Eine gut gangbare Furt befand sich oberhalb der Burg bei Horhusen, dem Hofgut der sächsischen Feste Eresburg.[44]

e. Warburger Wald

Den Teil des Diemelweges von Essentho nach Meerhof führt Koch auf einer Karte als Teil der Via Regia auf, und es ist anzunehmen, daß auf diesem Teil beide Wege verlaufen sind, ehe sie sich in Meerhof wieder trennten, die Via Regia nach Norden und unser Diemelweg weiter nach Osten, wo er wieder in einen Wald, den Warburger Wald, eintritt. Über diesen Weg schreibt Koch: „Nach der Urkunde von 1463 und der Benennung ‚Herßweg' im Warburger Stadtwald bog er in der heutigen Ortschaft Meerhof scharf nach Nordosten, die Oelsdorfer Egge meidend, über die Ache und den Wäscheberg auf die Altstadt Blankenrode ab, nahm hier als ‚Herßweg' oder ‚Warburger Hellweg' die bisherige Richtung wieder auf, ... wogegen ein anderer als ‚Bördenweg' auf der Linie ‚Alte Burg'–Bonenburg–Pekkelsheim zur Weser wies."[45]
Wir sehen uns diesen Weg (Anhang Abb. 7), den Wasserscheidenweg oder Diemelweg von Meerhof bis zur B 68 genauer an, der hier durch den Wald führt. Die Straße Essentho–Meerhof verläuft fast eben. So liegt Meerhof auf 420 m ü. NN., Blankenrode fast 4 km weiter im Wald auf 400 m; der höchste Punkt auf dem Wege erreicht 430 m. Von hier bis zur Bundesstraße 68 in 8 km Entfernung verläuft er ohne große Höhenunterschiede, der höchste Punkt liegt auf 410 m und der niederste auf 378 m, so daß man sagen kann, daß der Weg von Essentho bis zur B 68 über 16 km wiederum recht eben weitergeht.

f. Die Egge

Wir stehen nun im Winkel der Egge, wo nach Süden zur Diemel ein steiler Abbruch von fast 200 m zu überwinden wäre, einer von 120 m nach Osten zur Warburger Börde. „Die Topographie läßt jedenfalls eindeutig erkennen, daß ein Fahrverkehr durch das Waldgebirge Kleinenberg-Blankenrode und der Diemellinie nicht möglich gewesen sein kann und eine frequente Straße über die Bonenburg in Richtung Rimbeck-Warburg auf der Ostseite des Gebirges keinesfalls bewiesen ist. Der Wegezug tendiert vielmehr auf der Linie Bonenburg-Peckelsheim zur Weser. Eine naturgemäße Straßenverbindung in Richtung Warburg war und ist jedenfalls nicht vorhanden ... So weist der Grundriß der Stadt Kleinenberg darauf hin, daß die Siedlung an einem in West-Ostrichtung tendierenden Wege ... gebaut worden

ist. Eine frühe Fahrstraße läßt sich allein ... in Verbindung mit dem Bördenweg, dem nach dem Osten gerichteten Zweig des Herßweges, über die ‚Alte Burg' konstruieren."[46]
Hinter der B 68 führt als Wasserscheidenweg der ‚Bördenweg' nach Osten weiter und steigt langsam von 380 m, bis wir nach etwa 1,5 km unmittelbar hinter der höchsten Stelle auf 425 m in diesem Winkel des Eggegebirges auf die ‚Alte Burg' stoßen. Diese ‚Alte Burg' darf nicht verwechselt werden mit der ‚Karlsschanze', einer alten großen Wallburg, die 3,5 km nördlich im Eggegebirge liegt, an der auch einige den Weg an die Weser suchen.

8. AN DER WESER

a. Durch die Börde

Hier auf der ‚Alten Burg' ist also der Punkt erreicht, von dem aus der Abstieg in die Warburger Börde erfolgen soll. Koch hat wohl recht, wenn er auf diesen Weg hingewiesen hat, denn die Wasserscheide nördlich der Diemel setzt unmittelbar unter unserer Burg zwischen Borlinghausen und Bonenburg an, wo die kaum 200 m entfernt gegenüberliegenden Quellen des Helmerte und des Naure entspringen. Der Helmerte fließt nach Norden zur Nethe ab und der Naure nach Süden zur Diemel, und zwischen ihnen hindurch geht die Wasserscheide auf 285 m in Richtung Weserbogen. Beim Abstieg von der ‚Alten Burg' auf diese Wasserscheide zu stoßen wir auf tief eingeschnittene alte Hohlwege, die sich den Berg hinunterziehen und die in der amtlichen Karte 1:25 000 als Schluchten dargestellt sind. Wir vermuten deshalb, daß in alter Zeit diese Schluchten auf einen oft benutzten Weg mündeten.[47]
Der Weg von der Egge zur Weser hat eine Länge von etwa 35 km; der erste Geländebruch kommt nach 4 km bei Ikenhausen: Hier fällt der Weg von 300 m ü. NN auf 220 m, um dann über 14 km auf fast gleicher Höhe zu bleiben. In weiteren 4 km kommt er zur Rotenbreite[48] auf 300 m: danach erreicht man in 5 km Haarbrück auf 350 m. Von hier fällt dann die Straße zum 7 km entfernten Herstelle, wo die Weser auf 99 m ü. NN fließt.

b. Mittelweser

Das enge Tal, das sich die Weser von Karlshafen her durch den Buntsandstein des Solling und des Reinhardswaldes gebahnt hat – rechts die Hannoverschen, links die Hessischen Klippen – weitet sich nach Beverungen hin. Zwischen Würgassen und Lauenförde liegt fruchtbares Wiesen- und Ackerland. Dort, im alten sächsischen Wirigisen (Würgassen), siedelten von jeher Bauern. Das an Boden weit ärmere Herstelle entwickelte sich dagegen zu einem Schiffer-

und Fischerdorf. Als eine natürliche Brücke verband eine Furt die beiden Orte miteinander.[49] Schon römische Soldaten und Kaufleute sowie fränkische Krieger Karls des Großen werden diesen Übergang benutzt haben. Daß in diesem Raum beiderseits des Flusses schon in vorgeschichtlicher Zeit Menschen lebten, ist durch 27 Steinhügelgräber bezeugt, die Anfang der zwanziger Jahre in der Umgebung ausgegraben wurden. Die Ausgrabungsergebnisse weisen in die ältere Bronzezeit. Außerdem wurden Einzelfunde aus der jüngeren Bronzezeit geborgen. Bei den Ausschachtungen für den Bau der neuen Burg (1826) entdeckte man einen Brunnen und darin Gegenstände römischer Herkunft: einen Metallspiegel, ein Trinkgefäß und Waffenreste. Gelegentlich der Sprengungen für die Bremer Straße kamen u. a. 25 keilförmige Eisenstücke zutage, sogenannte Celts, die als Beil und Meißel dienten.

c. Herstelle, Platz Karls des Großen

Daß in früher Zeit dieser Platz nicht nur bei den Römern eine Schlüsselstellung einnahm, zeigt die Bedeutung, die Karl der Große ihm zumaß. In Herstelle fand er 797 nach Chr. den geeigneten Platz für sein Winterlager. Hier feierte er 797/798 das Weihnachts- und das Osterfest. Hierhin ließ er seine Söhne kommen, Pippin aus Italien und Ludwig aus Spanien. In seinem Lager suchten ihn Gesandtschaften der Awaren und des Königs Alfons von Asturien auf.[50] Einmalig in der karolingischen Geschichte blieb die Tatsache, daß er diesen Ort nach dem Stammsitz seiner Ahnen benannte, dem heutigen Herstal-Héristal an der Maas. Die Namensgebung scheint zu beweisen, daß an mehr als ein vorübergehendes Lager gedacht war.
Die besonders gut gangbare Furt und der verhältnismäßig günstige Aufstieg auf den Solling an dieser Stelle dürften für die Römer Anlaß gewesen sein, diesen Übergang über die Weser zu wählen. Während die Weser oberhalb steile Ufer mit schroffen Felswänden hat, geht hier am rechten Weserufer eine recht gute, wenn auch steile Auffahrt, vorbei an der ‚Missionseiche', dem ‚Taufstein' und den ‚Hügelgräbern', auf den Solling. Auf einem Wasserscheidenhöhenweg über Winnefeld und Neuhaus werden die Römer ihren Weg genommen haben, der sie über Dassel – Einbeck – Gandersheim – Goslar und nördlich des Harzes zur Elbe führte.
J. Schneider berichtet in „Die alten Heer- und Handelswege der Germanen, Römer und Franken im deutschen Reiche": „Jenseits des Flusses zwischen Würgassen und Nienover wurden Waffenreste aller Art (Lanzen, Wurfspieße, eiserne Keile und Streitäxte) ausgegraben . . . zwischen Winnefeld und Derenthal zwei Rollen römischer Goldmünzen."[51] Diese Funde liegen alle im Bereich der Wasserscheidenstraße.

d. Die Sieburg

Hier bei Herstelle schneidet im großen Weserbogen die Weser oberhalb der Diemelmündung eine Höhe ab, die als nördlichster Teil des Reinhardswaldes halbinselartig sich vor das Gebirge stellt und durch die beiden Flüsse, Weser und Diemel, fast ganz von Wasser umgeben ist. 160 m über den Flüssen liegt hier eine große ebene Fläche von etwa 100 ha, die an dem einzig möglichen Zugang von Süden durch zwei Wälle an der engsten Stelle gesichert wird. Damit stellte diese alte germanische Wallburg eine der gewaltigsten Anlagen dar, die bekannt sind. Strategisch ist ihre Bedeutung ersichtlich durch ihre Lage an dem großen Weserknie, wo sich die Weser durch die Enge zwischen Reinhardswald und Solling durchgefressen hat und schiffbar wird; der Solling auf der anderen Weserseite bildet ein starkes Bollwerk; nach Süden geht ein direkter Höhenweg in das Kasseler Becken. Die Sieburg ist wohl in alter Zeit der starke östliche Pfeiler einer Diemelverteidigungsstellung[52] gewesen, denn es scheint ein System in der Anlage der Burgen an diesem Fluß zu liegen, das die natürliche Sperre wesentlich verstärkt, die dieser Fluß auf weite Strecken darstellt.
Zu diesen alten Burgen kann man sicherlich folgende rechnen: Die Desenburg, den Gaulskopf, die Eresburg, die Burg Padberg[53] und auf der Wasserscheide zur Ruhr die Burg Borberg bei Brilon. Die Aufgabe, Verteidigungslinie zu sein, wird dieses Tal mit seinen Wallburgen schon zur Römerzeit ausgeübt haben. Hier liegt auch, etwas südlich vorgeschoben, die alte Stammesgrenze[54] zwischen Cheruskern und Chatten.

e. Burg des Segestes

Einer Sage nach soll in der Sieburg der Schwiegervater[55] des Armin, Segestes, gesessen haben. Das könnte auch nach dem Bericht des *Tacitus* zutreffen:

„Der Caesar ließ Mattium (nördlich der Eder) – so heißt der Hauptort des Stammes – in Brand setzen, verwüstete das offene Land ... Die Cherusker (zwischen Elbe und Weser) hatten beabsichtigt, den Chatten beizustehen; doch Caecina, der bald hier, bald dort seine Waffen zeigte, schreckte sie ab und hielt die Marsen, die einen Kampf wagten, durch ein glückliches Treffen im Zaume. Wenig später trafen Gesandte des Segestes ein, die um Hilfe gegen die Gewalttätigkeiten ihrer Landsleute baten, die ihn belagerten ... Germanicus hielt es der Mühe wert, die neue Richtung einzuschlagen. Es kam zu einem Kampf mit den Belagerern, und Segestes wurde mit einer großen Schar von Verwandten und Klienten befreit. Auch vornehme Frauen waren dabei, unter ihnen die Gattin des Arminius (Thusnelda), Segestes' Tochter.“[56]

Wenn wir uns die Lage vergegenwärtigen, so lag die Sieburg im äußersten südöstlichen Winkel des Cheruskerlandes, an der Grenze des Chattenlandes, das Germanicus soeben durchstoßen hatte. Mattium, das er zerstörte, liegt nur etwa 40 km Luftlinie von der Sieburg entfernt. Da anzunehmen ist, daß Germanicus noch weit über Mattium hinausstieß, ist es denkbar, daß er nicht weit von dem in seiner Marschrichtung beginnenden Wasserscheidenhöhenweg durch den Reinhardswald entfernt war, der von dort in etwa 25 km direkt auf die Sieburg stößt.
Segestes, den er befreite, wird in den äußersten Winkel des Stammesgebietes geflohen sein, weil er im Inneren des Landes kaum Ruhe vor seinen eigenen Landsleuten gefunden haben würde.
Noch im Mittelalter lag das Weserknie im Schnittpunkt der Machtkämpfe um die Vorherrschaft in diesem Raum.[57] So wird noch einmal die große strategische Bedeutung des Weserknies an der Diemelmündung deutlich herausgestellt; sie hatte sich seit der Römerzeit nicht verändert.

9. RÖMISCHE SPUREN AM WEGE

a. Das Römerkastell

Der beschriebene Römerweg vom Rhein an die Weser enthält ein Wegestück, das durch die geologische Struktur des Untergrundes sehr wald- und schluchtenreich ist: den Wegeteil zwischen Haarstrang und Briloner Hochfläche, der durch die Ausläufer des Rheinischen Schiefergebirges gekennzeichnet ist.[58]
Am Ausgang dieses Waldgebietes durchläuft der Wasserscheidenweg das Römerlager Kneblinghausen (siehe Abb. 6). Es ist, außer an der Lippe, in ganz Norddeutschland bisher kein Römerlager gefunden worden. Man fand hier sogar 4 Bauwerke; das ist sicher ein Beweis, daß die Römer diesen Platz als bedeutsam ansahen.
Henneböle, der bei den Ausgrabungen dieses Lagers beteiligt war, berichtet uns: „Der Haarweg verlief in seiner östlichen Fortsetzung auf dem Höhenkamm zwischen Alme und Möhne. Bei der genaueren Platzwahl für die Befestigungen werden strategische Gesichtspunkte maßgebend gewesen sein. Die Anlagen auf dem 400 m hohen Geländerücken sicherten die engste Paßstelle des Weges nach Innergermanien. Die Festungswerke wurden dort errichtet, wo der Rücken zwischen den beiden Flüssen durch zwei Seitentälchen so tief eingekerbt wird, daß hier die Möglichkeit der Straßenführung nur auf sehr engem Sattel verbleibt. Gleichzeitig erhielt das Lager durch Einbezie-

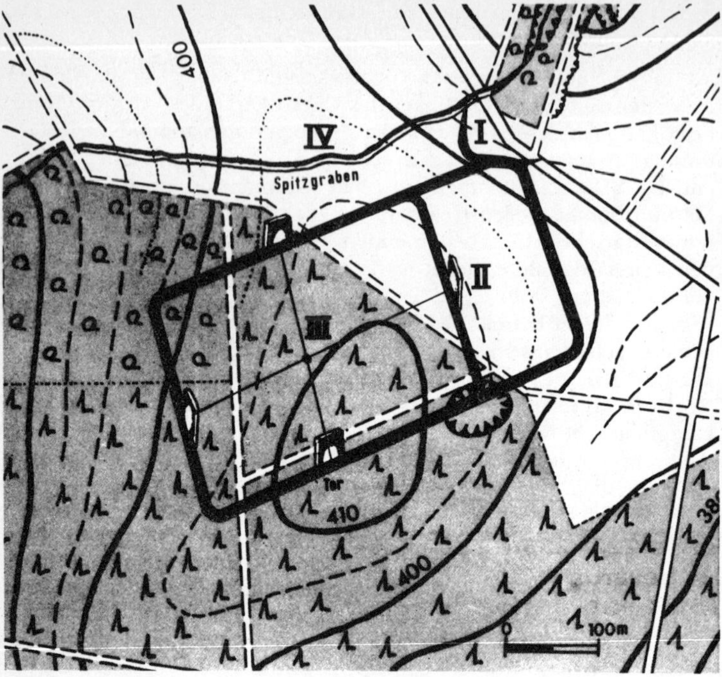

I Bogenförmige Befestigung mit Tor
II 10 ha großes Lager
III 75 ha verstärktes Lager
IV Sperriegel

Abb. 6: Römerlager Kneblinghausen (Skizze).
(1 cm = 75 m)

hung der natürlichen Gegebenheiten eine zusätzliche Sicherung. Die beiden sich gegenüberliegenden Talköpfe waren durch einen 500 m langen, tiefen und breiten Spitzgraben miteinander verbunden (Planskizze No. IV). Der Grabenaushub füllte einen mit kräftigen Hölzern versteiften Wall. Im Osten mündete der Graben in einen bis 10 m tiefen Wasserriß. So bildete die Anlage IV einen Sperriegel für den Höhenweg und gleichzeitig einen Schutzwall für das Lager. Bei Kneblinghausen konnten zwei Lager nachgewiesen werden. Das größere und zuerst angelegte Lager war rund 10 ha (40 Morgen) groß. Es wurde schon bald durch ein kleineres rund 7,5 ha (30 Morgen) großes Lager abgelöst. Ungefähr in der Mitte aller Lagerseiten waren Tore mit streng nach römischen Regeln erbauten Torsicherungen (Klavikel). Kneblinghausen ist bis heute das einzig bekanntgewordene Lager auf deutschem Boden mit Klavikeltoren.

Vor der Nordostecke der zuerst errichteten Anlage wurde eine bogenförmige Befestigung mit einem Tor darin ermittelt (Anlage I). Auch sie bestand aus einem Spitzgraben mit einem Holz-Erdwall auf der Innenseite. In der Anlage um den Talkopf bildete sie eine Deckungsanlage für den Aufstieg aus dem Almetal ... Danach kann ferner angenommen werden, daß die Anlage I die ältesten Bauteile der Befestigungswerke von Kneblinghausen darstellen."[59]

b. Zweifel

Dieses Lager galt zunächst sicher als ein Lager aus der Zeit der Römerkriege unter Augustus. Darüber machte Dahrendorff 1905 bereits eine klare Aussage: „Das bei Kneblinghausen auf der freien Hochfläche des Gebirgsrückens zwischen der oberen Alme und der oberen Möhne liegende große und fast rechteckige Erdlager zeigt vollkommen die römische Lagerform (Anhang Abb. 18). Römisch ist die Regelmäßigkeit der Anlage und die Abrundung der Ecken, römisch, daß jede der vier Seiten ein Tor aufweist, römisch, daß sich unmittelbar vor dem Walle ein sorgfältig ausgeführter Spitzgraben hinzieht, der nur an den Toren von einer schmalen Erdbrücke unterbrochen ist. Die Wallerde wurde von zwei Reihen Pfosten, die durch waagerechte Hölzer verbunden waren, gehalten, ganz wie wir dies bei den römischen Erdwerken in Haltern haben feststellen können. Besonders stark waren die Tore mit Clavikeln und Türmen bewehrt. Die Lage der Befestigung auf breitem Gebirgsrücken mit weitem Terrain zur Entwicklung der Truppen vor jedem Tor entspricht ebensosehr dem römischen Brauche, wie sie sich von germanischem Brauche unterscheidet, wo die Burg durchaus defensiven Charakter trägt und daher die möglichste Deckung ihrer Seiten durch das Terrain sucht.
Aus diesem Befund wird man unwillkürlich auf ein römisches Erdlager schließen. Ein solches könnte hier oben in den Bergen Westfalens natürlich nur aus den Kriegszügen zur Zeit des Augustus und Tiberius stammen und ist jedenfalls an dieser Stelle nicht undenkbar. Doch können wir zur Zeit den strikten Beweis, daß dieses ‚vorschriftsmäßige' Römerlager wirklich römisch ist, noch nicht führen."[60]

c. Altersbestimmung

Diese leichte Unsicherheit in der Beweisführung führte zu Zweifeln, die sich bis heute erhalten haben. So bringt Kahrstedt,[61] dem der römische Charakter von Kneblinghausen nicht zweifelhaft ist, die Bedenken, daß Klavikeltore erst später bei den Römern verwandt wurden, weshalb er das Lager Kneblinghausen in die zweite Hälfte des 1. Jahrhunderts nach Chr. verlegt. Mildenberger[62] bezweifelt gar den römischen Charakter der Anlage und meint, es spräche vieles dafür, daß nicht Römer sondern Germanen die beiden Lager in Kneblinghausen errichteten.

Die neuen Untersuchungen, die nach Kahrstedts Zweifeln in den Jahren 1936–1939 durchgeführt wurden, veranlassen Henneböle zu folgender Äußerung: „Meine Vermutung, daß an diesen Stellen die Tore sitzen müssen, haben sich bestätigt. Herr Prof. Kahrstedt ist mit seiner Meinung, daß die Klavikelanlagen erst aus 70 nach Chr. stammen, hereingefallen, denn meine Funde bezeugen, daß die Anlage augusteisch ist, und beide alten Tore haben auch eine Klavikel gehabt."[63]

Die von uns in dieser Arbeit durchgeführte Untersuchung der Wasserscheidenwege läßt erkennen, welche Bedeutung diesem Platz in dem System der alten Wege zukommt. Wenn die Römer den Haarweg als ihren Hauptmarschweg in den Osten der Münsterschen Bucht benutzt haben, woran kein Zweifel bestehen dürfte, so haben sie hier an dem einzigen nach Süden abzweigenden Wasserscheidenweg auf der ganzen Strecke vom Rhein bis zum Anlandeplatz an der Lippe bei Schloß Neuhaus immer eine Sicherung angelegt. Der Platz für diese Anlage kann auch nur immer dort gelegen haben, wo der Übergang von der Oberkreide der offenen und strukturlosen Hochebene in das schluchten- und wasserreiche Waldgebiet auf dem Urgestein erfolgte. Dort ließen die Grenzschluchten dieser so verschiedenen Landschaften zu beiden Seiten des Gebirgssattels für den Weg nur einen schmalen Höhenkamm frei.

Daß diese Sicherung zur Zeit der Römerzüge angelegt wurde, darf man annehmen, auch daß ein solches Lager nicht allein im weiten Land und fernab von den Basen am Rhein gelegen haben kann, sondern nur denkbar ist in Verbindung zu den anderen Lagern an der Lippe, von denen das erst 1968 entdeckte Lager Anreppen nur 29 km Luftlinie von dem Lager Kneblinghausen entfernt liegt, wozu über einen Posten an der Spitzen Warte eine Sicht- und Nachrichtenverbindung bestanden haben wird.

Da es uns nicht möglich ist, mehr zur Klärung der Altersbestimmung des Lagers Kneblinghausen beizutragen, wollen wir uns aus dem Streit der Wissenschaft um diese Frage herausbegeben. Diese Frage ist für unsere eigene Aussage zweitrangig. Wir wollten lediglich zeigen, daß die Römer mit einem großen Heer zur augusteischen Zeit in Germanien zwischen Rhein und Weser nur Wasserscheidenwege benutzt haben werden. Deshalb fügen wir hier, um falschen Deutungen zu begegnen, die klare Feststellung an: Das Aufspüren des Weges der Römer vom Rhein zur Weser über den Haarweg und die Wasserscheide nördlich der Diemel erfolgte ohne Berücksichtigung des Lagers Kneblinghausen; der Weg von der Spitzen Warte zur Briloner Hochfläche ist von der Natur vorgegeben.

Der Bericht über das Römerlager Kneblinghausen führt zu der Erkenntnis, daß, auch wenn das Lager noch nicht bestanden haben sollte, dieser Wald die gefährdetste Stelle des ganzen Weges vom Rhein zur Weser war; es ist fast sicher, daß der Überfall der Germanen auf Drusus bei Arbalo, über den Plinius (nat. hist. XI 55) berichtet, nur an dieser Stelle geschehen konnte. Dies könnte auch aus der Reaktion der Römer, an diesem Ort ein starkes Lager zu erbauen, gefolgert werden, wie es andererseits ein Hinweis sein könnte, daß sie dieses Lager schon sehr bald gebaut haben. Der Name Arbalo ist nirgend mehr zu finden; er könnte zu dem Ort gehört haben, der vor der Anlage des Lagers dort bestanden hat und von dem Henneböle schreibt: „Die Besetzung der strategisch wichtigen Höhe scheint nicht kampflos erfolgt zu sein. Im Bereich der Anlagen und weit darüber hinaus befand sich eine große germanische Streusiedlung, die durch die Eroberer zerstört wurde."[64]

Zum Namen ‚Arbalo' dürfen wir den Namenforschern vorschlagen, einmal zu überprüfen, ob der Name ‚Arpesfeld', den Peter von Polenz in seinem Werk „Landschafts- und Bezirksnamen im frühmittelalterlichen Deutschland" nennt, eine Verbindung mit diesem Namen andeuten könnte. Von Polenz verzeichnet auf seiner Karte Nr. 19 unter der Nr. 10 ein 950 und 973 genanntes „Arpesfeld", das zwischen oberer Lippe und oberer Ruhr eingezeichnet ist. Er bemerkt dazu: „Königsgutbezirke waren die Bezirke von Arpesfeld (10) . . . Die quellenmäßige Herkunft dieser Bezirksbezeichnungen ist ebenfalls sehr vielfältig. Die Mehrzahl stammt aus Königsurkunden . . . Die meisten dieser Königsgutbezeichnungen reichen bis in die Karolingerzeit zurück."[65]

Arpesfeld ist wohl die große Hochfläche, die sich nördlich vor dem Römerlager Kneblinghausen ausdehnt und gar über den Kamm des Haarstranges hinausreicht. Henneböle nennt Rüthen, die alte Bergfeste über der Möhne, „Mittelpunkt des Gaues Arpesfeld". In Rüthen ist der Name Arpesfeld in alten Karten verzeichnet.[66]

So wie den Namen Arpesfeld werden wir den Namen Arbalo auch in zwei Teilen nennen müssen, in ‚arba-' und in ‚-lo', wobei das Loh nach Jellinghaus bedeutet: „Hain, kleineres Gehölz, welches einzeln im ausgebauten Felde liegt . . . Hochliegendes fernhin sichtbares Gehölz . . . Ursprünglich dienten die Lohe wohl religiösen Zwecken und gehörten dem Volke."[67]

Jellinghaus nennt unter seinen vielen Loh-Namen auch das 694 und 772 genannte ‚Marklo', die Versammlungsstätte der Abgeordneten aus allen sächsischen Gauen.

Wenn wir den Namen Arpesfeld betrachten, so ist er, wie schon erwähnt, aus zwei Teilen zusammengesetzt, aus Arpes- und -feld. Von Polenz, der das Wort -feld untersucht, sagt u. a.: „Wenn das Wort -feld- ganze Landschaften bezeichnet, hat es die Bedeutung ‚offene, ebene Gegend' ... In vielen Siedlungsnamen ... ist -feld- eine höhergelegene trockene Ackerbaufläche."[68]
Auf dem Arpesfeld, der über fünf Kilometer breiten Hochfläche bis zum Kamm der Haar, wird, wie der Name -feld sagt, kaum Wald gestanden haben. Es könnte doch sein, daß der Wald an der höchsten Stelle dieses Arpesfeldes, dort wo die Oberkreide des Haarstrangs und das Urgestein des Sauerlandes zusammenstoßen, das ist am Römerlager, den Namen zum -lo (Loh) abgegeben hat. Aus dem Loh des Arpesfeldes hat sich ein ‚Arpeslo' entwickelt, das dann in den Ohren der Römer wie ‚Arbalo' geklungen hat. An dieser Schlucht haben vermutlich die Germanen den Römern den Überfall bei Arbalo geliefert, und der nachgewiesene Ort, der von den Römern zerstört wurde, könnte Arbalo gewesen sein.

e. Marschlager

Geht man den Wasserscheidenweg von Kneblinghausen zurück zum Rhein, kommt man auf dem Haarweg über den Haarstrang recht nahe an dem nördlichsten ausgreifenden Bogen der Ruhr vorbei, die 750 m südlich und 85 m tiefer vorbeifließt. Wenig später finden wir unmittelbar an unserem Haarweg bei Bausenhagen den Flurnamen ‚Romberg'.[69] Nach den bisherigen Erfahrungen kann es sich lohnen, wenn man bei solch ausgeprägten Namen die Örtlichkeit genauer betrachtet, weil derartige Flurnamen oft eine besondere Bedeutung anzeigen. Nach dem Betrachten der Karte und dem Bild, das sie uns zeigt, sollte überprüft werden, ob die topographischen Gegebenheiten trügen, die hier ein römisches Marschlager anzeigen könnten (Anhang Abb. 12). Es ist anzunehmen, daß die Römer auf dem Haarweg Marschlager angelegt haben. Das unmittelbar am Haarweg mit Romberg bezeichnete Grundstück liegt schon jenseits der Kammlinie auf der Ruhrseite und ist von drei Seiten von Wasser umflossen. Die vierte Seite zum Haarweg hin, die offene Seite, wird an beiden Enden noch von den Talköpfen eingeengt, in denen die Quellen sprudeln; Wasser ist hier auf dem Haarstrang für die Versorgung der Truppe wichtig, weil auf der Kammlinie nach Norden hin kein Wasser fließt; nur am Abbruch des Haarstranges nach Süden entspringen die Quellen. Für die Anlage eines Lagers an dieser Stelle scheint dieser Platz wie geschaffen. Ein besonderer Hinweis ist eben der Flurname Romberg.
Die Römer berichten nun, daß Drusus, nachdem er bei Arbalo überfallen worden war, am Einfluß des Elison in die Lippe ein großes

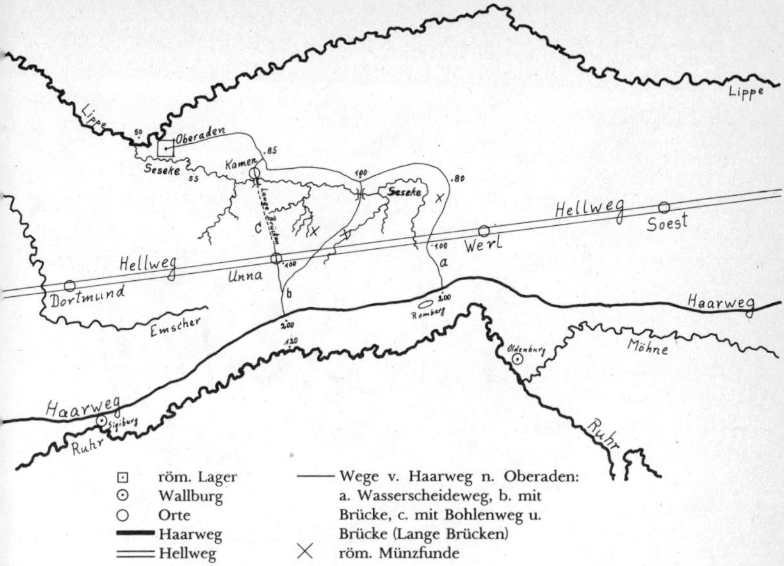

Abb. 7: Hauptverbindung zwischen Fluß und Straße. (1 cm = 4 km)

Lager errichtet habe. Das gefundene und ergrabene große Lager ist Oberaden. Oberaden liegt jedoch zwischen Seseke und Lippe, also müßte die Seseke doch wohl der Elison sein. Die Wasserscheide zwischen Seseke und Lippe stößt hier, kurz vor dem Flurstück ‚Romberg', auf den Haarweg.

Auf dieser Wasserscheide muß demnach der Verbindungsweg vom Haarweg zum Lager Oberaden an der Lippe verlaufen sein, die bedeutsame Verbindung zwischen Fluß und Straße (siehe Abb. 7).

Der Elison oder Alison, der bei dem großen Lager in die Lippe fließen soll und von dem das Lager den Namen Aliso haben könnte, ist lange gesucht worden. Man hat ihn jedoch nicht gefunden. Von allen Forschern, vor allen Dingen im vorigen Jahrhundert, wurden die verschiedensten Thesen aufgestellt; bewiesen aber wurde nichts. Hülsenbeck kommt zu dem resignierenden Schluß: „Demnach gibt es fast so viele Ansichten über die Lage Alisos, als es größere in die Lippe fließende Bäche gibt."[70]

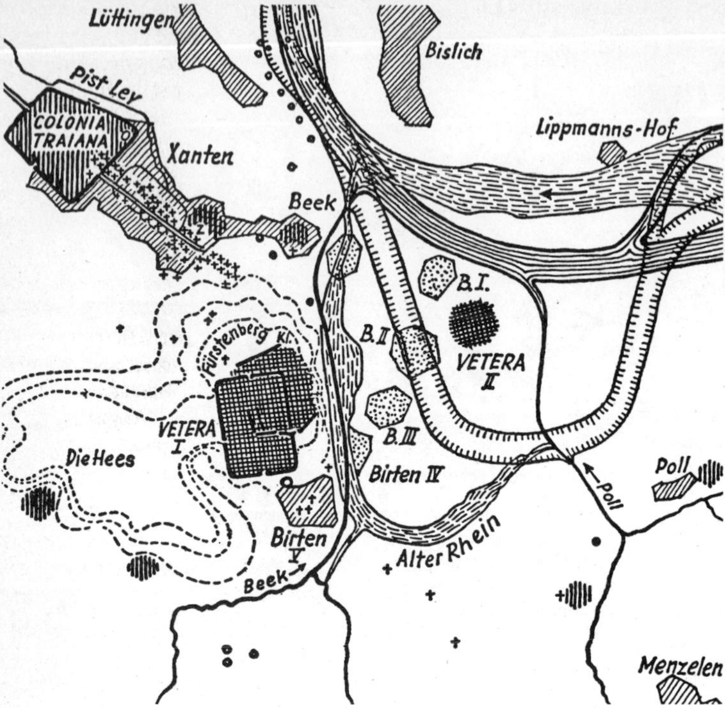

Abb. 8: Lageplan der römischen Lager und Siedlungen im Raum Vetera-Xanten. (1 cm = 750 m)

Man suchte in Elsen und an der Alme bei Paderborn, an der Ahse, die bei Hamm in die Lippe fließt, an der Mündung der Glenne in die Lippe und andernorts; Beste sucht gar Aliso bei Elten am Niederrhein und Dünzenberg an der Einmündung der Else in die Hunte. Es war ein verwirrendes Ratespiel.

f. Vom Haarweg zum Wasserweg

Die Lippe, die wir jetzt erreichen wollen, hatte für die Römer große Bedeutung, denn sie bauten außer dem Legionslager bei Mainz das zweite große Legionslager direkt vor die Mündung der Lippe, das Lager Vetera (siehe Abb. 8). Damit war angezeigt, daß sie die Lippe für ihren Vorstoß nach Innergermanien benutzten wollten und daß in ihren Plänen die Anlage des Lagers Oberaden als vorgeschobener Stützpunkt vorgesehen war. Norkus sagt zu den Wasserverbindungen: „Wichtig waren für die Römer die Wasserstraßen . . . die Schiffbarkeit der Flüsse können wir im günstigsten Fall annehmen für die Ruhr bis Herdecke, für die Lippe bis Neuhaus, für die Ems bis Greven, für die Weser bis Emmern und für die Leine bis Elze.“[71]

Mit dem Bau des Lagers Oberaden mußten an der Lippe auch Zwischenstationen errichtet werden, um den Nachschub sicher heranschaffen zu können. Man nimmt heute an, daß in Tagewegentfernung je ein Stützpunkt der Römer angelegt wurde. Auf dem Wasser war der Nachschub von Vetera nach Aliso am einfachsten zu transportieren. Es waren demnach noch vier Stützpunkte zu bauen. Von Vetera ausgehend kann man zunächst zwischen Wesel und Hünxe ein Lager annehmen, dann in Holsterhausen, in Haltern und bei Datteln. Von den sechs Römerlagern von Vetera bis Oberaden, die angelegt worden sein müßten, sind bisher bereits vier Lager entdeckt, ergraben und wissenschaftlich untersucht worden.

Ausgangspunkt für alle Unternehmungen der Römer in das Land jenseits des Niederrheins, in die Westfälische Bucht und darüber hinaus, ist Vetera.[72] Das bedeutende Lager, 54 ha groß, liegt jenseits der ehemaligen Lippemündung über dem Rheinufer. Dieses Hauptlager auf dem Fürstenberg bei Birten, in der Nähe von Xanten, dem römischen ‚ulpia traiana‘, war für zwei Legionen angelegt.

Das nächstgelegene Lager, das erst 1950 entdeckt wurde, war Holsterhausen. Es ergänzt das bereits 1838 entdeckte Lager bei Haltern. Aus der Entfernung dieser beiden Lager voneinander schließt man, daß alle Stützpunkte an der Lippe in dieser Entfernung voneinander zu suchen seien.

Das nächste Lager ist Oberaden selbst. Hier finden wir einen Verbindungsweg zwischen dem Haarweg und dem Wasserweg auf der Lippe. Die Abzweigung des Wegs zur Lippe vom Haarweg liegt auf 225 m auf dem Kamm des Haarstrangs. Der Weg fällt dann sehr schnell zum heutigen Hellweg auf 100 m, wo er kurz danach von der Oberkreide in das Niederungsgebiet kommt. Die bisher unterirdisch fließenden Wasser des Haarstrangs treten nun überall zutage und erschweren selbst den Marsch auf der Wasserscheide.

Beneke,[73] Schneider u. a. haben bereits auf die vielen Römerfunde hingewiesen, die Beneke 1909 als Beweis für den Verbindungsweg von Oberaden zum Haarweg ansah, während Schneider damit den Hellweg als Römerstraße beweisen wollte, da „bis Paderborn diese Straße aus den hinterlassenen Resten hinreichend bekannt ist, was auch durch die an demselben vorkommenden Altertümer bestätigt wird: so fand man eine römische Münze bei Borgmühle, eine zweite bei Lünern, bei Hilbeck ist ‚viel Römergeld gefunden worden von dem Augusto, keines aber so nach seiner Zeit gemünzet‘.“[74]

Der Hellweg bestand aber, wie wir wissen, zu römischer Zeit noch nicht als durchgehender Heeresweg, und Benekes Ansicht ist die wahrscheinlichere; er berichtet noch von einem wichtigen Fund ‚Am Timpel'; Beneke spricht von einem „sehr alten Weg, der über Haus Borg nach dem schon Ptolemäus bekannten Büderich (Budoris) führt und dort am Timpel vorbei den Haarweg gewinnt ... Dieser Timpel ... ist eine sehr merkwürdige Stelle. Hier fand man vor einigen Jahren ... zirka 30 Urnen, die mit Knochen- und Aschenresten gefüllt waren, aber leider an der Luft bald zerfielen. Zwei Urnen aber, eine rote und eine andere, die mit Weinranken verziert war, sind nach Paderborn ... wo sie noch im Museum zu finden sein werden."[75]
Stupperich bestätigt die Funde in Hilbeck und berichtet, es sollen „weitere Denare gefunden worden sein. Römische Scherben, die nahebei 1948/50 auftauchten und aus der frühen Kaiserzeit stammen sollen." Weiter lesen wir bei ihm: Es „wurde um die Jahrhundertwende eine Terrasigillata-Schüssel Form Drag. 37 gefunden. Möglicherweise handelt es sich dabei um einen der beiden 1898 ... in der Flur ‚Auf dem Tempel' gefundenen ‚wertvollen Tontöpfe' römischen Ursprungs, die im gleichen Jahr ins Paderborner Vereinsmuseum kamen."[76]
Der Weg, der über Hilbeck führt, das wir im Norden in etwa 10 km treffen, folgt dann dem Lauf der Seseke nach Westen und erreicht über Bönen und Kamen in 36 km das Römerlager Oberaden.
Die bei Borgmühle und Lünern gefundenen Münzen[77] weisen darauf hin, daß die Römer vom Haarweg zum Lager Oberaden Kürzewege gesucht haben. Beide Münzfunde wurden in der Nähe eines Höhenrückens gemacht, der entlang dem Lünerner Bach bis gegen die Seseke führt, wo ein Weg bei dem Gut ‚Brüggen' die Seseke überschreitet, um nach nur 2,5 km den schon beschriebenen Weg über Hilbeck zu treffen. Die Brücke und der alte Name ‚Brüggen' bestätigen diesen Weg über die Wasserscheide zwischen Lünerner Bach und Seseke. Die Einsparung durch diesen Weg liegt bei etwa 3 km.

g. Die „Langen Brücken"

Es ist zu vermuten, daß die Römer im weiteren Verlauf der Entwicklung ihrer Kriegszüge nach neuen Möglichkeiten gesucht haben, das unangenehme Wegstück nördlich der Oberkreide, wo das Wasser des Haarstrangs als Druckwasser verstärkt hervorquillt und die Wege ungangbar machte, schneller und trockenen Fußes zu überwinden, um nach Oberaden zu kommen. Eine Verkürzung des Weges vom Haarstrang direkt über Unna auf die Wasserscheide zwischen Seseke und Lippe würde gegenüber dem Weg über Hilbeck etwa 16 km einsparen. Der Aufwand, einen Bohlenweg durch die Niederung zu

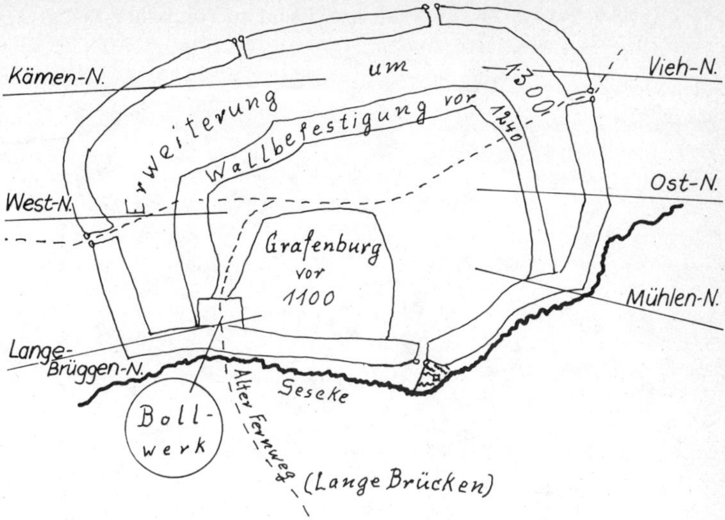

Abb. 9: Stadt Kamen.
Wachstumsphasen und sechs Nachbarschaften von 1731/1740.
(1 cm = 100 m)

bauen, könnte sich gelohnt haben, da man ohne Schwierigkeiten vom Marschweg über den Haarstrang zum Haupt- und Nachschublager am Wasserweg gelangen könnte (siehe Abb. 9). „Der erste Punkt nach Oberaden an dieser Straße ist Camen. Im Rheinland und in Luxemburg werden alle Römerstraßen ‚Kimm, Keemen' genannt. Offenbar kommt dieser Name von Caminus (frz. chemin) = Weg! Camen ist also wohl nichts anderes als der Ort, der an der Römerstraße lag. Er war besonders wichtig, weil hier die Brücke über die Seseke führte, was eine Befestigung notwendig machte. Darum heißt es heute noch hier ‚Am Bollwerk', während der dortige Stadtteil den Namen ‚Lange-Brüggen-Schicht' führt."[78]
Es wird nun von Tacitus berichtet, daß L. Domitius Ahenobarbus, einer der Nachfolger des Tiberius, nach dessen erster Rückkehr nach Rom im Jahre 6 vor Chr., auf einem Rückmarsch von der Elbe die ‚Lange Brücke (pontes longi)' baute. *Tacitus* schreibt:

„Diese bildeten einen schmalen Fußsteig zwischen unabsehbaren Sümpfen."[79]

Diese ‚Langen Brücken' sind sicherlich längere Bohlenwege, um ungangbares Gelände befahrbar zu machen (siehe Abb. 10). L. Domitius kam von der Elbe und wohl auf der einzigen Straße, die durch die

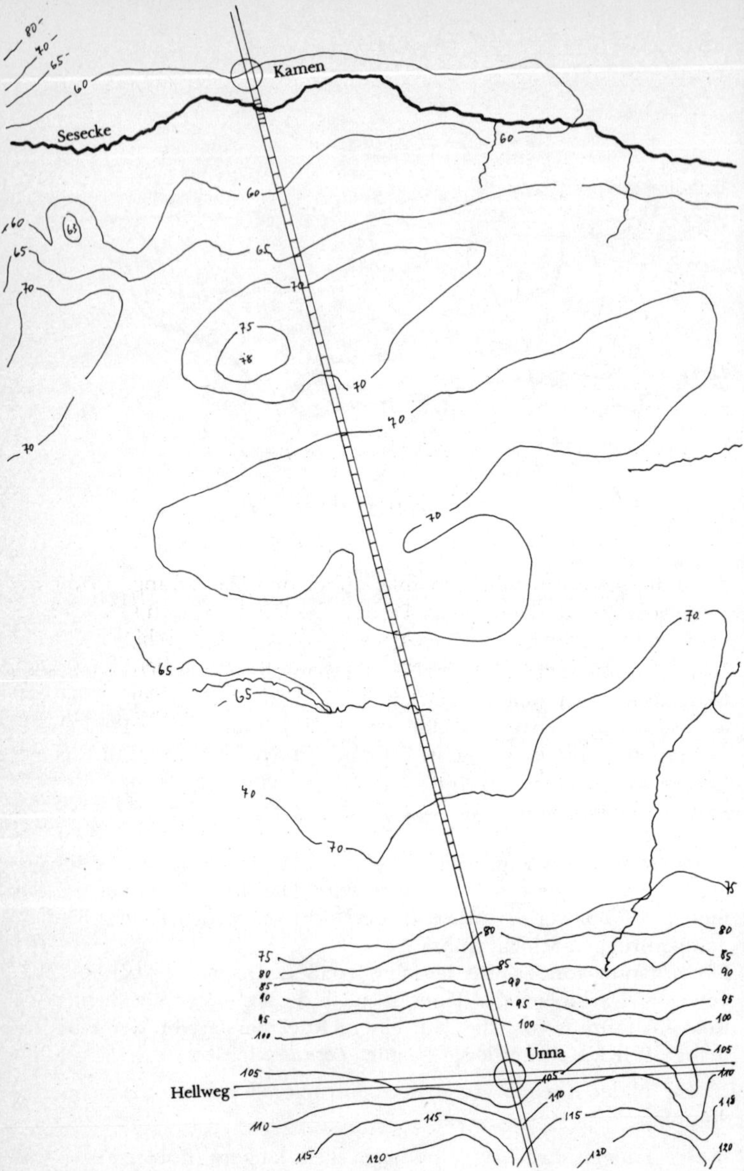

Abb. 10: Die „Langen Brücken". (1 cm = 400 m)

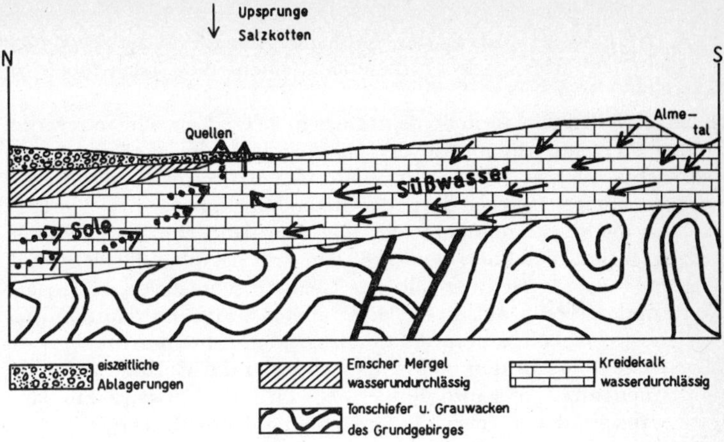

Abb. 11: Quellenhorizont im Hellwegraum.

Westfälische Bucht führte, nämlich über den Haarstrang. Später hat dann, darüber berichtet auch Tacitus, im Jahre 15 nach Chr. Germanicus seinen Heerführer Caecina angewiesen, vom Schlachtfeld des Varus auf dem Wege zum Rhein die ,pontes longi' zu benutzen. Auch er ist, wie wir später feststellen werden, den Haarweg marschiert.[80] So werden also die ,pontes longi' zwischen dem Varusschlachtfeld und dem Rhein irgendwo liegen. Da die Marschstraße bis zum Rhein auf einer ausgesprochenen Wasserscheide verlief, muß der Weg über die ,pontes longi' von dieser Straße abgewichen sein und durch ein Niederungsgebiet geführt haben. Die einzig erkennbare Abweichung von der Straße zum Rhein war dieser Wechsel von der Straße zum Fluß, von der Haarhöhe zum Nachschublager an der Lippe.
Da die Straßenverhältnisse auf dem Haarweg durch die wasserdurchlässige Oberkreide für die damalige Zeit hervorragend waren, wird dieser Wechsel in ein wasserreiches Niederungsgebiet für die Marschierenden niederdrückend gewesen sein. Dazu bemerkt Koch: „Die Hellwegebene ist gekennzeichnet durch den Emschermergel, der den Kalkstein abdeckt und ihn bis in die äußerste Tiefe mit Wasser auffüllen läßt. Durch die Stauwirkung des Emschermergels sind die etwa auf der 100 m Höhenschicht verlaufenden Geländeteile von gestautem Wasser häufig übersättigt und stark versumpft."[81]
Auf der Abbildung 11 ist die Wasserlage am Hellweg recht genau und deutlich dargestellt; wir sehen oben den Kalk des Haarstrangs, der das Wasser in den Untergrund und gegen Norden fließen läßt, am

Hellweg aber kommt ihm das Salzwasser aus dem Norden entgegen, und beide stoßen zusammen (Anhang Abb. 28). Das Salzwasser versucht, in artesischen Quellen sich einen Weg nach oben zu schaffen.
Jetzt verstehen wir, weshalb die Römer mehrere Versuche unternommen haben, auf einem günstigeren Weg über die Niederung vom Nachschublager auf die Vormarschstraße zu kommen. Zuletzt wird man die kürzeste Strecke dort genommen haben, bevor der Heerener Bach in die Seseke mündete. Der Weg über Hilbeck nach Oberaden betrug 36 km, der über Lünern 33 km und der über Unna 20 km. Hinter Unna am Hellweg fällt das Gelände schnell von 100 m auf 70 m und verbleibt auf dieser Höhe über 3,5 km, um dann auf der letzten Strecke langsam auf 60 m abzusinken. Auf einer Brücke wird die Seseke überschritten. Sofort danach steigt das Gelände auf 85 m in Kamen an. Der ganze Bohlenweg wird also etwa 5 km lang gewesen sein, daher sicher die Bezeichnung ‚lange Brücke'.

h. Oberaden

Drusus selbst zog wohl noch über den Wasserscheidenweg, der an Hilbeck vorbeiführte. Auf diesem Wege gelangen auch wir nach Oberaden, das wir auf Grund unserer Ausführungen Aliso nennen könnten, obwohl die Wissenschaft noch zögert, dem endgültig zuzustimmen. Dieses große Kastell hat man lange gesucht, weil es in den römischen Berichten allein mit Namen genannt und für die Klärung der geschichtlichen Abläufe von großer Bedeutung ist.
Der Pfarrer von Methler bei Dortmund, Otto Prein, hat auf Grund seiner Ortskenntnis und der Flurnamen – vor allem dem Namen ‚Elsey', den er mit Elison in Verbindung brachte – das Lager Aliso hier (siehe Abb. 12) vermutet,[82] und bei den Grabungen im Jahre 1905 stellte man tatsächlich ein römisches Lager fest, und zwar war ein riesengroßes Lager für zwei Legionen unter der Erde verborgen. Das Lager hatte eine Ausdehnung von 54 ha; es erreichte eine Größe, die der des Hauptlagers Vetera gleichkam. Die Grabungen[83] brachten, wie auch schon die im Lager Haltern durchgeführten Arbeiten, ausgezeichnete Ergebnisse. Man hat die gesamte Umwallung festgestellt, dazu vier feste Tore an den vier Seiten, eine Hauptstraße vom Ost- zum Westtor in einer Breite von 45 m, ferner zwölf parallellaufende Ostweststraßen und 23 Nordsüdstraßen, dazu entlang dem Wall eine Wallstraße von 15 m Breite. Die Fahrstraßen waren vielfach mit Bohlen ausgelegt, bei der Wallstraße erkannte man gestampften Lehm mit darübergestreutem Sand. 28 Brunnenanlagen fand man und grub bis zu 9 m tiefe Brunnen aus.
Man entdeckte außerdem an der Lippe, zwei Kilometer entfernt, das zugehörige Flußlager in Beckinghausen (Anhang Abb. 19) als den

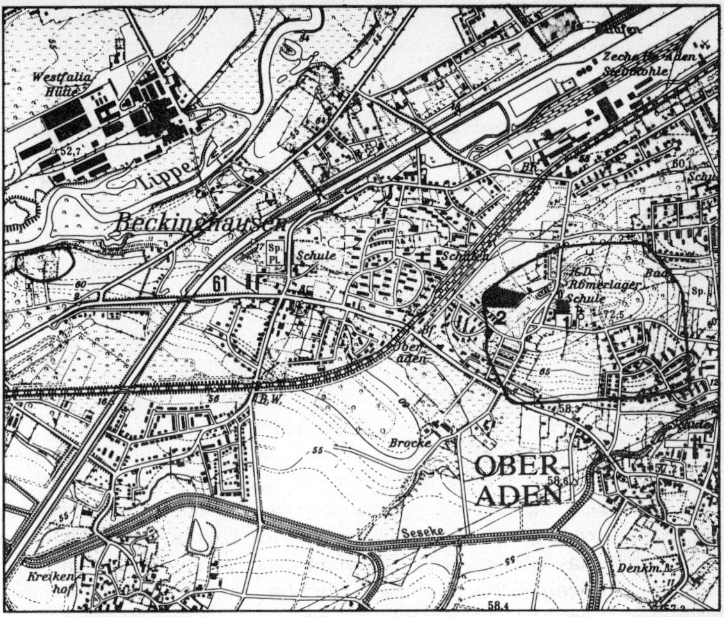

Abb. 12: Lageplan des Lagers Oberaden und des Kastells Beckinghausen. (1 cm = 250 m)

Hafen, in dem der gesamte Nachschub, Verpflegung und Material, angelandet wurde, sowohl für das große Lager in Oberaden, wie auch für die Truppen, die auf der großen Heeresstraße über den Haarstrang nach dem Osten Germaniens zogen.

10. ZUSAMMENFASSUNG

Bei einer Rückschau können wir als Ergebnis eines als sicher festhalten: Zur Römerzeit gab es nur einen ungehindert durchgehenden Weg vom Rhein zur Weser. Dieser Weg hatte Eigenschaften, wie sie von einem anderen Weg im norddeutschen Raum nicht genannt werden können. Diese lauten kurz zusammengefaßt:

a) Der Weg ist ein Wasserscheidenhöhenweg.
b) Dieser Weg verlief ohne Umwege vom Rhein bis zur Weser in fast gerader Richtung von West nach Ost.
c) Bis zur Wasserscheide zwischen beiden Flüssen auf der Briloner Hochebene geht der Weg auf der Wasserscheide nur eines Flusses, der Ruhr, weiter bis zur Weser allein auf der Wasserscheide über der Diemel.

d) Auf der 240 km langen Strecke quert und behindert kein Bach diesen Weg. Nur kleine und meist sanfte Steigungen, außer dem Eggeabfall, sind zu überwinden.
e) Bis zur Egge liegt bei etwa 65 Prozent der Strecke Oberkreide oder Massenkalk im Untergrund; damit ist ein wasserarmer Weg gesichert.
f) Für einen Heerführer ist leichte Orientierung ein gewichtiger Faktor; man marschiert nur in Westost- oder Ostwestrichtung und nur auf dem höchsten Grat.
g) Wo die Lippe am weitesten nach Süden ausgreift, erreicht vorher die Ruhr ihren nördlichsten Lauf; der Haarweg muß hier durch einen verengten Raum.
h) Hier errichtete Drusus an der Lippe das erste und größte Lager: Oberaden; es hat mit 54 ha die gleiche Größe wie das Legionslager Vetera. Vom Ausgangslager Vetera ist der Wasserweg gesichert zum vorgeschobenen Kastell Oberaden.
i) Der Nachweis ist erbracht, daß das Lager Oberaden das älteste Lager ist und von Drusus im Jahre 11 vor Chr. gebaut wurde.
k) Durch die Nähe dieses Lippelagers zu den sumpffreien Höhen des Haarstranges und dem dort verlaufenden Haarweg bleibt kein Zweifel, daß Drusus diesen Vormarschweg nach Osten wählte.
l) Die dargestellten Verbindungswege von Oberaden zum Haarweg können durch die Münzfunde als römisch erwiesen gelten.
m) Das Kastell Kneblinghausen, an der gefährdesten Stelle des ganzen Weserweges errichtet, könnte Bedeutung für die Römer gehabt haben.
n) Allein die Anlage des Lagers Kneblinghausen an dieser Stelle bestätigt, ob römisch oder nicht, die Zielrichtung dieses Wasserscheidenweges: zur Wasserscheide über der Diemel.
o) Die Stoßrichtung der Römer vom großen Legionslager Mainz nach Norden geht über Mattium hinaus. Der naturgemäße Zielpunkt liegt wenig weiter in gleicher Richtung; es ist ebenfalls der Flußabschnitt der Diemel.
p) Die Frankfurter Straße oder Via Regia, die auf dieser Trasse verläuft, kreuzt bei Eresburg in Essentho den Weserweg.
r) Der Höhenweg durch den Reinhardswald verbindet Mainz ebenfalls direkt mit dem Zielpunkt des Weserweges, der Mündung der Diemel am großen Weserknie. Dorthin sollten die großen Zangenarme des römischen Angriffs greifen. Die ‚Sieburg' der Germanen sowie der Beginn der Schiffbarkeit der Weser bestätigen hinreichend die strategische Bedeutung dieses Platzes.

Damit ist die Arbeitshypothese über den Hauptmarschweg der Römer durch Westfalen erstellt.

Teil C

An den Quellen der Lippe

„Die Sorge für das Reich führte ihn (Tiberius Claudius Nero) im Anfang des Frühjahrs (5 nach Chr.) nach Germanien zurück, in dessen Herzen er bei der Quelle der Lippe, bevor er nach Italien gegangen war, das Heer die Winterquartiere hatte beziehen lassen.
Gute Götter, was für Bücher könnte man brauchen, um die Taten zu beschreiben, die wir im folgenden Sommer unter Anführung des Tiberius Cäsar ausgeführt haben! Ja, das römische Heer wurde bis zum vierhundertsten Meilensteine vom Rhein aus bis zum Fluß Elbe geführt. Als Sieger über alle von ihm berührten Völker und Gegenden kehrte Cäsar mit seinem unverletzten Heere zurück, führte die Legionen in die Winterquartiere und eilte mit derselben Schnelligkeit wie im Jahre vorher nach Rom."

Velleius Paterculus

1. TIBERIUS

a. Strategie

Drusus war tot. Mit hohen Ehrungen wurde er in Rom beigesetzt. Der Kaiser selbst hielt die Trauerrede. Zum Nachfolger als Statthalter in Gallien und Oberbefehlshaber der Rheinarmee bestimmte der Kaiser den älteren Bruder des Drusus, Tiberius (Anhang Abb. 2); auch er war Stiefsohn des Augustus, aber kein strahlender Liebling des Volkes wie sein Bruder. Doch hatte er andere Vorzüge, die sich bald zeigen sollten. Als Statthalter und auch als Feldherr hat der spätere Kaiser hohe Qualitäten gezeigt. Er ging überlegt und energisch an seine Aufgaben heran; er überstürzte nichts. Er verstand es, die germanischen Stämme unter seine Oberhoheit zu bringen, ohne sie durch harte Maßnahmen zu reizen. Trotzdem war ihm bewußt, daß er im fremden und feindlichem Land war, auch wenn er das Land „fast zu einer steuerpflichtigen Provinz" gemacht hatte.[1]

Tiberius war eine eigenwillige und starke Persönlichkeit, die nicht einfach in die Fußstapfen des Bruders trat, sondern eigene Ideen und Vorstellungen entwickelte.[2] So schält sich aus Tiberius' Handlungen seine eigene strategische Linie heraus, die zunächst den Widerstand der Germanen im Vorfeld zu überwinden gedachte, anders als sein Bruder, der wohl glaubte, mit einem Vorstoß an die Elbe sogleich die Grenze des Reiches dorthin verlegen zu können. Des Tiberius überlegener und weitsichtiger Schau entsprach der feste Wille, alle geplanten Unternehmungen mit der notwendigen Vorsicht und den entsprechenden Sicherungen durchzuführen. Eigenwille und stillen Widerstand erspürte er in den wenigen Jahren der römischen Herrschaft an den Reaktionen der Germanen hinter den die Westfälische Bucht umgebenden Bergen.

b. Weserfestung

Über dieses Land hinter den Bergen sagt Albert von Hofmann: „Die langgestreckten Gebirge, welche die westfälische Ebene im Osten begrenzen und welche man am besten mit dem gemeinsamen Namen Wesergebirge bezeichnet, waren ganz besonders zum Rückhalt für eine Verteidigung gemacht. Sie laufen in zwei großen Ketten und umschließen dabei fruchtbares Land. So wurden die Parallelketten des Teutoburger Waldes auf der einen Seite, des Wiehengebirges (früher auch Süntel genannt) und des Wesergebirges auf der anderen Seite zur natürlichen Festung des Landes . . . Die Sicherheit in dieser großen Volksfestung führte dazu, daß wir hier früh schon eine für das damalige Deutschland sehr dichte angesessene Bevölkerung finden . . . Hier zwischen den natürlichen Festungswällen der Wesergebirge

finden wir noch heute die sächsischen Urhöfe erhalten, die als Sattelhöfe bekannt sind ... In den genannten beiden Gebirgszügen und dem Lande, welches sie umschließen, sehen wir also die natürliche Festung des Landes.
Es ist also in die Augen springend, daß der militärisch-politisch wichtige Teil des Landes zur Zeit der Sachsenkriege nur die Weserketten und das von ihnen eingeschlossene Land gewesen sind, um so mehr, als es damals in der Landbucht überhaupt noch keine Stadt gegeben hat. Es kommt hinzu, daß sich mit der natürlichen Bergfestung zugleich ein ungemein wichtiger Flußabschnitt deckt, der der Weser; daß ferner wichtige natürliche Straßen diese natürliche Festung durchqueren. Sie ist als Volksburg und Straßenknoten von einem wichtigen Fluß durchzogen, eine monumentale Erscheinung unserer frühen Geschichte, eine Erscheinung, die ihresgleichen nicht wiederfindet ... Diese natürliche Burg wurde die Hauptangriffsstelle der Römer."[3]
Eine Bestätigung der hier wiedergegebenen Vorstellungen (siehe Abb. 13) über die Bedeutung des Landes hinter den die Westfälische Bucht umgebenden Bergen kann man aus der Veröffentlichung der Altertumskommission in Münster von 1978 entnehmen, in der Prof. Mildenberger germanische Volksburgen ebenfalls dort lokalisiert.[4] In der Westfälischen Bucht dagegen sind keine germanische Volksburgen zu finden.

2. STANDORTSUCHE

a. Das alte Hauptlager

Das Lager Oberaden/Aliso war nur wenige Jahre mit zwei Legionen voll belegt.[5] Es muß dann seine Aufgabe abgegeben haben, Hauptstützpunkt im rechtsrheinischen Germanien zu sein. Bisher nahmen einige Forscher an, daß Oberaden/Aliso aufgegeben und nach Haltern verlegt worden sei; man glaubte sogar, annehmen zu können, daß auch der Name Aliso nach der Aufgabe des Lagers Oberaden auf Haltern übergegangen sei, weil der Name Aliso danach noch in den römischen Berichten auftaucht. Haltern wurde jedenfalls nach der Übernahme des Oberkommandos durch Tiberius vergrößert, jedoch nicht auf die Größe, die Oberaden/Aliso hatte, demnach wurde es nicht zum Hauptstützpunkt, auch nicht zu einem Legionslager, sondern nur ein Lager zur Aufnahme einiger Kohorten.[6]
Oberaden/Aliso war größer, dreimal so groß wie Haltern nach dem Ausbau. Es war nach Ansicht der Ausgräber „nicht nur für eine vorübergehende Benutzung, sondern für eine lange Dauer gebaut".

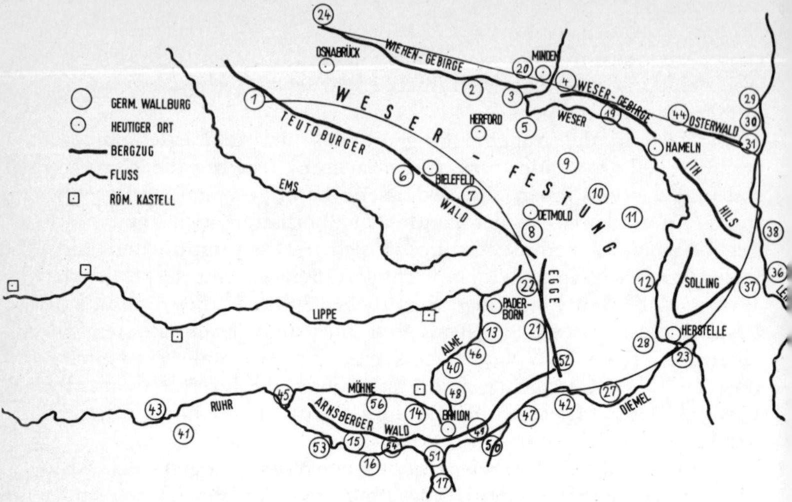

Abb. 13: Die germanischen Wallburgen um den „saltus Teutoburgiensis".
(1 cm = 15 km)

1. Schweinskopf
2. Babilonie
3. Dehmer Burg
4. Nammer Lager
5. Hünenburg (Vlotho)
6. Hünenburg (Quelle)
7. Tönsberg
8. Grotenburg
9. Piepenkopf
10. Herlingsburg
11. Rodenstatt
12. Brunsberg
13. Hünenburg (Gellinghausen)
14. Schafsköppen
15. Schiedlike Burg
16. Stesser Burg
17. Bruchhauser Steine
18. Wilzenburg
19. Amelungsburg
20. Wittekindsburg (Porta)
21. Karlsschanze
22. Huinsken Burg
23. Sieburg
24. Wittekindsburg (Bramsche)
25. Pipinsburg
26. Wittenburg
27. Warburg
28. Rothenburg
29. Gehrden
30. Schulenburg
31. Wülfinghausen
32. Ratsburg
33. Hünstollen
34. Lengderburg
35. Rammelsberg
36. Vogelsberg
37. Negenborn
38. Hohe Schanze
39. Hünenburg (Hedemünden)
40. Hahnenberg (Brenken)
41. Letmathe-Oestrich
42. Gaulskopf
43. Hohensyburg
44. Kukesburg
45. Oldenburg
46. Wewelsburg
47. Eresburg
48. Burg (Alme)
49. Altenvels
50. Padberg
51. Borberg
52. Burg (Egge)
53. Alte Burg (Arnsberg)
54. Hünenburg (Meschede)
55. Hünenburg (Oeventrop)
56. Lörmund

54 ha umfaßte das Lager, und es war mit Wall und Graben und großen Torbauten gesichert. Die Aufgabe des Lagers fällt mit der Übernahme der Statthalterschaft durch Tiberius zusammen. Das Kastell ist nach den Ergebnissen der Untersuchung „mit Gewalt erobert und durch Brand zerstört",[7] und das kann nur im oder nach dem Jahre 9 nach Chr. geschehen sein. Es ist deshalb anzunehmen, daß das Lager Oberaden/Aliso, nachdem es seiner Aufgabe entkleidet war, Hauptlager von zwei Legionen zu sein, nur noch zeitweise, etwa für durchziehende Truppen benutzt wurde. Die Unterkunftsgebäude waren fest und gut gebaut, wie die wissenschaftlichen Untersuchungen ergeben haben. In den Jahren, in denen das Lager voll besetzt war – mit zwei Legionen und dem ganzen Anhang vermutlich mehr als 20 000 Menschen, die sich auf Dauer eingerichtet hatten – entstand z. B. sogar Keramikindustrie im Lager.[8] Daß der Boden natürlich heute mehr Münzfunde aus der ersten Zeit hergibt als aus späterer, in der nur wenige Menschen kürzere Zeiten in diesem großen Gelände verbrachten, dürfte auf der Hand liegen und erklären, weshalb Münzfunde aus späterer Zeit bis heute nicht gemacht wurden.

b. Wohin das neue Hauptlager?

Die neue strategische Linie des Tiberius, die wir hier als begründete Vermutung entwickeln wollen, sah vor, den Hauptstützpunkt der Römer in Germanien rechts des Rheines, den Drusus nach Oberaden/Aliso gelegt hatte, weiter in den Osten und näher an die germanische Weserfestung heranzurücken. Diese Veränderung wird unmittelbar nach der Amtsübernahme durch Tiberius erfolgt sein; die Grabungsergebnisse legen die Vermutung nahe, „daß das Aufgeben von Oberaden ebenso mit den Feldzügen des Drusus (12–9 vor Chr.) oder ihrem Abschluß unter Tiberius zusammenhängen wie seine Anlage."[9]

Damals stand Tiberius vor der neuen Aufgabe, zunächst den neuen Zentralpunkt für die Festigung römischer Herrschaft und Ausgangspunkt für die weiteren Eroberungen zu bestimmen und dann anzulegen (Anhang Abb. 16).

c. In den äußersten Winkel

Wir wollen versuchen, vorab und grob ein Bild von einem möglichen Standort zu zeichnen, ehe wir eingehender die Umstände untersuchen. Der Entschluß des Tiberius ging dahin, den Hauptstützpunkt ganz nach Osten in den äußersten Winkel der Westfälischen Bucht zu verlegen, dorthin, wo die die Bucht umsäumenden Berge einen großen starken Grenzwall errichtet und geformt haben, der der Landschaft eine großräumige Gliederung gibt und der auch die germanischen Stämme voneinander getrennt hat. Uns wird schon von *Caesar* berichtet:

„Sie meinen, es sei höchst rühmlich für ihren Stamm, wenn an den Grenzen die Felder möglichst weitgehend unbebaut sind; das sei ein Zeichen dafür, daß eine große Anzahl von Stämmen sich gegen ihre Übermacht nicht habe behaupten können.“[10]

Da die Germanen nicht im Wald lebten, wie uns auch Tacitus berichtet,[11] sondern an den Rändern der Wälder, wird das die Westfälische Bucht umschließende Waldgebirge das Ödland zwischen den germanischen Stämmen gewesen sein. So endet hier am Ende der Bucht das Land der Brukterer, und jenseits des Gebirgswaldes beginnt das Land der Cherusker.
Tiberius fand nun weit im Osten vor den Bergen auf der nördlichen Seite der Lippe, ein weites, wasserreiches Gebiet, die Senne, die sich bis zu den Bergen des Lipper Waldes ausdehnt, jedoch verkehrsmäßig nicht erschlossen werden konnte, weil Wasser, Sumpf und Schluchten große Hindernisse entgegenstellten. Demnach bot das Gebiet für die Römer keine direkte Nutzungsmöglichkeit als Lager; es konnte höchstens als Flankensicherung für ein südlich der Lippe anzulegendes Lager dienen.
Dieser Raum südlich der Lippe, die Paderborner Hochfläche, gab nun in idealer Weise alles, was die Römer für die Anlage des neuen großen Stützpunktes[12] suchten. Ein großes weiträumiges Gebiet von etwa 600 km^2 mit trockenem Untergrund war nach Osten, Süden und Südwesten klar umgrenzt durch einen durchgehenden über 75 km langen und über 400 m hohen Gebirgsrücken, zu dem das innere Land langsam von 100 m bis auf 400 m anstieg, um auf der anderen Seite des Gebirges abrupt um 150–200 m steil abzufallen. Die Seiten nach Nordwesten und nach Norden fanden ihre Grenzen in dem Taleinschnitt der Alme und dem wasserreichen Tiefland der Lippe.

d. Die Festung

Dieses klar umgrenzte und gut zu verteidigende Land konnte ohne jede zusätzliche Verteidigungsanlage als eine große Festung angesehen und genutzt werden; auch die wenigen Gebirgsübergänge waren gut zu überwachen. Zwei große Wasserscheidenhöhenwege von Westen führten in die Festung hinein, einer im Süden, der sogenannte Diemelweg, und einer im Norden, der ‚alte‘ Hellweg. Für die militärischen Operationen der Römer standen vier Ausfallstraßen zur Verfügung, nach Süden zu den Chatten die ‚Via Regia‘, Richtung Osten auf der Grenzscheide zwischen Cheruskern und Chatten der ‚Bördenweg‘ hin zum großen Weserknie an der Einmündung der Diemel in die Weser, ein anderer über Driburg oder Neuenheerse

nach Höxter, schließlich im Norden der ‚Horner Hellweg', der große Übergang nach Horn. Dort teilt sich dieser Weg dann, einmal nach Hameln an der Weser, das andere Mal nach Minden an der Weser. Diese Wege führten in das Herz der Weserfestung der Germanen.
Die rückwärtigen Verbindungen waren bestens gesichert durch den Wasserweg auf der Lippe, der bis Neuhaus ging, sowie durch den Wasserscheidenweg des Haarstrangs, der vor Neuhaus auslief, so daß Neuhaus als Flußkastell und Magazin für die Versorgung der Truppen Verwendung finden konnte. Naturgemäß hatte die Versorgungsfrage hier eine noch größere Bedeutung als in Oberaden/Aliso, denn dieses Lager war von der Rheinbasis besser und schneller zu erreichen als das doppelt so weit entfernte Neuhaus. Von Vetera aus betrug die Entfernung in der Luftlinie nach Oberaden/Aliso 78 km, nach Neuhaus betrug sie 156 km, die tatsächliche Entfernung liegt bei 200 km.

e. Legionslager

Die Unterbringung der Truppen in einem festen Lager hatte ihre besonderen Schwierigkeiten, wenn die Zahl der Soldaten ein gewisses Maß überstieg. Sogar am Rhein waren nur wenige Lager für die Aufnahme einer Legion angelegt, für zwei Legionen gab es das nur in Ausnahmefällen, wie in Vetera und Oberaden/Aliso.
So dürfen wir annehmen, daß die Legionen nicht in einem zentralen Lager geschlossen und zusammengefaßt untergebracht, sondern über den Raum der Hochfläche so verteilt waren, daß der gesamte Festungsbereich von den Stützpunkten, die jeder Legion zugeteilt waren, bis an die Grenzen der Festung überwacht und gesichert werden konnte. Ein weiterer Grund, die Legionen verteilt unterzubringen, war natürlich auch, daß so ein Teil der Versorgung aus dem Lande selbst sicherzustellen war. Allein der Weidegang der 12 800 Pferde der Varusarmee, wie Norkus errechnete,[13] ersparte einen Teil des notwendigen schwierigen Transportes von Futtermitteln.

f. Der Karst

Die Hochfläche brachte noch eine wesentliche Besonderheit (siehe Abb. 14). Da die gesamte Hochfläche aus karstfähigen Kalken besteht, verschwindet das Oberflächenwasser[14] im allgemeinen sehr schnell im Untergrund. Nur im Gebiet der bewaldeten Bergrücken fließen die Quellen, deren Wasser dann versickern, um am Ende der Oberkreide wieder zutage zu treten. Die Römer mußten bei der Wahl der Standorte für die Lager ihrer Legionen auf die Wasserlage Rücksicht nehmen. Den Hauptstandort mit Stab des Statthalters, dem Generalstab des Heeres und dem großen Troß vermuten wir in Paderborn. Die anderen Stützpunkte werden einen Tagesmarsch entfernt von der Zentrale gewählt worden sein.

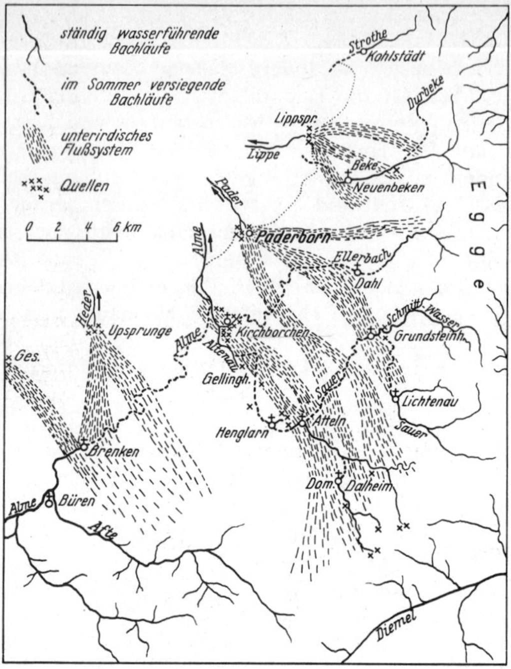

Abb. 14: Hydrographie der Paderborner Hochfläche.

3. AM WASSERWEG

a. Anreppen

Beschäftigen wir uns nun eingehender mit den durch den Wechsel des Hauptstützpunktes aufgeworfenen Fragen, so ist zunächst der Wasserweg interessant. Im Jahre 1968 wurden durch einen Zufall beim Aufwerfen einer Rübenmiete[15] römische Scherben aus der Zeit des Augustus gefunden. Dieser Fund auf dem Hofe des Bauern Begger, unmittelbar südlich der Lippe bei Anreppen, war Anlaß zu Grabungen, die in den Jahren 1969 und 1970 durchgeführt wurden und zur Feststellung eines großen Römerlagers führten (siehe Abb. 15). Die Ausdehnung dieses Lagers in der Südost-Nordostrichtung beträgt 700 m; bis zum heutigen Flußbett der Lippe 400 m. Das Lager ist zur Zeit des Neubaues von Haltern gebaut, wie die Scherben und Münzfunde ausweisen; es hat einen ausgebauten Hafen. Es ist demnach eine Anlage, die im Zuge der Verlagerung des Hauptstützpunktes der Römer errichtet wurde und zeigt die Richtung, in der wir zu suchen haben. Das bisher östlichste der Römerlager an der Lippe war Oberaden; nunmehr ist dieses Lager Anreppen, um 80 km weiter nach Osten vorgeschoben, das östlichste der bis heute festgestellten Römerlager an der Lippe. Bis zum eigentlichen Ursprung der Lippe, dem Zusammenfluß der drei Quellflüsse, Lippe, Alme und Pader, sind es von Anreppen aus nur noch 13–15 km. Bis dahin wird der Lippefluß zur Römerzeit schiffbar gewesen sein.

b. Der Magazinplatz

Zu diesem Problem schreibt schon Hans Delbrück in seiner „Geschichte der Kriegskunst“: „Die Schwierigkeit, Waren zu Lande zu transportieren, ehe feste Straßen gebaut sind, ist so groß, daß in alten Zeiten auch sehr kleine Wasserrinnen für den Verkehr genutzt wurden. Einen beladenen Kahn stromaufwärts zu bringen, ehe ein

Abb. 15: Plan der römischen Anlagen in Anreppen.

Treidelweg gebaut ist, ist ja ebenfalls nicht leicht, aber immer noch leichter, als eine entsprechende Anzahl Karren auf einem weichen Landweg ... die Verpflegung: diese bedurfte des Wasserweges und der Wasserweg bedurfte eines Schlußpunktes, eines Magazinplatzes ... Die Kriegsführung im Innern Germaniens war eine ganz andere, wenn man das Korn oder Mehl nicht vom Rhein aus mitzufahren, sondern erst 150 km Luftlinie weiter, an der oberen Lippe aufzuladen brauchte. Er legte also, indem er an der Lippe entlang hinaufzog, an der Stelle, wo die Schiffbarkeit aufhört, nicht weit von Paderborn, da, wo die Alme in die Lippe fließt, ein Kastell an, das als Magazinplatz dienen konnte ...; in dem eigentlichen Flußwinkel liegt heute der Ort Neuhaus."

Delbrück stellt dann fest, es könnte „die Schiffbarkeit bis Neuhaus, wo die Pader und die Alme sich mit der Lippe verbinden, sofort wieder hergestellt werden. Das Gefälle von Neuhaus bis Lippstadt beträgt im Durchschnitt 1 zu 2000. Das Querprofil ist sehr tief eingeschnitten, also sehr günstig, so daß nach Beseitigung der Hindernisse Lastkähne von 20 m Länge, 4 m Breite, 0,75 m Tiefgang d. i. 45 Tonnen (900 Zentner) Tragfähigkeit ohne weiteres fahren könnten."

Abschließend sagt Delbrück, es sei „nicht zu bezweifeln, daß in den Tagen des Arminius die Lippe bis Neuhaus eine für die militärischen Zwecke der Römer, die ja noch viel kleinere Schiffsgefäße als die oben beschriebenen gebrauchen konnten, genügende Schiffbarkeit gehabt hat."[16]

Wir dürfen heute mit einiger Wahrscheinlichkeit diesen Zusammenfluß als die Stelle ansehen, an welcher die Römer ihren Anlandeplatz gebaut haben, das Flußkastell (siehe Abb. 16). K. E. Mummenhoff schreibt: „Die Gunst des Ortes am Zusammenfluß dreier Gewässer, der Lippe, der Pader und der Alme, ließ wahrscheinlich schon früh eine echte Wasserbefestigung entstehen."[17]

Auch der Hinweis des *Velleius Paterculus,* daß Tiberius im Winter von 4 auf 5 nach Chr. ‚an den Quellen der Lippe' in Germanien blieb und auch im nächsten Winter, zeigt eindeutig in den Raum hinter dem Zusammenfluß der drei Quellflüsse:

„Die Sorge für das Reich führte ihn im Anfang des Frühjahrs nach Germanien zurück, in dessen Herzen er bei der Quelle der Lippe, bevor er nach Italien gegangen war, das Heer die Winterquartiere hatte beziehen lassen. Gute Götter, was für Bücher könnte man brauchen, um die Taten zu beschreiben, die wir im folgenden Sommer unter Anführung des Tiberius Cäsar ausgeführt haben! ... Ja, das römische Heer wurde ... bis zum vierhundertsten Meilensteine vom Rhein aus bis zum Fluß Elbe ... geführt ... Als Sieger über alle von ihm berührten Völker und Gegenden kehrte Cäsar mit

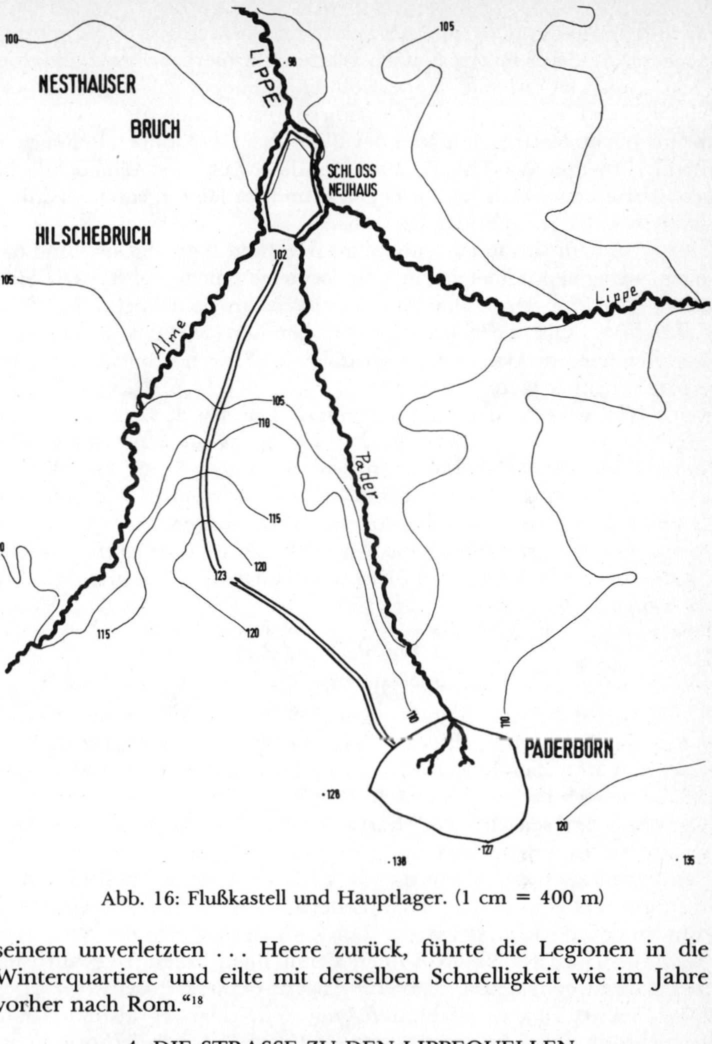

Abb. 16: Flußkastell und Hauptlager. (1 cm = 400 m)

seinem unverletzten ... Heere zurück, führte die Legionen in die Winterquartiere und eilte mit derselben Schnelligkeit wie im Jahre vorher nach Rom.“[18]

4. DIE STRASSE ZU DEN LIPPEQUELLEN

a. Von der Spitzen Warte

Die Straße, die als Voraussetzung eines guten Platzes für den neuen Hauptstützpunkt der Römer zu fordern war, kam von dem einzigen Wasserscheidenhöhenweg durch die Westfälische Bucht, wo sie auf 389 m vom höchsten Punkt des Haarstranges, der ‚Spitzen Warte‘, abzweigte und entlang der Alme hinunter in deren Mündungsraum verlief. Ein Blick von der Spitzen Warte sieht hier zwei ganz verschiedene Landschaften aufeinandertreffen: im Süden liegt das Sauerland als Teil des Rheinischen Schiefergebirges, im Norden die Westfälische Kreidebucht. Nach Süden geht der Blick über das Möhnetal hinweg in den Arnsberger Wald hinein, aus dem die Warsteiner Kalkhochfläche als offene Landschaft herausleuchtet, und im Hintergrund versinken die Berge des Sauerlandes im Dunst.

Der Weg, dem wir bereits einmal im Abschnitt B gefolgt sind und der nach wenigen Kilometern in den Wald eintaucht, führt nach Südosten. Dort an der Waldecke auf 400 m, an dem höchsten Punkt, noch höher als die Spitze Warte, könnten wir das Römerlager Kneblinghausen erkennen, wenn über der Erde noch etwas von der Anlage sichtbar wäre.

Nach Norden geht der Blick ungehindert und weit über die 300 m tiefer liegende Westfälische Bucht hinweg bis an den Osning, den Teutoburger Wald, heran, den wir bei guter Sicht, 60–100 km entfernt, erkennen können. Der anschließende Lipper Wald und die Egge im Osten treten klar hervor. In diesem weiten Rund der Berge, genau in der Verlängerung des Almetales, kann man manchmal die Türme der Stadt Paderborn erkennen. Nur nach Westen dehnt sich die Ebene.

b. Die Wasserscheide

Auf der Wasserscheide oberhalb der Alme in Richtung Paderborn senkt sich der Weg langsam von 389 m auf 100 m im 35 km entfernten Mündungsgebiet von Alme, Pader und Lippe. Dieser Weg ist in den amtlichen Karten auch heute noch als ‚Hellweg' bezeichnet; er darf jedoch nicht verwechselt werden mit dem jüngeren ‚Großen Hellweg', der seit der Zeit Karls des Großen von Duisburg über Dortmund in gerader und direkter Linie auf Paderborn zuläuft. In den Fachkreisen der Vermesser in Paderborn nennt man den Weg von der Spitzen Warte nach Paderborn den ‚Kleinen Hellweg', obwohl er älter ist und vor der Zeit Karls des Großen der bedeutendere Weg war; im Raum Rüthen kennt man diesen Weg auch als ‚alten' Hellweg (Anhang Abb. 10). Hierzu bemerkt Josef Koch: „Der ‚Alte Hellweg' gilt in Verbindung mit dem Haarweg als die älteste Verbindung zwischen dem Westen und dem Raum Paderborn. Er ist das Musterbeispiel einer Wasserscheidenstraße."[19]

Von der Spitzen Warte aus ist auch zu erkennen, weshalb sich dieses Gebiet an den Lippequellen in der Frühzeit als ein gesicherter Hauptstützpunkt der Römer besonders eignete. Das Land bis zu den im Halbrund um den Lippeursprung liegenden Bergen ist frei zu überblicken. Die Nachrichtenübermittlung durch Lichtsignale konnte

ohne Hindernisse von vorgeschobenen Beobachtungspunkten rundum erfolgen. In genügendem Abstand von den Bergen, teilweise von Wasser schützend umgeben, brachte die Lage für die Sicherheit eines Hauptstützpunktes dieser Zeit gute Vorbedingungen, denen hier, unmittelbar vor der Weserfestung, ein hoher Rang einzuräumen ist.
Hinter der Emscher, vom Rhein her gesehen, kamen sich die Lippe als Nachschubfluß und die Hauptvormarschstraße, der Wasserscheidenweg auf dem Kamm des Haarstrangs, zum ersten Mal nahe; jetzt wurde hier am Ursprung der Lippe die endgültige Vereinigung der Wege, Fluß und Straße, vollzogen. Damit war eine vorzügliche Verbindung zur Basis am Rhein geschaffen und der Nachschub auf dem Wasser- und auf dem Landweg gesichert.

5. MAGAZIN UND HAUPTLAGER

a. Wo kann das Hauptlager gelegen haben?

Nach den Erkenntnissen, die bei den Lagern Haltern und Oberaden gewonnen wurden, ist davon auszugehen, daß auch am Ursprung der Lippe ein Flußkastell und ein großes Hauptlager errichtet wurden. Wenn wir annehmen wollen, daß das Flußkastell am Zusammenfluß der drei Quellflüsse entstand, eine andere Möglichkeit zeichnet sich nicht ab, da weiter oberhalb keine Schiffbarkeit bestand und unterhalb bis zum Römerlager Anreppen die hervorragende Straßenverbindung fehlte, müssen wir jetzt das Hauptlager suchen.
Von dem römischen Offizier und Schriftsteller Velleius Paterculus wissen wir, daß Tiberius sein Heer nach den Sommerfeldzügen in die Winterquartiere ‚an den Quellen der Lippe‘ (caput Juliae fluminis) führte; das ist erwiesen zumindest für die Winter von 4 bis 6 nach Chr. (siehe S. 58). Es ist anzunehmen, daß, vom Westen her gesehen, damit die Gegend hinter Schloß Neuhaus gemeint ist.

b. Paderborn

Dieser Raum ist gegen Westen durch das Tal der Alme und nach Norden durch die wasserreiche Lippeniederung bis zur Egge gegen Überfälle abgesichert. Gegen Osten dehnt sich die Paderborner Hochfläche, über deren Bedeutung der Straßenforscher Koch so urteilt: „Die von den ringartig um die Stadt (Paderborn) gelegenen Höhen auf die Niederung verlaufenden Trockentäler machten das Gebiet des Hügelgeländes oberhalb der Paderquellen für den naturgemäßen (aus dem Westen und Südwesten) nach Osten fließenden Verkehr unbemerkt zu einem Zwangspaß, der die Wehrtüchtigkeit des Ortes und vor allem seine Kontrollfunktion geradezu herausstellt, dabei jedoch mehr die strategische als die wirtschaftliche Bedeutung Paderborns in früher Zeit hervortreten läßt . . .“[20] (Anhang Abb. 22).

c. Das Wasser

Eine wesentliche Rolle hat mit Sicherheit das Wasser gespielt, das an dieser Stelle gleich zweihundertfach in Quellen aus der Erde sprudelt. Die Römer waren sehr abhängig von gutem Wasser, das sehen wir an den großen Bauten, die sie überall errichteten, um klares Quellwasser zu erhalten. Noch heute bewundern wir die großartigen Bauwerke wie den Pont du Gard, der nur deshalb errichtet wurde, um frisches Quellwasser über 25 km in die Stadt Nîmes zu holen. So ist in Paderborn, wie sich bei den unlängst erfolgten Ausgrabungen der Paläste Karls des Großen und Ottos des Großen ergab, der Palast Ottos über den Paderquellen errichtet, und im Keller des Palastes hat man eine 6,5 mal 7 m[21] große überwölbte Quellkammer gefunden. Gerade hier in Paderborn war Wasser wichtig, weil die Oberkreide, auf der die Stadt steht, kein Wasser hält (Anhang Abb. 23).
Es scheint in Paderborn auch in alter Zeit bereits eine zahlreiche Bevölkerung ansässig gewesen zu sein. So konnte auch im Führer zu vor- und frühgeschichtlichen Denkmälern berichtet werden: „Am Oberlauf der Lippe und im Bereich der Paderquellen ist Siedlungsmaterial der vorrömischen Eisenzeit in größerem Umfang vor allem als Abfall aus tiefen, Kubikmeter fassenden Vorratsgruben bekannt geworden ... Im standfesten Plänerkalk Paderborns liegen sie in einer Vielzahl um den Fächer der Paderquellen verteilt.“[22]
Leider fehlen bis heute aus dem Gebiet der Stadt Paderborn eindeutige Funde, die das Hauptlager der Römer hier erweisen könnten. Hier kann man nur von Schnurbein zitieren, der bei den Ausgrabungen in Haltern große Erfahrungen sammelte: „Das liegt ... vor allem daran, daß ... die anderen Lager später von römischen und dann mittelalterlichen Städten überbaut worden sind und alle frühen Befunde weitgehend zerstört haben.“[23]
Dies kann im besonderen Maße sowohl für Schloß Neuhaus wie für Paderborn gelten, wo die Bauten des Bischofs in Neuhaus, die Pfalzen der Kaiser und die großen Bauten der Kirche in Paderborn neben den Bauten der Bürger entstanden. Es ist deshalb nicht begründet, auszuschließen, daß das Hauptlager der Römer über den Paderquellen lag (Anhang Abb. 21), weil man bisher dort noch keine sicheren Funde machte.

6. DIE PADERBORNER HOCHFLÄCHE

a. Der offene Raum

Dem offenen Raum, der sich nach Osten und Süden um den neuen Hauptstützpunkt der Römer dehnt, widmen wir nun unsere Aufmerksamkeit; es ist die Paderborner Hochfläche. Sie wird begrenzt im

Norden von der Lippe, die in Lippspringe in einer Höhe von 150 m entspringt und nach etwa 11 km bei Schloß Neuhaus mit der Pader und der Alme zusammentrifft.
Diese Hochfläche steigt von 100 m am Zusammenfluß der drei Quellflüsse bei Schloß Neuhaus im Nordwesten bis auf über 400 m zur Egge im Osten und 500 m im Sauerländischen Afte-Alme-Bergland im Süden, um von den höchsten Stellen abrupt abzufallen. Diese scharfe Begrenzung mit sehr beschwerlichen wenigen Verkehrsmöglichkeiten durch das Gebirge gibt diesem Gebiet eine eigene und besondere Abgeschlossenheit gegenüber den jenseitigen Räumen; es ist verkehrsmäßig allein auf Paderborn ausgerichtet. Dieses Land hat jedoch noch eine andere Besonderheit, die mit dem Wasser zusammenhängt. Da der Untergrund der Hochfläche im wesentlichen aus Kalken besteht, ist die Fläche Karstlandschaft. Die Täler sind meist trocken. Das von der Egge oder vom Sauerland herkommende Wasser fließt zunächst in seinen eigenen Anschwemmungen und versickert dann im klüftigen Kalkgestein.[24] In den Bachschwinden gefärbtes Wasser taucht nach einem unterirdischen Lauf von 2–4 Tagen in den Quellen von Lippspringe, Paderborn, Kirchborchen, Uppsprunge und Geseke auf. Die Quelltöpfe am Rande der Hochfläche sind typische Karstquellen mit großen Wassermengen. In den hohen Feldern oder Wäldern liegen viele über den unterirdischen Hohlräumen eingesunkene Erdfälle (Dolinen). Sie haben einen Durchmesser von 8–40 m. Das Vieh muß auf der wasserlosen Hochfläche durch Wasserleitungen, Zisternen oder Tränkwagen versorgt werden. An einigen Gehöften sind noch alte Zisternen zu erkennen.
Zwei große Trockenhochflächen heben sich heraus, das Sorathfeld und das Sindfeld. Peter von Polenz berichtet in seinem Werk „Landschafts- und Bezirksnamen im frühmittelalterlichen Deutschland“: „Die Gruppe der ... Namen auf -feld führt nun vom Küstengebiet weg ins Bergland ... Binnendeutschlands. Folgende Namen sind primäre Raumnamen auf -feld: Im südöstlichen Westfalen – Sorethfeld, – Sinithfeld und – Mathfeld, ... Wenn das Wort -feld ganze Landschaften bezeichnet, hat es – wie das Kollektivum gifildi ‚Gefilde‘ – die Bedeutung ‚offene, ebene Gegend‘ ... Im Bergland und Gebirge ist ‚Ebene‘ meist der Gegensatz zu Wald ... In vielen Siedlungsnamen ... ist -feld eine höhergelegene trockene Ackerbaufläche ... Solche trockenen Hochflächen sind bei Matfeld, Sinithfeld und Sorethfeld mit -feld benannt worden ... Gegenüber -land fehlt dem Wort -feld ursprünglich die Bedeutungsnuance der Abgegrenztheit ... Die vorfränkische Herkunft ... ist gesichert ... bei Sinithfeld, das bereits 794 als Schlachtfeld eines Feldzuges gegen die Sachsen genannt ist.“[25]

b. Egge und Alme-Afte-Bergland

Am Ostrand der Westfälischen Bucht erstreckt sich von Nord nach Süd das Eggegebirge. Von Osten her erscheint die Egge deutlich als Stufe. Sie ist der Rand der Westfälischen Kreidebucht. Das Eggegebirge wird auf beiden Seiten von Längstälern begleitet, die den Gebirgskamm betonter hervortreten lassen.[26]

Vom Kleinenberger Paß biegt die Egge nach Südwesten in die Richtung Blankenrode-Meerhof in den Warburger Wald ein. Hier fällt das Gebirge von der Wasserscheide Rhein-Weser steil zur Diemel ab. Bei Essentho stoßen wir auf den Sauerländer Wald. Bis dahin reicht auch der Eggeweg über den Kamm des Gebirges. Es beginnt das Alme-Afte-Bergland als südliche Umrandung der Paderborner Hochfläche und damit der Westfälischen Bucht. Die absoluten Höhenzahlen steigen hier bis 500 m im Bereich des Totenkopfes im Fürstenberger Wald an und erreichen damit die höchsten Werte im gesamten Regierungsbezirk Detmold.[27] Dieses Gebiet ist Teil des Rheinischen Schiefergebirges, eines sehr alten Grundgebirges. Wie das gesamte Sauerland ist das Alme-Afte-Bergland durch ein dichtes Gewässernetz gegliedert und weist demzufolge ein lebhaftes Relief auf. Die hohen Niederschläge und wasserundurchlässiges Gestein sorgen für ein großes Wasserangebot. Der Gewässer- und Wasserreichtum des Alme-Afte-Berglandes kommt der gewässerarmen benachbarten Paderborner Hochfläche zugute. Die Besiedelung dieses Raumes zeigt ein ähnliches Bild wie die des Eggegebirges.

c. Besiedelung

Zu allen Zeiten der Menschheitsgeschichte ist dieser Raum der Paderborner Hochfläche schon von Menschen besiedelt gewesen, wie die Funde aussagen, die die Erde freigegeben hat. So sind Faustkeile der Steinzeit gefunden worden; Steinkisten- oder Steinkammer- sowie Hügelgräber bilden die vorgeschichtlichen Denkmäler, die dieses Gebiet durch Eigenart, Fülle und Erhaltungszustand aus allen westfälischen Teillandschaften hervortreten lassen.[28] Allein 540 Hügelgräber sind nachweisbar, von denen nur wenige eingehend untersucht sind.

Die sieben großen Kellergruben einer Baustelle in Paderborn können auf Grund der reichen Keramik dieser Fundstelle schon näher an die Zeit um Christi Geburt datiert werden.[29] Im Staatsforst Böddeken ist ein weites Areal in der römischen Kaiserzeit genutzt worden, das durch römische Silberdenare, in der Zeit von 2–14 nach Chr. geprägt, genau datiert wird.[30] Hier gelang es, die Standspur eines Pfostenhauses aus der frühen Kaiserzeit in ganzem Umfang freizulegen. Die Silberdenare wurden innerhalb dieses Hauses gefunden (Anhang Abb. 20).

Über die Siedlungsdichte auf der Paderborner Hochfläche in dieser Zeit kann angesichts der bisher fast nur auf Zufallsfunden beruhenden Ergebnissen[31] nur Vorläufiges gefolgert werden. Da jedoch allein auf der südlichen Hochfläche, im Sindfeld, bei acht mittelalterlichen Siedlungsplätzen (Wüstungen) kaiserzeitliche Spuren nachzuweisen waren, wird man von einer breiten, wenn auch zahlenmäßig geringen Besiedelung dieses Gesamtraumes sprechen dürfen.

7. DIE RÖMER AUF DER HOCHFLÄCHE

a. Nach Norden

Welche Bedeutung hatte dieser Raum der Paderborner Hochfläche für den nunmehr von Oberaden an die Quellen der Lippe vorgezogenen Hauptstützpunkt der Römer in Germanien? Die Lippe selbst besaß nach Norden eine Sicherungsaufgabe, die ihr von der Natur gegeben ist, denn das Hinterland war mit seinen vielen Quellen, Bächen, Brüchen, Sümpfen und quergelagerten Geländeeinschnitten, die sich vom Gebirgsrand des Teutoburger Waldes nach Westen zogen, ein in alter Zeit schwer passierbarer Raum, der vor allem für den Wagenverkehr eine absolute Sperre darstellte. Über den direkten Verkehr von Paderborn nach Lippe sagt Josef Koch: „Auf Paderborner Gebiet zeichnet sich für die frühe Zeit keine Direktverbindung (z. B. auf der Linie Marienloh–Lippspringe–Schlangen) in den Raum Lippe ab . . . Das Alter der Sennestraßen ist ungebührlich hochgespielt. Die Untersuchung des Geländes nördlich des oberen Knicks zu Schlangen brachte die Erkenntnis, daß ein früher Verkehrsfluß nach Norden, das Urstromtal der Strothe querend, auf rollendem Rad nicht möglich gewesen sein kann . . . Zwischen dem Urstromtal der Strothe und dem Schlänger Bach lief sich der Verkehr in früher Zeit geradezu fest."[32]

Diese Beurteilung besagt für die Sicherung des neuen Hauptstützpunktes, daß für die Römer von dieser Seite her, von Norden, keine Gefahr eines Angriffs germanischer Krieger bestand.

b. Im Winterlager (siehe Abb. 17)

Dagegen berichtet *Dio Cassius,* und er denkt dabei sicherlich vor allem an den Raum, in dem schon die Truppen des Tiberius den ganzen Winter verbrachten:

„Die Römer hielten Teile davon in Besitz – nicht ganze Landschaften, sondern nur Distrikte, so wie sie gerade unterworfen worden waren, so daß keine Aufzeichnung dieser Tatsache gemacht wurde, und Soldaten von ihnen überwinterten dort; und Städte wurden jetzt gegründet."[33]

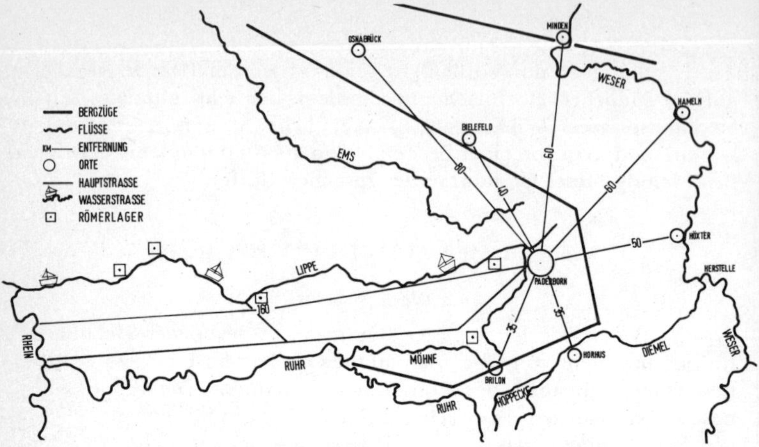

Abb. 17: Vor den Bergen lag das Winterlager des Tiberius und das Sommerlager des Varus. (1 cm = 15 km)

Velleius Paterculus beschreibt nur einen einzigen Raum, in dem die Römer überwintern (‚an den Quellen der Lippe'). Wir nehmen an, daß das Gebiet sich südlich der Lippe ausgedehnt hat, und daß die Stadt, die Dio Cassius hier erwähnt, vermutlich Paderborn war. Die Pader entspringt hier in 200 Quellen; und Quelle heißt in alter Zeit: Born.

c. Die Außenlager (siehe Abb. 18)

Eine andere Notwendigkeit ergab sich für Tiberius noch, nämlich einen erweiterten Raum (Anhang Abb. 27) in seinen Hauptstützpunkt einzubeziehen; fast 200 km von seinem Ausgangspunkt und der Nachschubbasis entfernt, durfte seine Militärmacht nicht zu schwach sein. Wenn der Statthalter Roms sich an den entferntesten Punkt seines Gebietes begab, dann genügten im feindlichen Land eine oder zwei Legionen nicht, um die Sicherheit für den ganzen Winter, in dem der Nachschub stocken konnte, zu gewährleisten. Wir wissen, daß Varus mit drei Legionen im Sommerlager war, demnach ist anzunehmen, daß Tiberius mindestens mit drei Legionen das Hauptlager sicherte. Drei Legionen, zusammen mit den Hilfstruppen und dem großen Troß des Statthalters, waren etwa 25–30 000 Menschen.

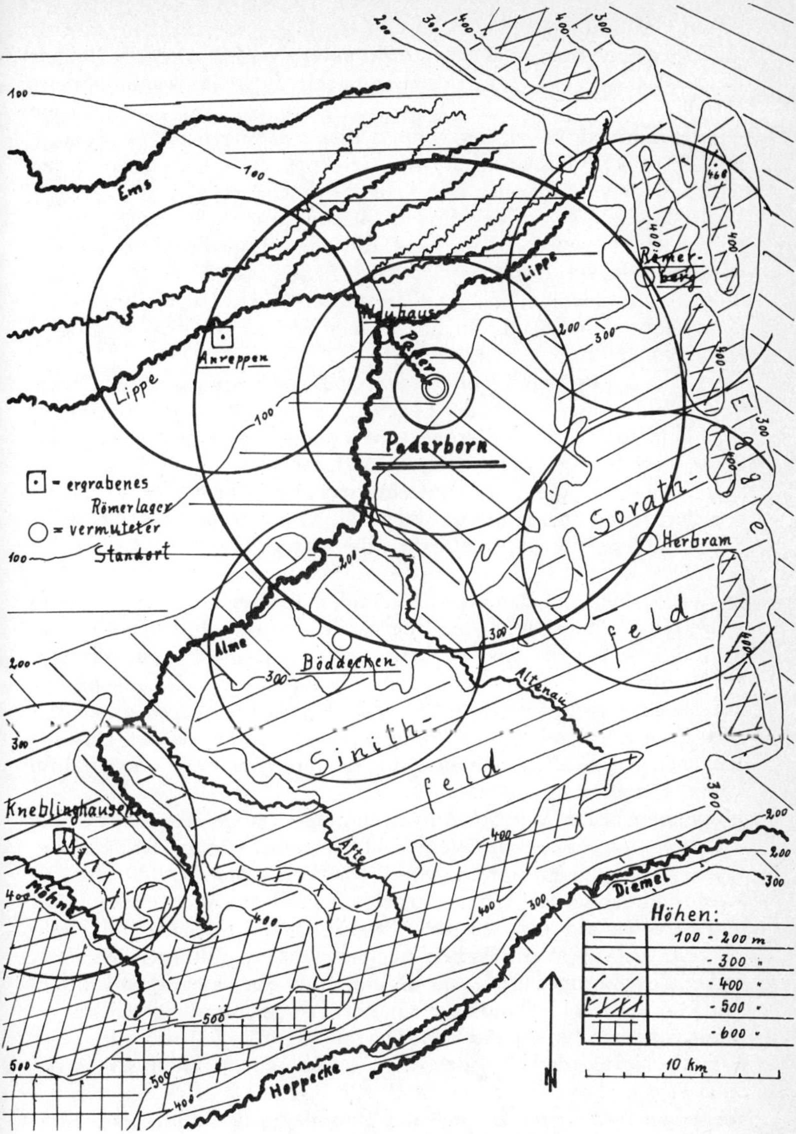

Abb. 18: Hauptstützpunkt (Festung) der Römer in Germanien in den Jahren 8 vor bis 9 nach Chr.

Wenn im Hauptlager eine Legion untergebracht wurde, dann sind die restlichen Legionen in diesem Südraum so verteilt worden, daß sie gleichzeitig eine Sicherung des Hauptlagers darstellen konnten, denn lediglich von Süden und Osten her hätte ein Angriff entwickelt werden können. Es gilt also, diesen Raum dahingehend zu überprüfen, wie sich die Grenzen des Gebietes der Hochfläche gegen militärische Angriffe oder Überfälle absichern ließen.
Von dem Gebirgszug, der die Hochfläche umschließt, senkt sich die Hochfläche auf die beiden Flüsse, die Lippe und die Alme; auf der anderen Seite des Gebirges fällt das Gelände schroff ab. Die Kammlinie verläuft fast einheitlich auf der ganzen 75 km langen Strecke auf einer Höhe von 400 m; nur an wenigen Stellen gibt es geringfügige Einsenkungen.
Über den Gebirgskamm verläuft vom Paß von Horn bis zur Via Regia bei Essentho über 50 km der Eggeweg. Es scheint in alter Zeit dieser Wasserscheidenweg eine größere Beachtung gefunden zu haben als heute, wo der Eggeweg als Verkehrsstraße fast vergessen ist. Dazu sagt Josef Koch: „Es gibt kaum eine straßengeschichtliche Arbeit, in der der Eggeweg als ‚uralter Weg', als vor- und frühgeschichtliche Nord-Süd-Straße nicht eine mehr oder weniger große Rolle gespielt hätte."[34]
Die Übergänge mit den weiterführenden Straßen wurden bereits in Abschnitt 2 d dargestellt. Alle Übergänge waren leicht zu verteidigen, weil der Steilabfall des Gebirges einen Angriff dort aussichtslos erscheinen ließ, ausgenommen den Weg zur Briloner Hochfläche, der auf gleicher Höhe verläuft. Die Sperrung dieses Weges durch das Afte-Alme-Bergland bereitet keine Schwierigkeiten, da das Gelände zur Diemel schroff abfällt und auf der anderen Seite wasser- und schluchtenreicher Wald ist.
Wir haben bisher vier Straßenverbindungen aufgezeigt, die alle zur Weser weisen. Es sind die Wege nach Herstelle, Höxter, Hameln und Minden. In einer Entfernung von 50–60 km in der Luftlinie sind die Weserübergänge von den aufgezeigten Punkten zu erreichen. Dies unterstreicht die Aufgabe der Paderborner Hochfläche, für den Verkehr aus der Westfälischen Bucht heraus zur mittleren Weser in früher Zeit Zwangspaß zu sein. Es zeigt sich aber auch deutlich, daß zur Römerzeit ein Standlager an der Weser unwahrscheinlich ist. Allein vor den Bergen war man Herr seiner Entschlüsse und konnte je nach Notwendigkeit jeden der Flußübergänge kurzfristig erreichen.
Wenn wir nun vermuten, daß das Hauptlager der Römer in Paderborn mit einer Legion belegt war, dann haben wir uns noch Gedanken zu machen über den Standort der weiteren Truppenkontingente, denn wir wissen ja, daß Varus mit drei Legionen im

,Sommerlager' war, die auf der Paderborner Hochfläche, der römischen Festung, verteilt gelegen haben werden. Wir vermuten, daß die Stützpunkte aus strategischen Gründen in Tagesmarschentfernung vom Hauptlager und in etwa gleichweiter Entfernung zueinander ihren Platz gefunden haben.

d. Lager an der Straße nach Norden (siehe Abb. 19)

Den ersten Stützpunkt dürften wir im Nordosten der Hochfläche suchen (Anhang Abb. 15), wo die nördlichste und wohl die wichtigste Straße von Paderborn aus über den Paß von Horn durch das umschließende Gebirge führt, und zwar dort, wo der von Nordwesten herkommende Osning auf das Eggegebirge stößt, das nun nach Süden, als Grenzwall hier beginnend und im Afte-Alme-Bergland vor der Alme endend, über 78 km die Festung der Römer umschließt.

Von Horn ab teilt sich die Straße und geht nach Norden, um Minden am Durchbruch der Weser durch das Wiehengebirge zu erreichen; nach Osten führt eine andere Straße nach Hameln; hier ist der Weserübergang in Richtung Hildesheim und weiter nach Magdeburg an die Elbe.

Diese Straße von Paderborn zum Paß von Horn kann man noch heute verfolgen. Sie geht als ,Horner Hellweg' über den Kamm des ansteigenden Berglandes entlang der Lippeniederung über zwölf Kilometer mit einer leicht nördlichen Abweichung nach Osten, um vor der Durbeke bei Altenbeken nach Norden abzubiegen. Hier verläuft der Weg zunächst auf der Höhe entlang der Durbeke und fällt nach 10 km vom Gebirge herab auf Horn. Josef Koch bemerkt zu dieser Straße, „daß nach der These über die Wasserscheidenstraße die Trasse des Hornschen Hellweges die günstigste ist, die je ,den Wald' durchquert hat und in der Tat für ,uralt' gelten darf."[35]

Ortmann weist hier darauf hin: „Die beiden wichtigen augusteischen Münzen von Neuenbeken und Grundsteinheim liegen dabei direkt an den alten Straßentrassen."[36]

Dieser Fund wird bestätigt im Führer zu vor- und frühgeschichtlichen Denkmälern, Band 20: „Noch aufschlußreicher sind die im Anrepper Lager gefundenen Bronze- und Kupfermünzen des Augustus. . . . und ein in Rom geprägter Münzmeister-As. Aus dem Paderborner Raum war bisher nur ein Stück dieser Art, ein bei Neuenbeken, Kr. Paderborn, gefundener Münzmeister-As, bekannt."[37] Neuenbeken liegt am Hornschen Hellweg und zwar dort, wo er hinaufsteigt in den Wald.

An der engsten Stelle dieses Höhenrückens, über den die Straße verläuft, dort wo die Durbeke fast 100 m tiefer und nur 200 m entfernt vom Horner Hellweg durch die Schlucht fließt und einen

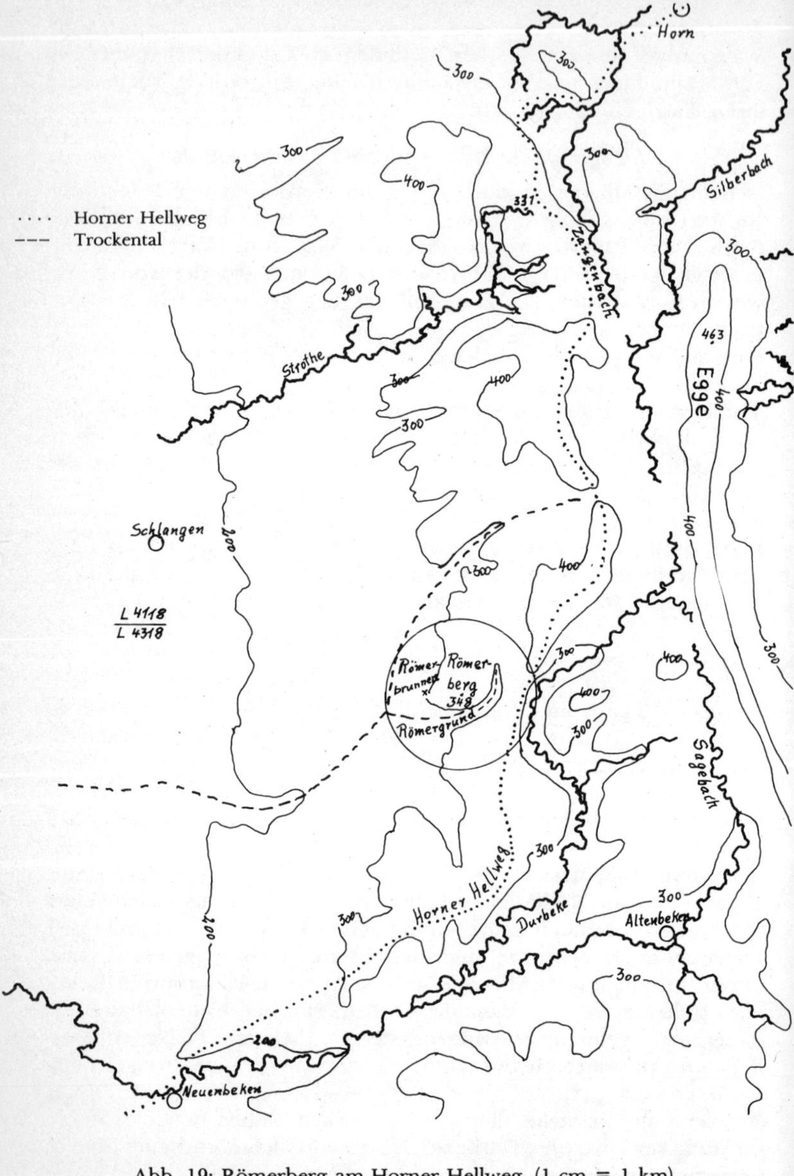

Abb. 19: Römerberg am Horner Hellweg. (1 cm = 1 km)

langen Steilhang zwischen Bach und Straße bedingt, fällt auf der westlichen Seite das Gelände ebenfalls steil ab in den ‚Römergrund', über dem der ‚Römerberg' aufsteigt. Diese beiden Namen weisen darauf hin, daß an dieser strategisch so auffallend sich hervorhebenden Stelle ein römischer militärischer Stützpunkt gelegen haben wird.

Der ‚Römerberg' liegt nur einen kurzen Tagesmarsch von etwa 15 km vom Hauptlager Paderborn entfernt und beherrscht den Nordostabschnitt der Hochfläche; er sichert die Eingänge, die hier über das Gebirge hineinführen in die römische Festung.

e. Am Weg nach Osten

Auf den Raum, in dem sich der zweite Stützpunkt der Römer befunden haben kann, weisen uns Funde römischer Tonlampen hin. Es wurden, außer einer Tonlampe der späten Kaiserzeit in Warburg, Tonlampen der frühen Kaiserzeit in Westfalen nur an drei Stellen gefunden, und zwar in den beiden Römerlagern an der Lippe, Haltern und Oberaden, und zwei Tonlampen in Herbram im Sorathfeld auf der Paderborner Hochfläche. Darüber berichtet Ortmann: „Jedoch können wir zwei neue Funde beisteuern, die sehr wohl für die Varusschlacht in Frage kommen ... Der wichtigste Fund sind aber zwei römische Tonlampen der Zeit des Augustus, bei Iggenhausen-Herbram gefunden. Da die Germanen selber Tonlampen kannten, dürften sie nur von römischen Truppen herrühren."[38]

Außerdem weist Ortmann in der schon zuvor wiederholten Mitteilung darauf hin, daß „die beiden wichtigen augusteischen Münzen von Neuenbeken und Grundsteinheim ... dabei direkt an den alten Straßentrassen liegen."[39]

Grundsteinheim ist es diesmal, wo die römischen Funde gemacht wurden, und dieser Ort liegt wenige Kilometer vor Herbram an der alten Straße, die bei Herbram über das Gebirge ging, wo heute die Eisenbahn von Altenbeken nach Scherfede den Bergzug überwindet; in alter Zeit zielte dieser Weg auf Höxter. Der Ort liegt wie schon der ‚Römerberg' nicht unmittelbar im oder am Eggegebirge, sondern durch das Längstal vor der Egge von diesem getrennt und beherrscht damit einen größeren Raum, der nach Norden über Schwaney hinausgeht und sich mit dem Bereich des Stützpunktes ‚Römerberg' überschneidet. Nach Süden übersieht der Stützpunkt ‚Herbram' den Rest des Sorathfeldes bis in den Eggeknick hinein, wo sich das Gebirge nach Südwesten wendet und in den Warburger Wald eintaucht (Anhang Abb. 26).

Der Platz für das Lager ist südlich des Ortes Herbram (siehe Abb. 20) zu suchen, wo die aus dem Gebirge herkommenden wasserreichen

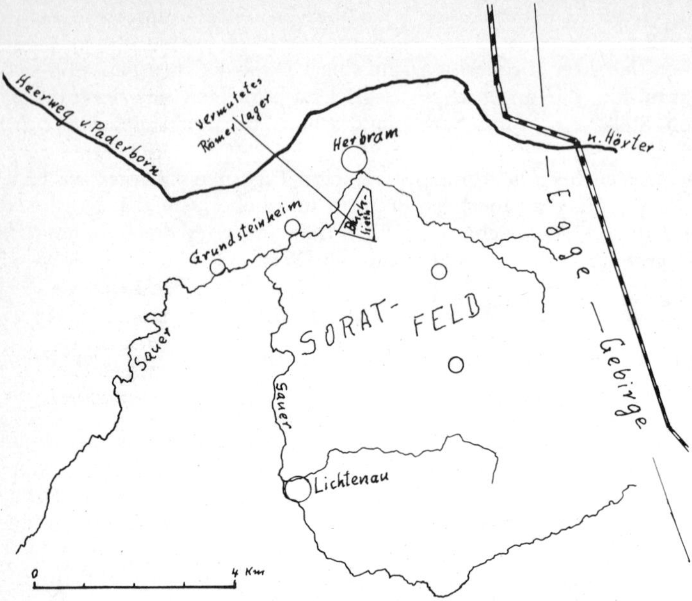

Abb. 20: Vermutetes Römerlager bei Herbram.

Bäche, Glasewasser und Schmittwasser, eine Höhe von drei Seiten umfließen, die sich 40–90 m über die Sumpftäler erhebt. Die Bäche führen hier noch viel und gutes Wasser heran, das den Römern immer wichtig war, verlieren jedoch dieses Wasser wenig später im karstigen Kalkgestein.

Auch dieser Stützpunkt liegt nur etwa 14 km vom Hauptlager in Paderborn entfernt, fast ebenso weit wie zum Stützpunkt ‚Römerberg'. Die bezeichnete Höhe ist eine Bergnase, die als nördlichster Ausläufer des unbewaldeten und trockenen Sorathfeldes bis hart südlich Herbram vorstößt und allein heute noch mit Wald bestanden ist. Der Platz entspricht in der Größe dem Römerlager Anreppen und den beiden anderen Außenlagern auf der Hochfläche.

Der Name der Höhe ‚Buchlieth' deutet nach Bschorner[40] mit ‚lieth' auf Hügel, Berg, Abhang ‚von trockener Beschaffenheit' hin; das ‚Buch-' scheint nach Jellinghaus[41] auf bukke, mhd. gebucke, Knick, verflochtenes Heckenschutzwehr hinzuführen, die zumeist aus Hainbuchen erstellt wurden. Im Volksbewußtsein könnte darin ein Hinweis auf eine Befestigung auf dem Berg enthalten sein.

Daß die Römer in Herbram noch der Bevölkerung bewußt sind, erfuhren wir, als wir dem Fundort der beiden römischen Tonlampen, der nicht bekannt ist, auf der Spur waren und 1982 der 92 Jahre alte Herr Donschen in Herbram, der über heimatliche Dinge bestens im Bilde war, erzählte, daß nach dem ersten Weltkrieg in Herbram nach einem goldenen römischen Adler gesucht worden sei. Er habe selbst an der zimmergroßen Grube gestanden, die sich am Fuße der ‚Buchlieth', am Steinhaus an der Hartmühle, befunden habe. Ein Grab sei gefunden worden und einiges Gerät. Ob dabei die beiden römischen Tonlampen zutage kamen, konnte er nicht sagen; die Ausgräber selbst waren inzwischen verstorben.

f. An der Frankfurter Straße

Da die Hochfläche durch den karstigen Untergrund wasserlos ist, wird der weitere Stützpunkt erst dort liegen können, wo im westlichen unteren Bereich der Hochfläche, demnach nicht weit von der Alme, wieder Wasser aus der Erde tritt. Archäologen weisen uns den Weg, denn am ‚Düsteren Born', einer Quelle in der Nähe des Klosters Böddeken, nicht weit von der alten germanischen Wallburg, der Wewelsburg, hat man einen großen Siedlungsplatz der frühen römischen Kaiserzeit nachgewiesen. Es gelang hier, die Standspur eines Pfostenhauses der frühen Kaiserzeit im ganzen Umfang freizulegen. Dieses Haus (siehe Abb. 21) hat eine Grundfläche von 17 m Länge und 6 m Breite. Durch die in diesem Haus gefundenen Silberdenare aus der Zeit von 2 vor bis 14 nach Chr. ist die Zeitstellung gegeben. Im Bericht steht dann: „Die Deutung der Spuren wird jedoch erschwert durch das Fehlen von Kontrollbefunden, und zwar nicht nur auf diesem Siedlungsplatz, sondern sogar im gesamten Paderborner Raum und noch weit darüber hinaus."[42]

Es ist aber klar, daß man zur Kontrolle der Funde und zu ihrer Deutung nicht nur Häuser der ansässigen Bevölkerung zum Vergleich heranziehen darf, sondern auch römische Militärbauten. Da wir hier den römischen Stützpunkt (siehe Abb. 22) vermuten, lassen wir Siegmar von Schnurbein zu Wort kommen, der von den ausgegrabenen Militärbauten von Haltern berichtet: „Jede Centurie war in einer rund 70 m langen Baracke untergebracht. Diese besteht aus einem 9 m breiten und bis zu 20 m langen ‚Kopfteil', der als Unterkunft und Dienstraum des Einheitsführers (Centurio) diente, sowie einer langen Flucht von 10–12 Kammern mit einem davorliegenden, bis zu 1,5 m breiten Laubengang. Die Centurienkasernen waren parallel nebeneinander angeordnet. Jeweils zwei von ihnen, die zu einem Manipel gehörten, lagen sich mit ihren Laubengängen gegenüber und schlossen einen gemeinsamen Hof ein. Die Gebäudeeinheiten waren mit

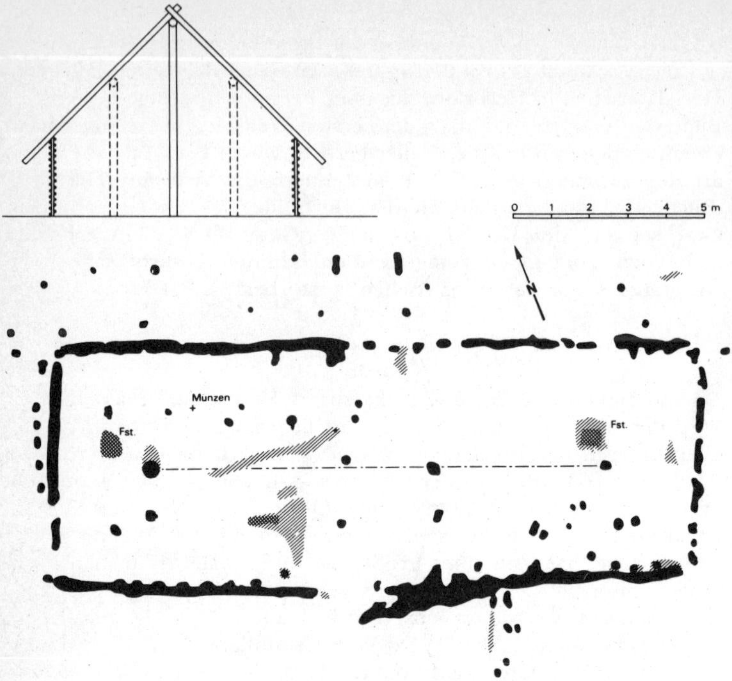

Abb. 21: Grundriß und schematischer Querschnitt des frühkaiserzeitlichen Hauses von Böddeken.

ihren Rückseiten so dicht aneinander gebaut, daß nur ca. 0,75 m breite Zwischenräume blieben."[43]

Außer der Größe der Häuser, hier 9 x 20 m, dort 6 x 17 m, die auf eine ähnliche Funktion hindeuten könnten, sind, abgesehen von den Münzfunden, auch in anderen Funden Ähnlichkeiten mit den Funden in Haltern zu sehen, so z. B. den Bronzefibeln, die hier wie dort gefunden wurden. Es wäre nützlich, am ‚Düsteren Born' bei Böddeken weiterzugraben. Allein der Versuch, die angrenzenden Gebäudespuren festzustellen, würde größere Klarheit bringen können.

Wie bei den ersten beiden Stützpunkten, ‚Römerberg' und ‚Herbram', die vorbeiführende große Straße nach Norden und nach Osten ein wesentlicher Anlaß für die Anlage eines Stützpunktes der Römer gewesen sein wird, so ist auch hier wieder die Verkehrslage ein zu beachtender Gesichtspunkt, denn die größte Nord-Süd-Straße durch die Hochebene, die sich jenseits der Festung nach Mainz

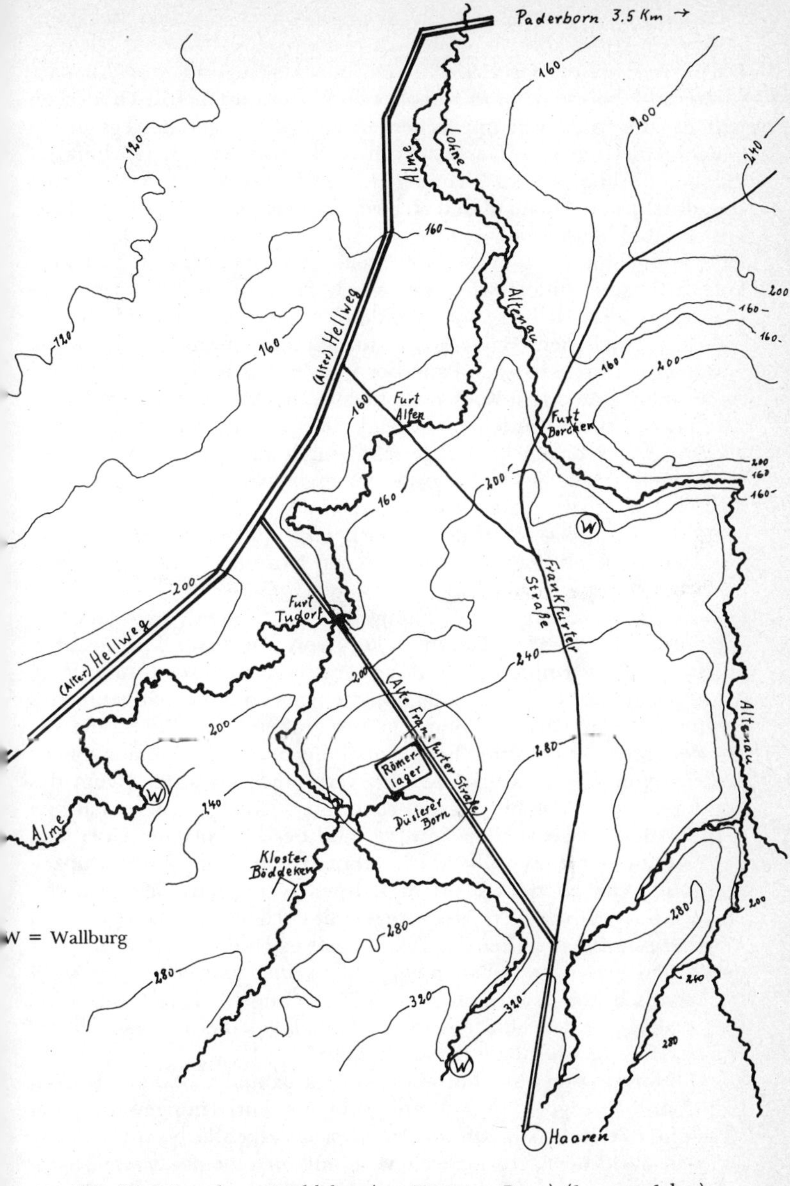

W = Wallburg

Abb. 22: Römerlager Böddeken (am Düsteren Born). (1 cm = 1 km)

fortsetzte, die ‚Frankfurter Straße', geht über Haaren-Horhusen/ Eresburg. In Kirchborchen führt sie heute über die Altenau.
Darüber schreibt Josef Koch: „Problematisch sind die Altenau-Übergänge bei Nord- und Kirchborchen. Die Furt bei Kirchborchen fällt für die frühe Zeit mit Sicherheit aus, da sie geradewegs in ein Feuchtgebiet führt ... Das wird durch die noch im 14. Jahrhundert gültige Führung des aus Richtung Haaren führenden Verkehrs durch die Almefurt zu Alfen auf den Hellweg und weiter in Richtung auf die Furt zu Barkhausen bewiesen."[44]
Und weiter sagt Koch an anderer Stelle: „Sowohl der Weg durch die Furt zu Niederntudorf wie jener durch die Furt zu Alfen ziehende Hovedweg alias Hellweg brachten den Verkehr vom Sintfeld auf den ‚alten', den ‚kleinen' Hellweg und mit diesem zusammen durch die Furt von Barkhausen nach Paderborn, jedenfalls in früher Zeit."[45]
Zusammenfassend fügt Koch noch hinzu: „Die Aufreihung verschiedener Trassen vom Sintfeld nach Paderborn ... macht deutlich, wie leicht das geschichtliche Straßenbild durch die Überbetonung der Borchener Strecke als ‚Paderborner via regia' eine Verzerrung erfuhr, die zur Folge hatte, daß sich die Straßenforschung auf eine einzige Wegetrasse, und zwar auf die wahrscheinlich jüngste in der Entwicklungsreihe der auf Paderborn gezogenen Nord-Süd-Straßen konzentriert hat."[46]
Der nachgewiesene große Siedlungsplatz der frühen römischen Kaiserzeit an der Straße Haaren – Furt von Niederntudorf – ‚alter' Hellweg läßt vermuten, daß diese Trasse die älteste Straße trug. Damit liegt der Platz des angenommenen römischen Stützpunktes ‚Böddeken', am ‚Düsteren Born', an der großen Nord-Süd-Straße, die aus der römischen Festung heraus über Horhusen nach Mainz führte. So wird von diesem Stützpunkt aus vermutlich auch der Raum des gesamten Sindfeldes bis auf den Kamm des Gebirges, der südlichen Begrenzung der römischen Festung, und der bedeutsame Übergang bei Essentho-Horhusen überwacht worden sein, über den E. Dünzelmann schreibt: „Und an einem Beispiel wenigstens läßt sich der Beweis ihres römischen Ursprungs mit Sicherheit erbringen. Bei Marsberg am linken Ufer der Diemel gibt es einen 3/4 Stunden weit durch den Felsen getriebenen Weg, der seiner ganzen Anlage nach nur römisch sein kann und als solcher lange bekannt ist. Seine Fortsetzungen nach Norden und Süden bilden die alte Frankfurter Heerstraße, die über Paderborn ... zieht."[47]
Die Entfernung in der Luftlinie vom Stützpunkt Böddeken nach Paderborn beträgt 13 km. Damit sind die Entfernungen der drei römischen Stützpunkte auf der Paderborner Hochfläche zum Hauptlager in Paderborn etwa gleich weit und in einem kurzen Tagesmarsch zu erreichen. Melder zu Pferde brauchten etwas mehr als eine

Stunde, und Lichtsignalstationen waren ohne Schwierigkeiten zu errichten.
Zu den Lagern waren die Verbindungen untereinander ebenfalls mühelos herzustellen, da die Wegestrecken nur wenig weiter waren als zum Hauptlager. Die Strecke in der Luftlinie vom ‚Römerberg' nach ‚Herbram' betrug 14 km, und diejenige von Herbram nach ‚Böddeken' 16 km. Die Abstände zu den äußersten Winkeln der Hochfläche, in deren Nähe sicherlich vorgeschobene Posten stationiert waren, betrugen, wieder in der Luftlinie, vom Lager ‚Römerberg' bis zum Paß von Horn 7 km, von ‚Herbram' bis an den Kamm des südlichen Gebirges hinter Kleinenberg 13 km und von ‚Böddeken' bis nach Essentho, wo die alte Frankfurter Heerstraße zur Diemel abfällt, 17 km.
Mit der Anlage dieser drei Stützpunkte werden die Paderborner Hochfläche und auch das Hauptlager in Paderborn gegen Überfälle germanischer Krieger gesichert gewesen sein; die Versorgung der Truppe konnte über einen längern Zeitraum durch Eigenversorgung in verschiedenen Gütern erfolgen, wodurch der Nachschub vom Rhein eine wesentliche Entlastung erfuhr. Es ist festzustellen, daß manche Bedingung zur Anlage einer römischen Festung auf der Paderborner Hochfläche erfüllt erscheint, und die Wahrscheinlichkeit hat sich erhöht, daß das Lager ‚an den Quellen der Lippe', wo Tiberius seine Truppen bestimmt in den Wintern von 4 auf 5 und 5 auf 6 nach Chr. überwintern ließ, hier gelegen hat.

8. HALTERN UND OBERADEN

a. Kneblinghausen unter Tiberius

Nachdem wir den wahrscheinlichen neuen Hauptstützpunkt der Römer ‚an den Quellen der Lippe' eingehend betrachtet haben, wollen wir zurückkehren nach Haltern und prüfen, aus welchem Grunde Triberius mit der Verlegung von Oberaden/Aliso Haltern vergrößerte.
Das Römerlager am Wege Kneblinghausen hat durch die Maßnahmen des Tiberius ebenfalls eine ganz andere Bedeutung erhalten, als es unter Drusus besaß. Damals war es gebaut worden, vermutlich ausgelöst durch den Überfall bei Arbalo, um den Vormarschweg zur Weser an der schwierigsten Stelle zu sichern. Nunmehr ist es nicht mehr die Aufgabe des Lagers, einen Weg zu beschützen, der zu einem vorgeschobenen Außenposten führt oder einer militärischen Operation dient, sondern das Ziel des Weges, dem das Lager Kneblinghausen als Sicherungskastell beigegeben ist, ist der Hauptstützpunkt der

Römer im rechtsrheinischen Germanien. Der Marschweg zu diesem wichtigen Platz der Römer führt vom Rhein her immer an der Ruhr entlang oder deren Nebenfluß, der Möhne, und springt hier an der ‚Spitzen Warte' hinüber zur Alme, der er jetzt bis Paderborn folgt. Hier aber, an dieser Stelle, hat der Weg seinen neuralgischen Punkt, denn hier stößt erstmalig und einmalig zwischen Rhein und Paderborn über den Gebirgskamm zwischen Möhne und Alme von Süden eine andere Wasserscheidenstraße auf diese wichtigste Straße der Römer. Da der Schutz dieser Straße durch das bisher unmittelbar an der Straße verlaufende, tief eingeschnittene Flußtal hier nicht mehr vorhanden ist, bedeutete dies naturgemäß eine außerordentliche Gefährdung für den Verkehr auf dieser Straße. So wäre es zu verstehen, wenn Tiberius an dem bestehenden großen Lager einen eingehenden und verstärkenden Ausbau vornahm. An den in Deutschland bisher nicht wieder gefundenen besonders starken Klavikeltoren wäre zu ermessen, mit welcher Sorgfalt Tiberius sich der Stärkung dieses Kastells Kneblinghausen angenommen haben könnte.

b. Oberaden = Aliso?

Bei unserem weiteren Weg nach Westen müssen wir wieder vom Haarweg hinüberwechseln zur Lippe, wo das Lager Oberaden zunächt unser Ziel ist. Wissenschaftlich ist noch immer nicht der Beweis erbracht, daß das Lager Oberaden = Aliso ist, da man für die Jahre, für die der Name Aliso genannt wird, archäologisches Beweismaterial bisher nicht vorlegen kann. Es wird teilweise immer noch die Ansicht vertreten, daß Haltern Aliso sei oder zumindest den Namen übernommen habe. Nunmehr, da wir auf dem Wege von Oberaden nach Haltern sind, wollen wir deshalb zu der Namensübertragung den besten Kenner der wissenschaftlichen Grabungsergebnisse des Lagers Haltern, Siegmar von Schnurbein, mit seiner Schrift „Die Römer in Haltern" zu Wort kommen lassen:
„Das aufgrund der archäologischen Ergebnisse ermittelte Alter des Halterner Militärstützpunktes macht es unmöglich, ihn mit dem aus der römischen Geschichtsschreibung bekannten Kastell Aliso zu identifizieren. Dieser Ort wird namentlich bei den Ereignissen der Jahre 9 und 16 nach Chr. erwähnt. Seine Gründung ist vielleicht schon 11 vor Chr. bei dem ersten Feldzug des Drusus erfolgt; 9 nach Chr. wird Aliso von den Germanen vergeblich belagert und von den Römern schließlich geräumt, und 16 nach Chr. soll Germanicus zwischen dem Rhein und Aliso neue Verbindungsstraßen gebahnt und Dämme angelegt haben. Solange sich, wie oben gezeigt wurde, weder für die ersten Feldzugsjahre zwischen 11 und 8 vor Chr. noch für die Zeit von 14–16 nach Chr. archäologisches Material aus Haltern nachweisen

läßt, wird man das vieldiskutierte Aliso an anderer Stelle zu suchen haben."[48]
Allerdings schwächt von Schnurbein seine klare Aussage 1981 wieder ab: „Obgleich ich bislang stets abgelehnt hatte, Haltern mit Aliso zu identifizieren, spricht also doch manches für eine Gleichsetzung; letzte Sicherheit wird man in dieser Frage jedoch kaum erlangen."[49]
Doch scheinen in dieser Stellungnahme Widersprüche enthalten, da man für das Jahr 16 für Haltern ebensowenig Anhalte hat wie für Oberaden; genauso sind die für Haltern angeführten Argumente, so u. a. die Distanz zum Rhein, auch für Oberaden anzuführen.
Wir wollen hier noch einmal versuchen, dieser Frage nachzugehen. Den Namen ‚Aliso' kennen wir aus zwei Berichten. Zuerst nennt ihn *Velleius Paterculus*, wo er in seiner ‚Römischen Geschichte' über das Jahr 9 nach Chr. berichtet:

„Auch ist die Tugend des L. Caedicius, des Präfekten des Lagers, und derer zu loben, die zusammen in Aliso durch ungeheure Truppen der Germanen belagert wurden."[50]

Zum zweiten Mal wird Aliso mit Namen erwähnt durch *Tacitus* bei der Schilderung des Vorstoßes des Germanicus im Frühjahr 16 nach Chr.:

„Doch wurde das ganze Gebiet zwischen dem Kastell Aliso und dem Rhein durch neue Grenzwälle und Erdwerke befestigt."[51]

Bei der Aufzählung der Quellen führt von Schnurbein noch an: „Schließlich ist es alte Gewohnheit, auch den Bericht des Dio Cassius über die Gründung eines Stützpunktes am Zusammenfluß von Lippe und Elison im Jahre 11 vor Chr. durch Drusus ebenfalls auf Aliso zu beziehen."[52]
Nun schreibt aber von Schnurbein danach: „Ich möchte mich dem Vorschlag ... anschließen und das Lippe-Elison-Lager des Drusus nicht mit dem Aliso des Jahres 9 und 16 nach Chr. gleichsetzen."
Das Lippe-Elison-Lager, das Lager Oberaden, ist das 1. Lager im rechtsrheinischen Raum, das Drusus nach einem Überfall durch die Germanen bei Arbalo bei seiner Rückkehr von einem Vorstoß an die Weser erbaute. Das war im Jahre 11 vor Chr. Darüber berichtet von Schnurbein: „Die Ausgrabungen in Oberaden brachten 1977 eine Reihe vorzüglich erhaltener Eichenposten der Holz-Erde-Mauer und Eichenbohlen von Brunnenschalungen, die ebenso wie weitere gleichartige Funde von 1978 dendrochronologisch untersucht worden sind. ... Alle Proben stimmten soweit überein, daß sie sich auf den Sommer oder das Spätjahr 11 vor Chr. datieren ließen." „Mit guten Gründen darf man also von einer Gründung des Lagers Oberaden im Jahre 11 vor Chr. ausgehen."[53]

Er gibt dann weiter noch Hinweise:
„Verkehrsgeographisch liegt Oberaden an einem nicht unwichtigen Punkt. Die Flußsysteme von Lippe und Emscher kommen unweit westlich sehr nahe aneinander. . . . Dem trägt der Standort des Lagers bei Moers-Asberg Rechnung, denn von hier aus konnten die Mündungsgebiete sowohl der Ruhr als auch der Emscher gut überwacht werden. Der direkte Weg von Asberg zur Weser führt ganz zwangsläufig in die Gegend von Oberaden, es ist der kürzeste Weg vom Rhein zur mittleren und oberen Lippe und damit auch zur Weser. Bei Oberaden trifft er zudem mit dem von Vetera ausgehenden Weg zusammen. Asberg, Vetera I und Oberaden haben nach Ausweis der Funde auch zu gleicher Zeit bestanden. Das in Feindesland angelegte Lager Oberaden hatte also beste rückwärtige Verbindungen, ein taktisches Postulat ersten Ranges.“[54]

Hier gibt von Schnurbein die Zurückhaltung des Archäologen auf und spricht einen ganz wesentlichen Punkt an, der in den Bereich strategischer Vorstellungen hineinreicht. Die Römer hatten ein außerordentlich feines Empfinden und einen klaren Sinn für strategisch herausragende einmalige Möglichkeiten, die sie für ihre politischen Ziele und militärischen Überlegungen in überzeugender Weise bedingungslos einsetzten. So ist dieses Lager Oberaden nicht einfach an irgendeinen Ort gesetzt, der vielleicht geeignet erschien, sondern an einen Ort, der einmalig und unwiederholbar alle im weiterem Raum nur möglichen Bedingungen erfüllte. Es ist der Ort, wie von Schnurbein richtig erkennt, wo zwischen der hier weit nach Süden in einem großen Bogen ausschwingenden schiffbaren Lippe und der in weiten Teilen versumpften und das große Emscherbruch bewässernden Emscher eine besondere Lage entsteht, denn die Emscher trennt bis hierhin den Wasserweg von den sumpffreien Höhen entlang der Ruhr, auf denen die einzige alte Straße vom Rhein direkt nach Westfalen führte. Dort hinter der Quelle der Emscher drängt die Ruhr gegen die Lippe und erzeugt gleichfalls eine Enge, die durch die aus dem Sauerland kommende Lenne noch verstärkt wird, die hier auf die Ruhr stößt. Hoch über dem Zusammenfluß beider Flüsse steht beherrschend die Sigiburg (Anhang Abb. 24), die heutige Hohensyburg, und sperrt den Landweg vom Rhein nach Westfalen hinein. Die beiden durch die Emscher gebildeten Sperren zwischen Ruhr und Lippe bilden damit den strategisch bedeutsamsten Platz im Eingang nach Westfalen.

Hier ist auch die erste Möglichkeit gegeben, um vom Wasserweg auf der Lippe zum Marschweg auf der Höhenstraße über der Ruhr eine direkte und unmittelbare Verbindung herzustellen. So wird deutlich, daß das oft genannte Lager, mit und ohne Namen, immer das Lager

Oberaden ist. Nur eine ganz neue strategische Konzeption kann dieses Lager an einen neuen Hauptstandort verlegen.
Die überragende Größe des Lagers Oberaden mit 54 ha, die der Größe des bedeutenden Stammlagers Vetera gleichkam und die Aufnahme von mindestens zwei Legionen ermöglichte, zeigt die Bedeutung dieses Lagers im rechtsrheinischen Raum. Auch der getroffene Aufwand für dieses Lager ist so gewaltig, daß in erreichbarer Nähe für den gleichen Zweck ein solcher nicht noch einmal erbracht worden sein wird.[55]
Unsere Vorstellung, daß durch den Tod des Drusus und die Übernahme des Kommandos durch Tiberius eine strategische Neuordnung erfolgte, in deren Nachgang das Lager Oberaden/Aliso als Hauptlager dieser Aufgabe entkleidet und das neue Hauptlager weiter nach Osten vorgezogen wurde, wird durch das erst vor wenigen Jahren entdeckte Lager Anreppen belegt, das nur wenige Kilometer vor den Quellen der Lippe liegt und von dem wir bei der Entwicklung der vorgetragenen Idee noch keine Ahnung hatten.
Das Lager Oberaden wird jedoch nicht, wie allgemein angenommen ist, beseitigt worden sein, wer auch wollte den Wall mit 50 000 Eichenbohlen zerstören, sondern nur von Truppen entblößt; es wird wohl immer mit einer Wache belegt und für den Aufenthalt durchziehender Truppen bereitgehalten worden sein. Hier sammelten sich auch nach der Schlacht im Jahre 9 nach Chr. die Entkommenen.
Auf eine solche verminderte Aufgabe deuten auch die Befunde der im Lager ausgegrabenen Brunnen hin, wie uns von Schnurbein berichtet: „. . . die Tatsache, daß in den Brunnen meist die obere Einfüllung aus Brandschutt bestand, während darunter bis zum Grunde ‚eine schlammige Füllung (folgte), in der zahlreiche Fundstücke lagen‘. In den Brunnen lagen also Abfälle, und sie waren bereits fast ganz verfüllt, ehe der Brandschutt hineinkam, das heißt, daß die Brunnen doch gar nicht mehr bis zum Schluß in Benutzung gewesen sein können. Solche Befunde hatten wir 1977 ebenfalls bei Brunnen Gr. 102; andere Brunnen waren dagegen augenscheinlich bis zum Ende in Funktion, wie insbesondere völlig fundleere Brunnen der Grabungen 1978 und 1979 anzeigen.“[56]
Damit bestätigt sich, daß das Lager Oberaden gar nicht vollständig aufgegeben war. Es ergibt sich daraus selbstverständlich auch, daß der Name des Lagers, Aliso, nicht auf ein anderes Lager übertragen gewesen sein wird, wie man angenommen hat. Damit ist nun auch die Tatsache besonders zu beachten, daß der Pfarrer Otto Prein das Lager Oberaden auf Grund des Namens fand. Prein berichtet selbst: „Da nun aber nach dem Entweichen der Römer von diesem Burghügel der Boden nie wieder, weder von Einheimischen noch von Fremden, jemals besiedelt worden ist, so ist dieser denkwürdige Fleck

Erde in der Gestalt auf uns gekommen, wie ihn die Römer verlassen haben. Der Name Else, der mit ihm untrennbar verbunden war, ist also in ununterbrochener Folge von Geschlecht zu Geschlecht weitergegeben worden, mit ihm zugleich der Name ‚Burg'. . . . Sollte es denn wirklich Zufall sein, daß gerade hier durch den Namen Else ein Römerlager nachgewiesen wurde, das noch im 15. Jahrhundert sprachlich genauso benannt wurde, wie 1½ Jahrtausende vorher die Römer ihr in einer germanischen Bauerschaft Aliso (Else) errichtetes Lager nannten? . . .

Alles in allem: der Name Else, der die Grundlage meiner Entdeckung bildete, ist bei Oberaden nicht ‚Schall und Rauch', sondern der feste Rückhalt für die weitergehende Forschung, . . ."[57]

Die hier abgebildete Urkunde von 1461 (siehe Abb. 23) verzeichnet den Ort, an dem das Römerlager Oberaden gefunden und ausgegraben wurde, folgendermaßen: „vt deme houe to Affhuppe gelegen to Elze in deme kerspel van Meteler ind in deme lande van der marke" (aus dem Hofe zu Afhüpper gelegen zu Else in dem Kirchspiel von Methler und in dem Land von der Mark).[58]

c. Haltern

So wie Oberaden/Aliso am südlichsten Bogen der Lippe lag, so lag Haltern am nördlichsten Bogen des Wasserweges der Römer. Wie Oberaden/Aliso Ausgangspunkt für die Vorstöße der Römer über die große Straße nach Osten war, so war Haltern für Unternehmungen nach Norden angelegt. Wir haben bereits erfahren, daß Haltern jünger als Oberaden gewesen ist.[59]

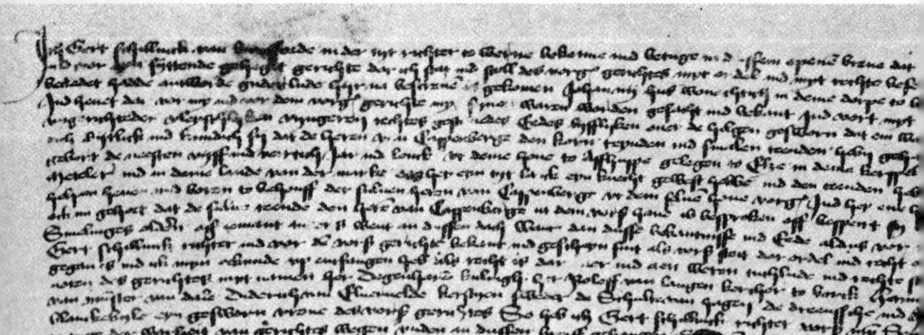

Abb. 23: Entdeckungsurkunde vom Jahre 1461
für das Römerlager in Else bei Oberaden.

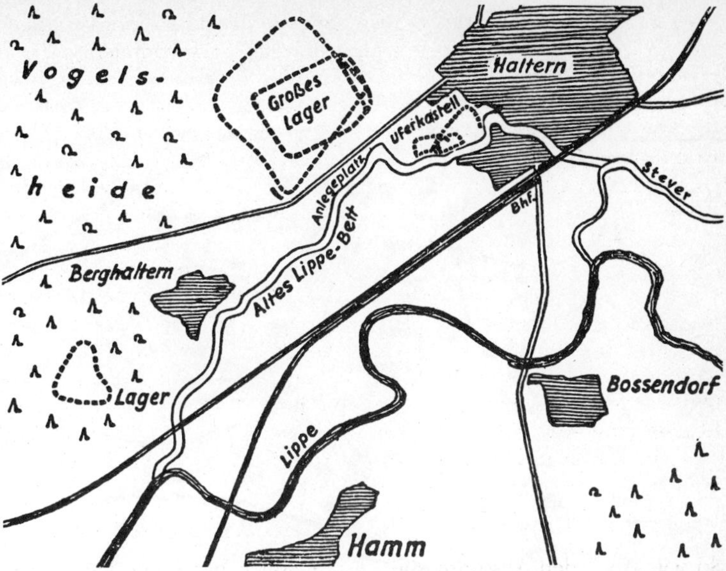

Abb. 24: Plan der Römeranlagen in Haltern. (1 cm = 300 m)

In Haltern nun sind vier verschiedene römische Anlagen untersucht: Das Lager auf dem Annaberg, das Feldlager; die Flur Wiegel, der sogen. Anlegeplatz; die Flur Hofestatt, die sogen. Uferkastelle; das große Hauptlager in einer Größe von 18,3 ha. Die ersten Grabungen erfolgten erst 1899, obwohl der preußische Major Schmidt aus Wesel bereits 1838 das römische Lager entdeckt hatte. Außerordentlich vielfältig und reichhaltig sowie aufschlußreich ist das gefundene Material. Für uns ist besonders interessant, was von Schnurbein über die Bedeutung des Lagers Haltern (siehe Abb. 24) sagt: „Auf jeden Fall war hier mehr als ein Stützpunkt, der nur die in der Umgebung wohnenden Germanen in Schach halten sollte. Der Platz war offensichtlich für Rom von solcher Wichtigkeit, daß man begann, sich auf Dauer hier festzusetzen. Es herrschten bereits derart friedensmäßige Zustände, daß die Truppe sich mit der Herstellung von feiner Keramik-Tafelware und -figuren befassen konnte. Offensichtlich sollte hier in Haltern eines der Zentren in der neuen römischen Provinz entstehen.“[60]

d. Der Landrücken

Die geopolitische Lage von Haltern schildert Albert von Hofmann (allerdings nimmt er keinen Bezug auf Zeit und Bedeutung während

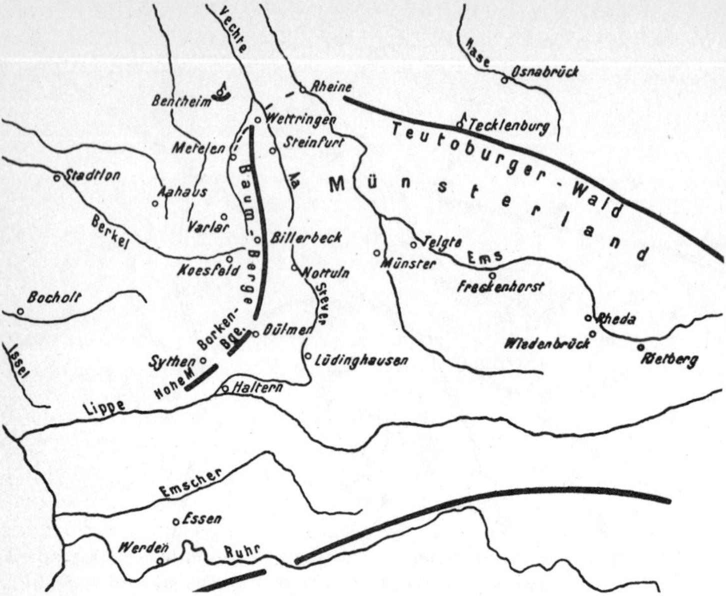

Abb. 25: Die Landbrücke zwischen mittlerer Lippe und mittlerer Ems.
(1 cm = 15 km)

der Römerkriege): „Wir finden große Versumpfungen in alter Zeit auf allen Seiten, an der oberen Ems zu Füßen des Teutoburger Waldes, an der Lippe, an der Stever, ganz besonders aber im Grenzstrich gegen das heutige Königreich der Niederlande. Auch rings um Münster wird es viel Sumpf gegeben haben. Betrachtet man vom Standpunkt der Zugänglichkeit die Karte, so lehrt der erste Blick, von welcher Seite Kultur und Geschichte ihren Eingang in dies merkwürdige Land gefunden haben. Hier kann nur der Lippeübergang bei Haltern in Betracht kommen, von wo sich ein fester Landrücken nordwärts zwischen die Sümpfe schiebt und so eine natürliche Brücke schlägt von der mittleren Lippe zur mittleren Ems. Dieser Landrükken, mit der hohen Mark und den Borkenbergen beginnend, sich fortsetzend in den Baumbergen, bildet das Rückgrat des alten Bistums Münster."[61]

Hier ist also der Landrücken angesprochen, der von Haltern nach Rheine zielt (siehe Abb. 25). Dort liegt das westliche Tor der Weserfestung der Germanen. Von hier aus konnte aus der Festung heraus der Nachschubweg der Römer, aber auch von Haltern aus das Land zwischen dem Teutoburger Wald und dem Wiehengebirge bedroht werden. Hierin liegt wohl der Grund für Tiberius, das Lager Haltern zu vergrößern und fester auszubauen, als er als Statthalter und Oberkommandierender der Rheinarmee die Verantwortung 8 vor Chr. übernahm, denn bisher hat man viel gerätselt, welche Aufgabe Haltern, durch die Vergrößerung angezeigt, erhalten hätte. Hans Delbrück äußert sich in folgender Weise: „Da schon öfter die Vermutung ausgesprochen worden, daß Haltern=Aliso sein möge, so hat man sich auch bemüht, den strategischen Zweck ausfindig zu machen, den diese Anlage gehabt haben könne, aber alle Antworten lassen unbefriedigt.“[62]

Nur im Zusammenhang mit der großen militärischen Neukonzeption der Römer durch Tiberius kann die neue Aufgabe von Haltern durch die Vergrößerung und Verstärkung des Lagers gesehen werden; damit steht sie in unmittelbarem Zusammenhang mit der Verlagerung des Hauptstützpunktes von Oberaden zur Paderborner Hochfläche. Neben dem zweiten Zangenarm, den Tiberius von Haltern aus gegen die Weserfestung der Germanen aufbauen wollte, und der Sicherung seines Nachschubweges gegen Bedrohungen aus dem Norden werden in seinen Überlegungen außerdem die Kombinationsmöglichkeiten mit der Heranführung von Truppen auf dem Wasserweg von Norden über See und die Ems eine Rolle gespielt haben. Drusus bereits hatte den sogenannten Drususkanal graben lassen, um schneller und einfacher über See in die Flußmündungen von Ems, Weser und Elbe gelangen zu können. So konnten für größere Operationen die notwendigen Truppen sowohl auf dem Landwege wie über See herangeführt werden. Später hat Germanicus bei seinen Rachezügen, vor allem dem im Sommer 15 nach Chr., den wir noch eingehend kennenlernen werden, diesen Weg über die Ems und die Landbrücke benutzt, um 8 Legionen, fast ein Drittel der gesamten römischen Militärmacht überhaupt, bei Rheine zu versammeln.

Seine großangelegte strategische Konzeption konnte Tiberius nicht selbst durchführen. Die Schlacht im Jahre 9 nach Chr. wäre wahrscheinlich nicht geschlagen worden, wenn nicht Tiberius schon nach etwa drei Jahren, im Jahre 6 vor Chr., nach Rom zurückgekehrt wäre.[63] Erst nach einer Unterbrechung von 10 Jahren, im Jahre 4 nach Chr., erschien Tiberius wieder am Rhein, um jedoch bereits im Jahre 6 nach Chr. wiederum abberufen zu werden.

Erst nach der Katastrophe im Jahre 9 nach Chr. kam Tiberius wieder nach Germanien, um noch zu retten, was zu retten war. Nach wenigen Jahren hat er dann seinen Auftrag an den Sohn seines Bruders Drusus, Germanicus, den er im Jahre 4 nach Chr. adoptiert hatte, übergeben, weil er selbst als Nachfolger des Kaisers in Rom gebraucht wurde.

9. DIE RÖMISCHEN FUNDE IN WESTFALEN

Zum Abschluß unserer Untersuchung über die durch Tiberius durchgeführte Verlagerung des Hauptstützpunktes der Römer im rechtsrheinischen Germanien von Oberaden auf die Paderborner Hochfläche ziehen wir noch die Fundliste der aus dem Boden ergrabenen und gefundenen Gerätschaften heran. Aus den Funden, die der Boden wiederhergab, ist außer in den Römerlagern selbst bisher wenig Material für eine Lokalisierung des Varianischen Sommerlagers und der Schlacht im Jahre 9 nach Chr. gefunden worden.
Nun hat neuerdings Reinhard Stupperich eine Zusammenstellung über „Römische Funde in Westfalen und Nordwest-Niedersachsen" herausgebracht. Seine Karten und der Nachweis der einzelnen Funde sind eine große Hilfe und wegen der wesentlichen Beweise, die diese Sammlung gibt, so bedeutsam, daß hier auf seine Beschreibungen und seine Schlußfolgerungen eingehender eingegangen werden darf. Stupperich stellt unter anderem fest:
„Die Verteilung der Terrasigillata deckt sich im allgemeinen mit der übrigen Exportkeramik. Der größte Teil gehört in einen langgezogenen Keil zwischen Lippe und Sauerland, mit Basis am Rhein und Spitze gegen Paderborn, oder genauer in ein Dreieck zwischen Borken, Essen und Soest mit dünner Fortsetzung zu einem kleinen Schwerpunkt um Paderborn. Von anderen Fundgattungen, besonders Glas, aber auch Bronzegefäßen, Fibeln und Gürtelschnallen wird diese Siedlungszone vollkommen bestätigt."[64]
Die vorstehenden Zeilen veranlassen uns zu prüfen, wie sich diese Aussage zu unseren eigenen bisherigen Ergebnissen verhält, die von ganz anderen Grundlagen, nämlich von der Topographie des Landes, den damit gegebenen militärischen Möglichkeiten und den erkennbaren strategischen Vorstellungen der Römer ausgingen. Dabei stellen wir fest, daß diese Konkretisierung der Fundergebnisse sich genau mit unseren Linien deckt (siehe Abb. 26): die Basis am Rhein mit Vetera und Asciburgium, im Norden dann die Lippe als Wasserweg und im Süden der Wasserscheidenweg als Marschweg bis zu dem Punkt, wo sich diese beiden Linien hinter der Quelle der Emscher nahekommen; die dünne Fortsetzung der Fundergebnisse Richtung Paderborn zeigt an, daß ein durchgehender Weg in der Niederung nicht bestanden hat. Erst an den Quellen der Lippe gab es wieder einen Konzentrationspunkt.
Sehen wir uns diesen herausgehobenen Platz genauer an, so stellen wir fest, daß in Paderborn selbst an vier Stellen Funde gemacht wurden, die in der Zeit der römischen Invasion dort in den Boden gelangt sein könnten. Weitere 19 Fundstellen verteilen sich jedoch über die Hochfläche und um sie herum (Funde in Römerlagern sind

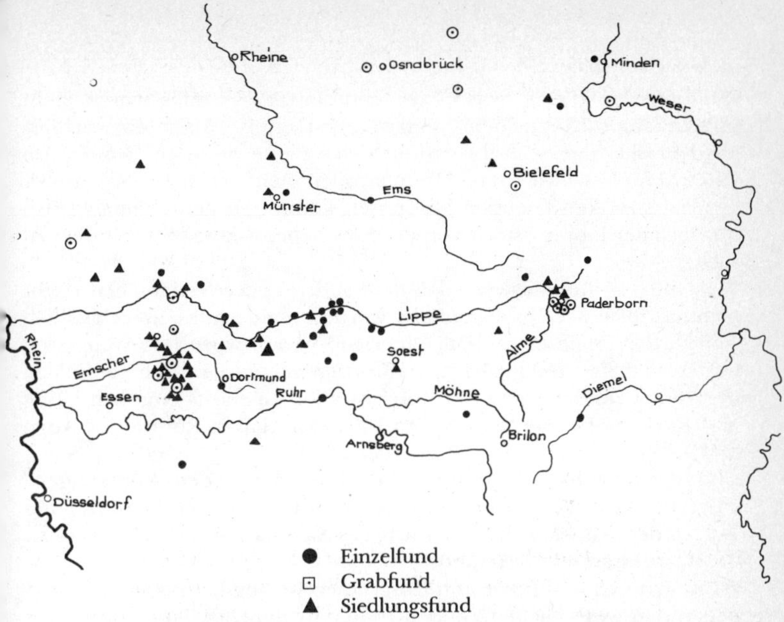

Abb. 26: Römische Keramik, ohne Terra sigillata und Funde aus Lagern (nach R. Stupperich, Römische Funde in Westfalen und Nordwest-Niedersachsen). (1 cm = 15 km)

nicht aufgeführt). Stupperich sagt deshalb auch nicht ‚in', sondern ‚um' Paderborn. Der am weitesten nach Osten aufgeführte Fund auf der Wallburg Rothenburg bei Bühne liegt auf dem von uns vermuteten Wasserscheidenweg von der Egge nach Herstelle an der Weser. Bei der Einzeichnung der von Stupperich angeführten Fundorte fällt uns auf, daß auch zu anderen Fundorten Beziehungen besonderer Art herzustellen wären, auf die wir zum Teil noch zurückkommen. Es muß hier gesagt werden, daß die übrigen Überlegungen zu dem Fragenkomplex bereits abgeschlossen waren, ehe die Aussagen von Stupperich bekannt wurden, so daß die Übereinstimmung ein besonderes Gewicht erhält.

Stupperich bemerkt weiterhin: „– Funde der frühen Kaiserzeit sind ohnehin relativ selten –",[65] womit auch erklärlich wird, weshalb die Wissenschaft bei der Forschung nach dem Ort der Varusschlacht so wenig erfolgreich war. Nun lesen wir noch bei Stupperich in der

Schilderung über Keramikfunde: „Die Hauptmenge der Funde gehört in den unteren Lippebereich bis Soest mit einer weiteren Konzentration um Paderborn . . . nichts dagegen in Lippe.“[66]
Die Bemerkung, daß ‚nichts dagegen in Lippe‘ gefunden wurde, steht im Widerspruch zu den zumeist geäußerten Ansichten, da fast ausnahmslos die Schlacht nördlich der Lippe vermutet wurde. Im Land ‚Lippe‘ wurde das Hermannsdenkmal errichtet! Selbst der große Historiker Theodor Mommsen kommt zu dem Schluß: „Also nördlich der Lippe, östlich von der Ems haben wir das Schlachtfeld zu suchen.“[67]
Es ist auch bemerkenswert, daß die Funde in der Westfälischen Bucht nicht nördlich der Lippe gemacht wurden, sondern fast ausschließlich südlich der Lippe bis an das Sauerland heran, wozu uns Stupperich weiter mitteilt: „Die figürlichen Bronzen zeigen eine sehr auffällige Verteilung auf der Karte, mit Konzentration einerseits zwischen Lippe und Ruhr, wobei die Reihung im sonst peripharen Ruhrtal ins Auge fällt.“
Und dazu noch: „Wenn man die Lampen aus den Römerlagern Oberaden und Haltern aus dem Spiel läßt, ist auch hier die Verteilung auf . . . den östlichen Randbereich des Sauerlandes auffällig, was an die Bronzestatuetten erinnert.“
Damit hat sich aus dieser Fundzusammenstellung herausgeschält, daß neben den wesentlichen Funden im Raum zwischen Lippe und Ruhr bis hinauf nach Paderborn auch noch, wenn auch weit gestreut, Römerfunde nördlich des Wiehengebirges bis an die Mündungen der großen Flüsse heran erscheinen; allein der Raum zwischen den Gebirgszügen der ‚Weserfestung‘ ist ausgesprochen arm an solchen Funden.[68]
Der Schluß, den man aus diesen Feststellungen ziehen darf, heißt: In der Weserfestung das Sommerlager des Varus zu suchen, ist ein vergebliches Bemühen!

10. ZUSAMMENFASSUNG

Als Ergebnis der Untersuchungen dieses Abschnittes finden wir:

a) Oberaden, das Hauptlager des Drusus, wurde als solches im Jahre 8 vor Chr. aufgelöst. (Damit geschah die Auflösung von Oberaden gleichzeitig mit der Übernahme der Statthalterschaft durch Tiberius).

   Beweis: Münzen, nach 8 vor Chr. geprägt, wurden nicht gefunden.

b) Das Hauptlager muß nach Osten verlegt worden sein.

   Beweis: Das Lager Anreppen, von Oberaden 70 km weiter ostwärts am Nachschubfluß, der Lippe, wurde mit dem Zeitpunkt der Auflösung des Lagers Oberaden, wie der Grabungsbefund ergab, neu gebaut.

c) Die Lippe war bis Neuhaus schiffbar.

Begründung: Da das Lager Anreppen, unmittelbar an der Lippe gelegen und mit einem Hafen versehen, nur 13 km vom Zusammenfluß der drei wasserreichen Quellflüsse Alme, Pader und Lippe entfernt ist, dürfte der Nachschubfluß, die Lippe, auch bis dorthin schiffbar gewesen sein.

d) In Neuhaus lag demnach das Flußkastell als Endpunkt des Wasserweges und Magazin des Hauptlagers.

Begründung: Am Ende der Schiffbarkeit der Lippe muß ein Flußkastell gelegen haben. Da hier gleichfalls der Auftreffpunkt der durchgehenden Wasserscheidenstraße (nach Koch ist die Straße ‚die älteste Verbindung zwischen dem Westen und dem Raum Paderborn') liegt, beide, Fluß und Straße, treffen sich hier fast 200 km von der Basis entfernt, ist anzunehmen, daß bei der Einmaligkeit einer solchen Nachschubverbindung, nach den Ergebnissen der Untersuchungen in Haltern und Oberaden, auch das Hauptlager nicht weit sein dürfte.

e) Neuhaus muß demnach der Ausgangspunkt für die Suche nach dem neuen Hauptlager der Römer sein.

Begründung: Diese Feststellung ist aus der nunmehr erkennbaren militärstrategischen Lage am Treffpunkt von Nachschubfluß und Marschstraße sowie der Nähe sumpffreier Höhen zu ziehen. (Delbrück fand diese Lage bereits 1901, ohne von den Lagern Oberaden und Anreppen etwas zu wissen.)

f) Das neue Hauptlager wird ‚vor den Bergen' gelegen haben, denn von Neuhaus ist kein einfacher gesicherter Nachschubweg über das Gebirge an einen festen Zielpunkt erkennbar. In dem bewegten und vielgestaltigen Land hinter den Bergen mit den vielen Weserfurten würde eine Verzettelung der Kräfte drohen, die den römischen Feldherrn nicht zugetraut werden darf.

Beweis: Die negative Fundliste der Römerfunde in diesem Raum mit den Bemerkungen ‚nichts dagegen in Lippe' und ‚die Fundmengen ... im Wesergebiet auffallend gering sind' (siehe Anm. 68).

g) Zwei große Gebiete liegen ‚vor den Bergen', im Norden der Lippe die Senne und im Süden die Paderborener Hochfläche. Von beiden kann nur die Hochfläche als Platz für ein Hauptlager der Römer in Frage kommen.

Begründung: Die Senne ist durch Wasserreichtum, Brüche, Sümpfe und querlaufende Geländeeinschnitte für den gedachten Zweck absolut ungeeignet. Die Hochfläche dagegen hat trockenen Untergrund und große beweidbare Flächen.

h) Paderborn birgt wahrscheinlich das neue Hauptlager unter seinen Mauern.

Begründungen: Bei den beiden großen Lagern an der Lippe, Haltern und Oberaden, ist das Flußkastell in erreichbarer Nähe des Lagers zu finden. Das wird hier ebenso sein. Von Neuhaus bis Paderborn sind es 4 km.
Der Wall von Oberaden, dem alten Hauptlager, und der Mauerring von Paderborn zeigen in Form und Größe ein ähnliches Bild.
Aus dem Verlauf der Geschichte könnte entnommen werden, daß Paderborn der von der Natur vorbestimmte bevorzugte Platz für einen Herrschaftssitz sei, denn sowohl Karl der Große wie auch der Bischof und dann Otto der Große wählten diesen Platz. Das wird daran liegen, daß dieser Platz sowohl aus der Ebene herausgehoben, also aus der mit dem unterirdisch andrängenden Wasser der Hochfläche übersättigten Niederung dreier Flüsse befreit, doch nicht mit der Wasserlosigkeit der Hochebene belastet ist. Im Rund der Stadtmauer des Mittelalters oder des Lagerwalles der Römer oder auch noch vorher des Wallgrabens der Urvölker sprudelten 200 Quellen mit gutem Wasser; demnach vereinigte der Platz beide Vorteile: trockenes Land und reichlich gutes Wasser.

i) Es ist anzunehmen, daß ein größeres Gebiet das Hauptlager umschließen mußte, denn weit entfernt von der Basis am Rhein war aus Sicherungs- und aus Versorgungsgründen ein Heer von mindestens drei Legionen nicht in einem einzigen Lager über einen längeren Zeitraum unterzubringen.

k) Die Hochfläche bringt für den Zweck der Römer, Hauptstützpunkt und Standort größerer Truppenmassen zu sein, soviel außergewöhnliche Bedingungen ins Spiel, wie unter anderem die Sicherheit durch einen ununterbrochenen 400 m hohen und 75 km langen Gebirgswall, hervorragende doppelte Nachschubverbindung auf Fluß und Straße, mehrere Vormarschstraßen zur Weser und darüber hinaus u. s. f., daß an seiner Wahl nicht gezweifelt werden kann.

Beweis: Die Liste der Römerfunde und die geopolitische Lage der Hochfläche.

l) Die Weserfestung der Germanen ist als das Widerstandszentrum bestätigt worden.

Beweis: Die negative Fundliste der Römerfunde und die festgestellten germanischen Wallburgen in diesem Raum.

m) Für das Lager Kneblinghausen wird die Bedeutung und der verstärkende Ausbau verständlich.

Beweis: Grabungsbefunde und die Tatsache, daß hier der einzige und dabei höhengleiche Wasserscheidenweg auf der gesamten Strecke vom Rhein bis Paderborn auf die Marschstraße der Römer auftrifft.

n) Es wurde klar, wie 1978/79 festgestellt, daß Oberaden nicht von den Römern zerstört und beseitigt wurde. Damit blieb auch der noch 1461 in einer Urkunde genannte Name für dieses Gebiet Else = Aliso bestehen. Demnach ist das Römerlager Oberaden das vielgesuchte Aliso.

Beweis: Die Ausgrabungen im Römerlager Oberaden 1978/79 ergaben, daß ein Teil der ergrabenen Brunnen zunächst mit Abfällen und darauf mit Bauschutt verfüllt waren, andere Brunnen jedoch leer und bis zum Ende in Benutzung blieben.

o) Haltern wurde gleichzeitig mit der Verlegung von Oberaden vergrößert, allerdings nur auf ein Drittel der Größe von Oberaden.

Beweis: Grabungsbefunde.
Begründung: Da Haltern nach dem Ausbau nicht die Größe von Oberaden erreichte, kann es nicht das neue Hauptlager sein. Da es jedoch am nördlichsten Bogen der Lippe und an der Landbrücke zur mittleren Ems liegt, wird daraus seine neue Aufgabe herzuleiten sein: Sicherung des Wasserweges gegen Norden und Ansatz eines zweiten Zangenarmes zum Angriff gegen die Weserfestung der Germanen.

Die angeführten Ergebnisse deuten darauf hin, daß das neue Hauptlager nicht nur ein großes Lager an einem Ort war, sondern darüber hinaus noch einen großen übersichtlichen und beherrschbaren Raum umfaßte: die Paderborner Hochfläche. Dieser Raum bot von 8 vor Chr. bis 9 nach Chr. den Römern 17 Jahre lang ausreichend Unterkunft, Sicherheit und die Möglichkeiten militärischer Aktionen; er deckt sich sowohl mit dem von Velleius Paterculus gemeldeten Winterlager an den Quellen der Lippe wie auch mit dem von Dio Cassius erwähnten Sommerlager des Varus. Damit ergeben die als Arbeitshypothese dargestellten Vorstellungen eine brauchbare Hilfe bei der Suche nach dem Sommerlager des Varus.

Teil D

Die Schlacht im Wald

„Ein junger Mann, der mit dem Bürgerrecht
den Rang eines Ritters erlangt hatte,
mit dem Namen Arminius,
ein Sohn des Fürsten jenes Volkes, Segimer.
Von adeliger Herkunft, tapfer, schnell
und gewandteren Geistes als die Barbaren gewöhnlich,
leuchtete die Kraft seines Geistes aus seinen Augen."

Velleius Paterculus

„Unstreitig war er der Befreier Germaniens
und hat das römische Volk
nicht in den ersten Anfängen seiner Macht,
sondern in seiner höchsten Blüte herausgefordert.
In seinen Schlachten war er nicht immer glücklich,
im Kriege aber blieb er unbesiegt."

Tacitus

1. VOR DER SCHLACHT

a. Methodische Voraussetzungen

Nachdem wir in Teil B die Zeit des Drusus und die von ihm benutzten Straßen in der Westfälischen Bucht eingehend untersuchten und als Ergebnis festhielten, daß die Römer für ihre Unternehmungen zwischen Rhein und Weser die von den Germanen begangenen Urstraßen benutzen konnten, im wesentlichen die Wasserscheidenstraßen, wurde diese Hypothese im Teil C bestätigt und ergänzt. Dabei ergab sich, daß der ermittelte Wasserscheidenhöhenweg durch die Westfälische Bucht mit dem Nachschubweg auf dem Wasser am Zusammenfluß von Alme, Pader und Lippe nach fast 200 km zusammentraf.
Ausgangspunkt für die Römer war das große Lager am Niederrhein, Vetera. Dies war vor der Mündung der Lippe in den Rhein angelegt und diente der Benutzung der Lippe als strategisch bedeutsamem Wasserweg weit in den äußersten Winkel der Westfälischen Bucht hinein. Am Treffpunkt von Straße und Wasserweg, sehr weit entfernt von Vetera, hatte offensichtlich, wie uns Velleius Paterculus berichtet,[1] das Heer des Tiberius im Jahre 4/5 nach Chr. den Winter zugebracht. Unsere Untersuchung führte dazu, hier auch das neue Hauptlager der Römer zu suchen, als Nachfolge des aufgelösten Hauptlagers Aliso/Oberaden. Dieses Lager ist nach den bisherigen Untersuchungsergebnissen mit dem sogenannten Sommerlager des Varus gleichzusetzen.
Da die Schlacht im Jahre 9 nach Chr. zwischen Varus und Arminius (siehe Abb. 27) in diesem Sommerlager ihren Ausgang nahm, berichtet Dio Cassius auch zunächst über die Situation der Römer in diesem Landschaftsbereich. Wir werden
– am Bericht des Dio Cassius den Schlachtablauf verfolgen und dabei prüfen, ob Straße, Landschaft und das militärische Verhalten der Gegner sich in das vermittelte Bild einfügen;
– dabei wiederum die Wasserscheidenthese zur Grundlage unserer Untersuchungen machen;
– die militärische und strategische Situation der beiden Gegner vorstellen und ihr Verhalten in diesem Gelände klären;
– Flurnamen, die deutlich auf die Römer und auf ihren Kampf bezogen sind, mit unseren Untersuchungsergebnissen vergleichen.

b. Vor der Schlacht

Der Bericht des *Dio Cassius* lautet:

„Kaum waren die Verordnungen (betreffs der Siegesfeiern über Pannonien und Dalmatien) getroffen, als furchtbare Nachrichten, die

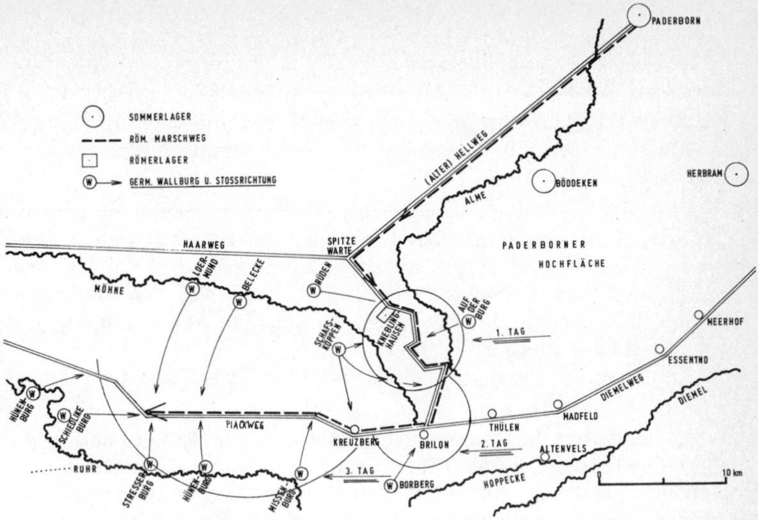

Abb. 27: Rekonstruktion des möglichen Schlachtverlaufs im Jahre 9 nach Chr.

aus der Provinz Germanien kamen, sie hinderten, das Fest zu feiern. Ich werde jetzt die Ereignisse berichten, die in Germanien während dieser Zeit stattgefunden hatten. Die Römer hielten Teile davon in Besitz – nicht ganze Landschaften, sondern nur Distrikte, so wie sie gerade unterworfen worden waren, so daß keine Aufzeichnung dieser Tatsache gemacht wurde, und Soldaten von ihnen überwinterten dort, und Städte wurden jetzt gegründet. Die Barbaren paßten sich den römischen Sitten an, gewöhnten sich daran, Märkte abzuhalten, und kamen in friedfertigen Versammlungen zusammen, sie hatten jedoch nicht die Sitten ihrer Vorfahren vergessen, ihre einheimische Art zu leben, ihr altes Leben in Unabhängigkeit oder die aus den Waffen herrührende Macht.
Solange sie diese Bräuche sich schrittweise abgewöhnten und gewissermaßen unter sorgsamer Überwachung, waren sie nicht beunruhigt über den Wandel in ihrer Lebensweise und veränderten sich, ohne es zu merken. Aber als Varus (Anhang Abb. 3) Gouverneur der Provinz Germanien wurde und in Ausübung seiner amtlichen Pflichten auch

die Angelegenheiten dieser Stämme verwaltete, war er bestrebt, sie schneller zu verändern, nicht nur, daß er ihnen Befehle erteilte, als ob sie in Wirklichkeit Sklaven der Römer seien, er verlangte auch Geld wie von unterworfenen Nationen. Sich dem zu fügen hatten sie keine Lust, denn die Führer sehnten sich nach ihrem früheren Einfluß, und die Massen zogen ihre gewohnten Lebensbedingungen einer Fremdherrschaft vor."[2]

Es wird uns hier mitgeteilt, was auch Velleius Paterculus berichtete, daß die Römer in Germanien überwinterten. Es wird weiter angemerkt, daß sie dort Städte anlegten, in denen bereits reges und friedliches Leben herrschte. Wir dürfen annehmen, daß unter den Städten in der Nähe des Hauptlagers am Endpunkt des Lippeweges sich sicherlich Paderborn befunden hat.
Dio Cassius nennt dann die Folgen der Unruhe bei den Germanen, wenn er fortfährt:

„Sie rebellierten allerdings nicht offen, da sie sahen, daß viele römische Truppen in der Nähe des Rheines waren und viele innerhalb ihrer eigenen Grenzen. Stattdessen empfingen sie Varus und taten dabei so, als wollten sie alles tun, was er von ihnen verlangte, und so zogen sie ihn weit weg vom Rhein in das Land der Cherusker, in Richtung Weser, und dort machten sie ihn durch ihr gänzlich friedliches und freundliches Verhalten glauben, daß sie ohne die Anwesenheit von Soldaten unterwürfig leben würden."

Die hier gegebene Darstellung, die Germanen hätten die Römer in den Osten des Landes gelockt, ist geschmeichelt, denn die Römer waren ins Land eingefallen und wollten ihre Grenze vom Rhein an die Elbe verlegen. Ganz so friedlich, wie Dio Cassius schildert, scheint es, zumindest von Seiten der Römer, auch nicht zugegangen zu sein, denn der Zeitgenosse *Velleius Paterculus* schreibt bei einer Schilderung der nachfolgenden Schlacht, daß das römische Heer

„endlich von einem Feinde niedergemetzelt (wurde), den es selbst früher wie Vieh geschlachtet (hatte), dessen Leben und Tod nur von seiner Gnade oder seinem Zorn abhängig gewesen war".[3]

So ist es verständlich, daß die Germanen äußerlich friedlich und freundlich auftraten, im Untergrund aber den Aufstand vorbereiteten. *Dio Cassius* schildert dann weiter:

„Dementsprechend hielt er seine Legionen nicht zusammen, wie es in einem feindlichen Land angebracht war, sondern verteilte viele der Soldaten auf hilfsbedürftige Gemeinden, die um sie baten, angeblich zum Zwecke, verschiedene Stellen zu bewachen, Räuber festzunehmen oder Proviantzüge zu begleiten. Unter denen, die am tiefsten in der Verschwörung steckten, unter den Führern des Aufstandsplanes und des Krieges, waren Arminius und Segimer, die seine ständigen Begleiter waren und oft mit ihm am Tische saßen. Also wurde er vertraulich und, da er nichts Böses erwartete, weigerte er sich nicht nur, all denen zu glauben, die einen Verdacht hatten von dem, was vorging, und ihm rieten, vorsichtig zu sein, sondern er tadelte sie sogar dafür, daß sie unnötig aufgeregt seien und seine Freunde verleumdeten. Dann kam ein Aufstand zunächst von Seiten derjenigen, die in einer gewissen Entfernung von ihm lebten, der absichtlich so arrangiert war, daß Varus gegen sie marschieren mußte und so leichter überwältigt wurde, während er durch ein Land vorrückte, das angeblich freundschaftlich war, statt auf der Hut zu sein, wie er das im Falle täte, wenn alle gegen ihn auf einmal feindselig würden. Und so geschah es. Sie begleiteten ihn, als er sich aufmachte, und dann baten sie, sie zu entschuldigen von weiterer Anwesenheit, um, wie sie sagten, ihre verbündeten Truppen zu versammeln, wonach sie schnell ihm zu Hilfe kommen würden. Dann übernahmen sie den Befehl über ihre Truppen, welche schon irgendwo auf sie warteten, und nachdem die Männer jeder Gemeinde die Abteilungen der Soldaten umbrachten, um die sie vorher gebeten hatten, überfielen sie Varus inmitten der Wälder, wo sie am undurchdringlichsten waren. Und dort, in dem gleichen Augenblick, als sie sich als Feinde statt als Untertanen entpuppten, stellten sie ein großes und grauenvolles Blutbad an."[4]

So ist denn Varus aus seinem Sommerlager, dem großen Hauptlager der Römer auf der Paderborner Hochfläche, aufgebrochen, und die Germanen ließen ihn vorausziehen.

2. WASSERSCHEIDENWEGE

a. Die Lage des Schlachtfeldes

Wenn wir uns nun der Schlacht selbst zuwenden, deren Ort und Ablauf wir zu ergründen suchen, so ist aus den vorhergehenden Untersuchungen zu entnehmen, daß dieser Ort nicht jenseits der Berge im Osten oder Norden der ‚Quellen der Lippe'[5] gelegen haben kann, oder wie es Theodor Mommsen so deutlich ausdrückte: „Also nördlich der Lippe, östlich von der Ems haben wir das Schlachtfeld zu suchen",[6] weil weder in den Berichten der Römer ein Hinweis darauf zu erkennen ist, noch die Fundkarte der Römerfunde einen Ansatzpunkt gibt. Das positive Ergebnis der bisherigen Römerfunde weist eindeutig auf das Gebiet zwischen Lippe und Ruhr-Diemel hin, das im Osten durch das Eggegebirge begrenzt wird.
Aus der Literatur und den wissenschaftlichen Arbeiten, die sich mit der Frage nach dem Ort der Schlacht befaßt haben, und den daraus

resultierenden Auseinandersetzungen, die wir im Abschnitt A näher behandelten, ist bisher kein echtes Ergebnis herzuleiten. Man sucht den Ort, mit ganz wenigen Ausnahmen, immer noch außerhalb des von uns oben begrenzten Gebietes.
Ausgangspunkt der Suche nach dem Ort der Schlacht ist immer wieder das sogenannte Sommerlager des Varus. Diese Bezeichnung kommt daher, daß man aus den Berichten der Römer und dem Zeitpunkt der Schlacht am Ende des Sommers annimmt, daß Varus seinen Standort im Osten des besetzten Landes jenseits des Rheines hatte und, trotz seines Umweges zu den Empörern, zu dem Stammquartier der Römer am Rhein, Vetera, zog, wo er den Winter zu verbringen gedachte.
Über den Platz dieses Sommerlagers haben wir im Teil C die Ergebnisse der Untersuchung dargestellt und verweisen hier darauf, daß danach keinesfalls der Ort des Sommerlagers jenseits der Berge, sondern nur vor der Egge gelegen haben kann.
So haben wir nun herauszufinden, wo in dem Raum zwischen Lippe und Ruhr-Diemel, auf den eindeutig die Karte der Römerfunde und auch die militärstrategischen Überlegungen hinweisen, ein Weg verläuft, den die Römer auf ihrem Marsch von Osten nach Westen als einen Umweg zum Rhein benutzt haben könnten, denn die Quellen berichten klar und unmißverständlich, daß die Schlacht an einem Wege stattgefunden hat.
Der direkte Weg neben dem Nachschubwasserweg auf der Lippe, der Marschweg, geht über den Höhenrücken entlang der Alme, der Möhne und der Ruhr und führt in seinem Hauptteil über junges Gestein der Oberkreide. Aus diesem Grunde ist die Landschaft dort nur leicht gewellt und ohne Schluchten und große Wälder. Sie bot demnach für militärische Aktionen, wie sie Arminius vorgeschwebt haben mögen, keine Möglichkeiten, weder für einen Hinterhalt noch gar für eine Falle. Deshalb mußten die Römer auf einen anderen Weg gelockt werden. Diese Tatsache berichtet uns auch *Dio Cassius:*

„Dann kam ein Aufstand zunächst von Seiten derjenigen, die in einer gewissen Entfernung von ihm lebten, der absichtlich so arrangiert war, daß Varus gegen sie marschieren mußte und so leichter überwältigt wurde, während er durch ein Land vorrückte, das angeblich freundschaftlich war, statt auf der Hut zu sein, wie er das im Falle täte, wenn alle gegen ihn auf einmal feindselig würden.“[7]

Dieser andere Weg kann von der Marschrichtung zum Rhein nicht im Norden, in der Westfälischen Bucht, gesucht werden, denn bis zu den weit entfernten Randgebirgen und somit erst recht bis zur Lippe, ist flaches, wasserreiches Land und kein Marschweg für ein großes Heer. Der Umweg kann daher nur im wald- und schluchtenreichen Süden

des Hauptmarschweges zu finden sein. Er darf jedoch nicht zu weit ab von der allgemeinen Marschrichtung zum Rhein liegen; er muß sich wie selbstverständlich anbieten, und sein Umweg darf nicht zu groß sein.
Da wir im Teil B feststellten, daß die alten Naturwege, die Urwege, zumindest für große Heere und über weite Strecken fast ausschließlich auf Wasserscheiden verlaufen, sind die entsprechenden Wege in diesem Raum auf den Bericht des Dio Cassius zu beziehen. Die vorhandenen Wasserscheidenwege sind in den Teilen B und C behandelt. Neben dem Hauptweg der Römer an den Rhein, dem (alten) Hellweg – Haarweg, finden wir als einzigen Ost-West-Weg, den die Römer danach in diesem Gebiet benutzt haben könnten, den von uns so bezeichneten Diemelweg über die nördliche Wasserscheide der Diemel mit seinem Anschlußweg nach Westen, dem Plackweg. Dieser verläuft über die Höhen des Arnsberger Waldes auf der Wasserscheide von Ruhr und Möhne, parallel zum Haarweg, von diesem nur 12–14 km entfernt, mit der Gelegenheit, auf seinen Seitenwegen immer wieder auf den Haarweg zu münden.
Die Verbindung zwischen diesen beiden Ost-West-Wegen – dem nördlichen auf der Wasserscheide zwischen Lippe und Alme-Möhne-Ruhr und dem südlichen auf der Wasserscheide von Lippe-Alme-Möhne und Diemel-Ruhr – ist der Weg, der als einziger Wasserscheidenweg von der nördlichen Straße an der Spitzen Warte nach Süden abzweigt. Zwischen Alme und Möhne hindurch kommt er auf die Briloner Kalkhochfläche, die große Wasserscheide von Rhein und Weser, und trifft dort auf die südliche Straße. An dem Punkt, wo diese Straße zwischen den beiden Flüssen in den Wald eintritt, liegt das Römerlager Kneblinghausen.

b. Die Wohnsitze der Empörer

Am Ende des Weges, der in Kneblinghausen beginnt und auf dem Plackweg endet, müßte die Gegend liegen, wohin Varus seine Truppen führen wollte, denn gegen einige entfernte Stämme,[8] die sich empört hatten, mußte er einschreiten, um sie wieder zur Räson zu bringen. Auf diesem Wege vermuten wir das dreitägige Schlachtgeschehen.
Der Plackweg endet in Arnsberg vor der Ruhr. Jenseits des Flusses geht ein anderer Weg durch das Gebirge in Richtung Köln. Wir wissen von solch einem alten Weg (Anhang Abb. 31) aus dem Mittelalter. Hier hinter der Ruhr lebten Sigambrer, alte erbitterte Feinde der Römer. In diesem Raum kann der Aufstand stattgefunden haben. Hülsenbeck sagt dazu: „Geht über den Hauptstock des Waldgebirges in der Richtung von Osten nach Westen ... der große Plackweg. Er wurde noch in neuerer Zeit als der kürzeste Weg von

Brilon nach Arnsberg gern benutzt; auf ihm soll nach der Sage einst Wittekind von Siburg an der Lenne über Arnsberg nach der Desenburg bei Warburg gegangen sein. Ihn kann auch Varus auf den Rath der verschworenen ... Fürsten eingeschlagen haben ... In welcher Gegend der Aufstand ausgebrochen, wohin also ursprünglich der Zug gerichtet war, läßt uns die Fortsetzung des Plackweges in der weiter über Arnsberg, Werdohl an der Lenne, Wipperfürth nach Köln führenden Straße erkennen. Es sind Sygambrische Völker gewesen, deren Aufstand den Varus zum schleunigen Aufbruch veranlaßten und zwar von den in Strabos Verzeichniß erwähnten aller Wahrscheinlichkeit nach die, welche von der Wesergegend am allerweitesten entfernt wohnten, die Bewohner der Lennegegend und die Chattuarier zwischen Lenne, Ruhr und Rhein."[9]

Dieses Land südwestlich der Ruhr stellt sich, wie das gesamte Sauerland, als ein stark gegliedertes und schluchtenreiches Waldgebiet dar, das aus militärischen Gründen für Varus bedeutsam war, weil hier im Norden, direkt hinter der Ruhr, auf dem Fürstenberg bei Neheim eine alte germanische Wallburg lag. Von dieser Burg, die Oldenburg (alte Burg), 120 m über der Ruhr, konnte der auf gleicher Höhe und nur 3,5 km weiter nördlich vorbeiziehende Haarweg ohne ein Wasserhindernis dazwischen in knapp einer Stunde erreicht und an einer empfindlichen Stelle bedroht werden. Hier drängt die Ruhr mit ihrem äußersten nördlichen Bogen bis unmittelbar an den Haarweg heran, den Hauptmarschweg der Römer von ihrem Hauptstützpunkt am Rhein, Vetera, zu ihrem Hauptlager im Osten der Westfälischen Bucht.

Diese Burg ist bisher als eine karolingische Anlage erkannt, doch sind viele Burgen dieser Zeit über älteren Anlagen gebaut, und so deutet auch dieser Platz nach Örtlichkeit und strategischer Lage auf eine ältere Zeit hin. Dazu steht im vor- und frühgeschichtlichen Atlas von Westfalen: „... lassen jedoch kaum Zweifel, daß es sich um eine sehr alte Volksburg handelt. Die Gestaltung der Tore ohne Torkammern läßt auf einen besonders frühen Ursprung schließen."[10]

A. K. Hömberg schreibt: „Was zunächst die Lage der Burg betrifft, so verdankt der Fürstenberg seine Bedeutung offensichtlich der beherrschenden Stellung im vor- und frühgeschichtlichen Straßennetz."[11]

Diese Burg gehört wohl mit zu den bedeutenden Burgen an dem alten Völkerweg über die Wasserscheide vom Rhein zur Weser, wie die Sigiburg (Hohensyburg), die Eresburg und die Sieburg an der Weser.

Um eine solche gefährliche Bedrohung seines Hauptweges auszuschalten und die unruhigen Stämme schon mit der Demonstration der militärischen Stärke und Präsenz seiner Legionen wieder zur Unterwerfung unter die römische Herrschaft zu bringen, wird Varus diesem Weg durch den Wald zugestimmt oder ihn gar selbst gewählt haben. Sollte es dabei zu militärischen Auseinandersetzungen kommen, so bestand noch auf der Höhe kurz vor Arnsberg eine Gelegenheit, Teile des Trosses über einen Wasserscheidenweg vorbei an Breitenbruch und in Himmelpforten über die Möhne auf den Haarweg zu leiten, wo sie dann bald in Oberaden/Aliso in Sicherheit sein würden.

c. Straßenbeschreibung

Um ein Bild von dem Gelände zu erhalten, in dem vermutlich die Schlacht im Jahre 9 nach Chr. geschlagen wurde, beziehen wir uns auf die Darstellung der durchgehenden Wasserscheidenstraße vom Rhein zur Weser im Abschnitt B, in der bereits angedeutet wurde, daß diese Straße ein Waldstück durchquert, das als gefährdetster Teil des ganzen Weges zur Weser bezeichnet wurde (Anhang Abb. 9).

Hier schiebt sich zwischen die aus Oberkreide aufgebaute weiträumige, leicht wellige Landschaft des Haarstranges und die offene und beherrschende Briloner Kalkhochfläche ein breiter Keil des Sauerländer gefalteten Grundgebirges hinein, das sich bis zur Diemel fortsetzt und durch zwei Flüsse, die Alme im Osten und die Möhne im Westen, unterbrochen wird, die das Gebiet in ein klares Viereck aufteilen.

Dieses weitgehend unwegsame Gebiet ist von Wald bedeckt und durch viele Wasserläufe zerfurcht. Auf der Wasserscheide zwischen beiden Flüssen hat sich lange ein alter Völkerweg erhalten, der in früher Zeit die einzige durchgehende Verbindung in das Rothaargebirge und zur Weser darstellte.

Wo dieser Weg in den Wald eintritt, haben die Römer auf dem höchsten Punkt ein Lager angelegt, das einzige bisher festgestellte Römerlager in ganz Norddeutschland, das nicht an der Lippe liegt: das Römerlager Kneblinghausen.

H. H. Brinkmann beschreibt seine beherrschende Lage so: „Der über 400 m hoch gelegene Platz mußte für die Anlage eines römischen Stützpunktes von großer Bedeutung sein. Seit Urzeiten verlief über die Höhe ein alter Völkerweg, der in seiner Fortsetzung auf dem Höhenrücken zwischen Möhne und Alme dem innersten Winkel der Westfälischen Bucht zustrebte. Das reiche Fundgut im Zuge dieser Straße zeigt, daß sie bei allen Unternehmungen der Römer im ostrheinischen Raum von besonderer Wichtigkeit war. Die Anlage auf freier, ringsum beherrschender Höhe sicherte die engste Paßstelle des alten Höhenweges. Die Befestigungswerke wurden dort errichtet, wo der Rücken zwischen Möhne und Alme durch zwei Quellenmulden so tief eingekerbt ist, daß hier der Straßenführung nur ein sehr enger Sattel verbleibt.“[12]

In diesem Waldstück zwischen Haarhöhe und Briloner Hochfläche wird der Ablauf des ersten Tages der Schlacht zu suchen sein. Wir

wollen dieses Gebiet zunächst eingehender betrachten, um die späteren Schilderungen von Dio Cassius besser verstehen zu können.[13]
Nachdem wir am Waldrand den alten, jetzt eingeebneten, doch erkennbaren vorgelagerten römischen Wallgraben und links die scharf eingeschnittene abfallende Schlucht passiert haben, lassen wir das Lager rechts liegen. Auf ebener Straße gehen wir nach Südosten und kommen zunächst an der Flur ‚Schüttelhorst' vorbei, die rechts des Weges liegt. Dahinter ragen die ‚Immenköpfe' nach Westen vor, um dann steil zur ‚Romecke', dem Rombach, abzufallen, der sicherlich vom Römerlager seinen Namen empfing, von dem das Wasser herabfließt. In einem Bogen wendet sich die Straße gegen Osten, wo sie nach einer Viertelstunde Wegstrecke mit einem Weg zusammentrifft, der von Harth her auf einem Bergrücken verläuft und die Richtung nach Südosten verändert.
Man wundert sich, daß diese Straße hier im Gebirge zunächst so eben verläuft, während links und rechts unwegsames Gelände sich ausbreitet und abfällt. Dann jedoch erscheinen auch keine Einschnitte und Bachgründe mehr, und man sieht weit hinaus die Straße sich hinziehen; wir sind auf der ‚Rüthener Ebene'. Der über tausend Meter lange Weg macht in einer Wegeenge einen Knick nach Süden. Ursache ist ein tiefer Einschnitt links, den ein Quellbach des Buschenbaches durchfließt, und auf der anderen Seite ein größerer Wassertümpel, dem die dahinterliegende Quelle der Romecke sehr nahe ist. Hier beginnt auch das ‚Breitebruch', aus dem die Romecke ihr Wasser zieht. Im Bogen umgeht die später zu einem Weg heruntergestufte Straße das Bruch, um dann zeitweise keine Konturen mehr aufzuweisen. Leicht ansteigend kommen wir wieder auf festes Gelände, das sich mehr als tausend Meter südwestlich zum ‚Totenkopf' fortsetzt, um dann steil fast hundert Meter zur Möhne abzufallen. Wir jedoch nehmen unsere alte Richtung nach Südost wieder auf. Langsam neigt sich der Weg zur großen Enge, wo in tiefen Schluchten links der ‚Buschenbach' nach Nordosten zur Alme und rechts der ‚Hengelsbach' zur Möhne abfallen.
Gegenüber, jenseits der Enge, erhebt sich der ‚Streitberg', der unsere Wegrichtung zu versperren scheint. Von links, von Nordosten, kommt jetzt der Weg, der auf dem vor uns liegenden Querrücken des Gebirges von der Alme her auf den Streitberg stößt. Auf ihm entdecken wir einen alten Grenzstein mit Wappen und Jahreszahl: 1579. Wir weichen nach Südwesten aus, kommen aber sehr bald wieder in ein Bruch, das ‚Eselbruch'. Nach Überwindung dieses wasserreichen Gebietes erkennen wir durch den Wald einen Fernsehturm, der hochragend über dem Tal der Möhne weit in den Arnsberger Wald hineinschaut; er steht auf dem ‚Allenberg'. Wir lassen jedoch den Allenberg rechts liegen und biegen etwas später in

fast rechtwinkeligem Knick nach Südosten ab; es geht durch eine Wegeenge hindurch zur Flur ‚Hundekoben' und später an ‚Wessels Flügel' vorbei, wo das Gelände sich links in einen Hochwald hinaus nach Osten ausweitet zur Flur ‚Brandriger Berg'. Nach einer erneuten Enge am Weg, wo die Quellen recht nah am Wegesrand entspringen und nach links und rechts in Schluchten abfließen, windet sich der Weg, weit einsehbar, eine Steigung hinan. Es ist der letzte Querrükken des Gebirges. Dort lassen wir oben den Berg ‚An den Wurzeln' rechts liegen und wenden uns rechtwinkelig nach Nordosten. Bei dem Gang über diesen Bergrücken können wir ab und zu einen Blick durch Schneisen nach Süden werfen. Wir erkennen hinter einem weiten und tiefen Tal auf kahler Bergeshöhe die Häuser von Wülfte auf der Briloner Hochfläche.

Nach den letzten tausend Metern auf dieser Bergeshöhe, die sich rechts und links steil abfallend gleichmäßig durch den Hochwald hinzieht, versuchen wir hinter ‚Wessels Kopf' einen günstigen Abstieg zu finden und zuvor noch einen Blick nach rückwärts zu tun.

Beim Blick in die Ferne erkennen wir weit im Nordosten an dem kahl geschlagenen Westhang des Berges die Höhe ‚Auf der Burg', die schon jenseits der Alme liegt. Den Blick nach Norden versperrt uns der Bergrücken, der sich von der ‚Briloner Ebene' bis zum Streitberg hinzieht. Davor, leicht unter uns liegend, sehen wir den Kegel des ‚Romberg'.

Der Weg von der Höhe hinab, den wir jetzt benutzen, führt auf hohlwegartig ausgewaschener Spur zur letzten Wegeenge am Ende des Waldes. Dort liegt vor uns die Briloner Hochebene, auf die hinauf sich die Straße schlängelt zu dem Ort Wülfte, der 60 m über uns liegt. Wir kommen in einen neuen Abschnitt des Weges, auf dem die Römer vermutlich ohne große Störung durch die Germanen marschieren konnten.

Auf der Höhe in Wülfte (450 m) angekommen, öffnet sich der Blick weit über die kahle Hochfläche bis zu den entfernt aufsteigenden Bergen des Sauerlandes. Ohne jede Behinderung geht es auf der Wasserscheide über weit sich dehnende Ackerfluren zu der Stadt Brilon.

Hier in Brilon macht die durchgehende Wasserscheide einen weiten Umweg nach Süden bis an den Rand des Sauerländer Waldes heran, während auf dem waldfreien Kalk der Hochfläche ein direkter und grader Weg unmittelbar nach Kreuzberg an den Beginn des Plackweges führt.[14] Wir nehmen an, daß die Römer diesen Weg über die Hochfläche benutzt haben, weil er große Vorteile in der Wegebeschaffenheit auf dem Kalk anbietet. In Kreuzberg treffen wir wieder auf unseren durchgehenden Wasserscheidenweg und den Weg aus

dem Rothaargebirge im Süden, welcher aber weiter nach Norden geht und über die Möhnefurt bei Rüthen den Haarweg erreicht.
Wir sind hier im vermuteten Abschnitt des dritten Tages der Schlacht. Hier beginnt der Plackweg. Wir kommen in den Arnsberger Wald hinein, haben den Kalk unter uns verlassen und sind wieder auf Urgestein wie am ersten Tage; der Wald ist auch ebenso schluchten-, wasser- und waldreich. Der Weg hat für eine marschierende Kolonne einen wesentlichen Vorteil: als Wasserscheide ist er immer trocken, er führt mit geringen Steigungen durch den Arnsberger Wald nach Arnsberg. Er ist bis heute noch fast überall gut befahrbar und geht in leichten Windungen über den Kamm des Gebirges.
Nach etwa drei Stunden Fußweg, hinter der Flur ‚Judenkirchhof', zweigt spitzwinkelig nach Nordosten ein weiterer alter Wasserscheidenweg, bei Hülsenbeck ‚Kleiner Plackweg' genannt, zu der Möhnefurt bei Belecke und zum Haarweg ab. An dieser Wegegabel liegt die höchste Erhebung am gesamten Plackweg auf 581 m. Eine halbe Stunde später kommen wir zum Stimmstamm, einem Paß, über den die alte Straße von Meschede an der Ruhr nach Warstein und zur Möhnefurt bei Sichtigvor (seichte Furt), schließlich zum Haarweg oder nach Soest führt. Vom Stimmstamm aus ging früher diese Straße über die Wasserscheide an dem hochgelegenen Warstein vorbei, das heute durch Umsiedlung wie die Straße im Tale liegt.
Der Plackweg führt weiter über den Kamm des Gebirges hoch über der Ruhr nach Westen und überwindet zunächst eine 555 m hohe Anhebung der Straße, den ‚Streitberg'. Von dort knickt der Weg nach rechts ab und verliert an Höhe. Nach einer weiteren halben Stunde biegt der Weg am Ensterknick erneut scharf nach Nordwesten ab, während ein weiterer Weg geradeaus direkt zur Ruhr abfällt. In einer guten Stunde sind wir dann in Lattenberg, wo uns der Wirt Schürmann des alleinstehenden Gasthauses schildert, wie die Amerikaner 1945 von Osten her über den Plackweg mit Panzern vorgestoßen sind und sein Gasthaus unter Beschuß nahmen. Von hier fällt der Weg stetig von 450 m auf 180 m im 10 km entfernten Arnsberg an der Ruhr. Etwa 5 km vor Arnsberg zweigt auf der Höhe noch ein Wasserscheidenweg nach rechts ab, der in 3 Stunden über Breitebruch und die Möhnefurt bei Himmelpforten auf den Haarweg führt.
Nun sind wir in Arnsberg, wo auf dem anderen Ufer der Ruhr auf hohem Berge die alte Burg liegt; eine germanische Wallburg hat dort vordem gelegen. Aber bis dort ist das Römerheer im Jahre 9 nach Chr. wohl nicht gekommen, sondern auf dem beschriebenen Weg wird es vernichtend geschlagen worden sein.

3. DIE GEGNER UND IHRE STRATEGISCHE LAGE

a. Die Heerführer

Bevor wir den Ablauf der Kämpfe verfolgen, die wir aus dem Bericht des Dio Cassius und den landschaftlichen Gegebenheiten des vermuteten Römerweges zu rekonstruieren versuchen, wollen wir kurz die beiden Heerführer vorstellen, wie *Velleius Paterculus* sie charakterisiert:

„Quintilius Varus stammte aus einer guten, wenn schon nicht altadeligen Familie und war von milder Gesinnung und ruhigem Temperament. An Geist und Körper etwas schwerer beweglich, war er eher der Lagermuße als des Kriegslebens gewöhnt. Wie wenig er das Geld verachtete, bewies das vorher von ihm verwaltete Syrien, eine reiche Provinz, die er arm betreten und reich als armes Land wieder verlassen hatte. Mit dem Oberbefehl über das in Germanien stehende Heer betraut, hielt er die Bewohner für Menschen, an denen außer der Stimme und den Gliedern nichts Menschliches sei. Da sie durch das Schwert nicht gebändigt werden konnten, so glaubte er sie durch das römische Recht bilden zu können. Mit diesem Vorsatz betrat er auch Germanien, als käme er zu Männern, die der Segnungen des Friedens froh seien, und brachte die Zeit des Somerfeldzuges mit feierlichem Rechtsprechen von seinem Stuhle aus hin.“[15]
„Das über alles tapfere Heer, durch Manneszucht, Mut und Kriegserfahrung vor allen römischen Truppen hervorragend, wurde durch die Unfähigkeit des Führers . . . umzingelt . . . So wurde das Heer durch Wälder, Sümpfe und den feindlichen Hinterhalt eingeschlossen und endlich von einem Feinde niedergemetzelt, den es selbst früher wie Vieh geschlachtet, dessen Leben und Tod nur von seiner Gnade oder seinem Zorn abhängig gewesen war. Der Feldherr selbst hatte mehr Mut zum Tode, als zum Kampf: er folgte dem ihm von seinem Vater und Großvater gegebenen Beispiele und durchbohrte sich selbst.“[16]

Und Arminius:

„Ein junger Mann, der mit dem römischen Bürgerrecht den Rang eines Ritters erlangt hatte, mit dem Namen Arminius, ein Sohn des Fürsten jenes Volkes, Segimer. Von adeliger Herkunft, schnell und gewandteren Geistes als die Barbaren gewöhnlich, leuchtete die Kraft seines Geistes aus seinen Augen.“[17]

b. Der Plan

Ein Kampf der Germanen gegen etwa 20–30 000 römische Soldaten erschien aussichtslos. Das Berufsheer der Römer war stark, diszipliniert, gut ausgebildet und bisher noch nie geschlagen; sein Führer Varus ein doch auch energischer Mann.

Die Germanen waren daher gezwungen, wollten sie erfolgreich sein, eine gewagte Strategie anzuwenden. Sie mußten die Römer bewegen, sich auf einen größeren Marsch zu begeben. Dieser Marsch durfte aber nicht auf der bekannten Straße zum Rhein erfolgen, da hier im immer offenen Gelände dieses Weges ein Kampf der Germanen gegen die Römer nicht möglich war. Die Römer waren nur in unwegsamem Gelände schlagbar.

Wie Dio Cassius zuvor schilderte, hatte die germanische Führung einige entfernte Stämme dazu gebracht, sich zu empören, damit Varus, wenn er gegen diese wie durch Freundesland zöge, desto eher in die Falle zu locken wäre.[18] So dachten die Römer im nachhinein über die Pläne der Germanen. Und Dio Cassius schreibt dann resigniert ‚und so geschah es'. Er schildert, wie Arminius und Segimer immer um Varus in dessen Lager gewesen seien und oft an seiner Tafel geschmaust hätten.

Es ist also anzunehmen, daß Arminius als ehemaliger römischer Offizier und Mitglied des Standes der Ritter von Varus als gleichberechtigt anerkannt und sogar als Helfer bei der Beherrschung des germanischen Landes betrachtet wurde. Arminius war aber inzwischen nicht mehr römischer Soldat, sondern germanischer Führer. Es ist trotzdem anzunehmen, daß Arminius in die Pläne des Varus eingeweiht war oder zumindest alles erfahren konnte, was er wissen wollte. Es ist sogar wahrscheinlich, daß Varus den Rat des Arminius einholte und sich auch danach richtete, weil dieser Land und Leute besser kannte als jeder andere. So ist nach dem Bericht des Dio Cassius beinahe sicher, daß der Ratschlag von Arminius kam, den Weg durch den Wald zu wählen, wenn man den Empörern zu Leibe rücken wolle.

Arminius kannte die Marsch- und Kampfweise der Römer aus eigener Erfahrung und wird das Waldgebiet an der alten Heer- und Handelsstraße ausgewählt haben, weil er mit diesem Gelände seit seiner frühesten Jugend bestens vertraut war und die Chance eines Erfolges sah, da die Römer hier ihre gewohnte und geübte kampfmäßige Geschlossenheit aufgeben mußten. Auf dem schmalen Weg konnte eine Kolonne, weit auseinandergezogen, sich nicht zusammenschließen und war deshalb überall angreifbar. Die Römer konnten dort nicht widerstehen, wo es den Germanen gelang, in genügender Überzahl an den Marschweg heranzukommen und konzentriert an einem günstigen Punkt anzugreifen. Dort war auch ein Zerschneiden des Heereszuges nicht zu vermeiden.

Auf dem Wege zu den Empörern, die vermutlich vom Ende des Plackweges aus zu erreichen waren, befanden sich zwei größere Waldgebiete, in denen sich für die Germanen beste Kampfmöglich-

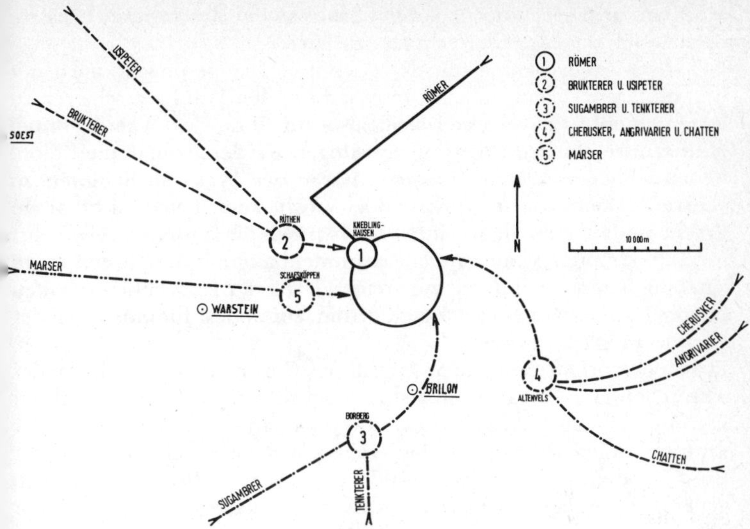

Abb. 28: Aufmarsch zur Schlacht.

keiten gegen die Römer boten. Zwischen beiden Wäldern lag die große offene Briloner Hochfläche ohne Wald. Also müßte ein Schlachtplan der Germanen das Kampfgeschehen in drei Teile gliedern.

Der Plan wird danach etwa vorgesehen haben, das Römerheer im ersten Teil zu schwächen und zu verunsichern, vielleicht sogar aufzuspalten und Teile zu vernichten. Im zweiten Teil war ein Kampfeinsatz der Germanen auf der freien Hochfläche unzweckmäßig, weshalb alle Kraft auf den dritten Schauplatz zu konzentrieren war, wo mit allen Mitteln versucht werden mußte, den Feind zu vernichten.

Im ersten Waldgebiet war vom Gelände her fast vorgeschrieben, wie der Kampf verlaufen mußte. Der Wald, ein großes Viereck von 5 x 8 Kilometern war von allen Seiten zu umschließen und abzusperren, damit ein Entweichen der Römer schwierig wurde. Die Flüsse an beiden Seiten waren mit ihren versumpften Talgründen allein schon eine gute Sicherung. Der Weg selbst in seiner Länge von etwa 11 km

erschien für diese Marschkolonne, die Norkus bei normalen Umständen auf 14 km Länge berechnete, zu kurz.
Um die Marschkolonne mit der gesamten Truppenmacht, auch mit den hinteren Teilen, zunächst insgesamt in den Wald marschieren zu lassen, mußte im vorderen Teil, also am Ende des Waldes, durch Hindernisse eine Verzögerung erzwungen werden, so daß die Kolonne aufschließen konnte. Erst dann war der Wald auch hinten zu sperren. Doch durfte vorher dort noch kein Feind sichtbar in Erscheinung treten, da in einem solchen Fall die hinteren Teile kehrt machen könnten, wodurch der Zusammenhang mit dem festen Lager Kneblinghausen und damit zur freien Fläche der Haarhöhen erhalten bliebe. Damit wäre ein Rückzug dorthin, zumindest für einen Teil der Römer, möglich gewesen.
Für einen vorentscheidenden Angriff der Germanen in die Flanke des römischen Heeres gab es nur eine Möglichkeit. Von der Diemel her kommt ein guter Wasserscheidenweg bis an die Alme heran; der Endpunkt dieses Weges ist eine Höhe mit der Bezeichnung ‚Auf der Burg'. In dem weiträumigen Waldgebiet vor der ‚Burg' konnten sich größere Verbände der Germanen für die Schlacht sammeln, die vor Kampfbeginn von hier aus über die Alme zu ihren Bereitstellungsplätzen geführt wurden. Jenseits der Alme ging nämlich der Wasserscheidenweg weiter und führte direkt auf eine Wegeenge am Streitberg. Gegen einen Angriff auf diesen Punkt in die Mitte der römischen Marschkolonne, wenn er konzentriert und mit Übermacht erfolgte, gab es keine Abwehrmöglichkeiten. Dieser konzentrierte Angriff in die Flanke an dieser Stelle, wo den Römern das Heranführen weiterer Truppen für Gegenaktionen nicht möglich war, mußte demnach gelingen und zu einer Aufspaltung der Marschkolonne und damit der Heeresmacht führen.
Da selbstverständlich nicht zu erwarten war, daß ein solch großes Heer bereits am ersten Tage zerschlagen werden konnte, die Vernichtung der Römer aber das Ziel der Germanen sein mußte, wird in die Überlegungen der Germanen von vorneherein die Fortsetzung des Kampfes einbezogen worden sein. Auf der Briloner Hochfläche war der Kampf aussichtslos, im Gegenteil, dort mußten sie sich bewußt zurückhalten, um die Römer in einer bedingten Sicherheit zu wiegen, denn diese konnten hier entscheiden, wie sie zum Rhein gelangen konnten. So wird Arminius bereits vorgesehen haben, bei der Verlagerung des Kampfes auf die Briloner Hochfläche seine Truppen für den Kampf im Arnsberger Wald umzugliedern.
Für den dritten Teil wird Arminius ähnliche Überlegungen angestellt haben wie für den ersten Kampftag. Wenn die Römer über den Plackweg in langer Kolonne auf schmalem Weg auf dem Kamm des Gebirges durch den Wald marschierten, mußte dieser Weg wieder

hinten und vorne gesperrt werden. Es galt aber auch zu verhindern, daß die Römer auf einem der Seitenwege auf den Haarweg auswichen. Wieder mußten die Germanen auf Wasserscheiden zu ihren Bereitstellungsplätzen gelangen. Diesmal standen zwei solcher Wege für den Angriff in die Flanke der Römer zur Verfügung, der eine von der Burg Lörmecke und der andere von der Burg Belecke aus.

c. Aufmarsch der Germanen (siehe Abb. 28)

Schwierig gestaltete sich der Aufmarsch der Germanen in die Bereitstellungsräume. Die Germanen waren nicht wie die Römer in festen militärischen Truppenverbänden organisiert, sondern die germanischen Stämme stellten Kampfeinheiten, die nach Sippen gegliedert in den Kampf zogen. Für den Feldherrn ist naturgemäß die Führung dieser eigenständigen Einheiten eine andere als bei den Römern, wo Befehl und Gehorsam die Grundlage der militärischen Ordnung waren. Bei den Germanen mußte der Gleichklang des Wollens mit den Truppenführern erreicht werden. Damit ist natürlich die Führung einer Truppe außerordentlich erschwert, jedoch die Einsatzfreudigkeit und die Kampfkraft sind ungemein größer, als wenn nur dem Befehl zu folgen ist.
Über die Stärke der germanischen Verbände besitzen wir keine genauen Angaben. Pastenaci[19] stellt Vergleiche und Berechnungen an und glaubt, daß Varus und Arminius über gleiche Truppenstärken verfügten. Delbrück rechnet mit höchstens 5000 Kämpfern je Völkerschaft.[20] Beide Angaben entsprechen sich etwa, und auch wir wollen von dieser Voraussetzung ausgehen.
Die Organisation des Aufmarsches des germanischen Heeres ist eine heute unvorstellbare Leistung. Im gesamten germanischen Raum, ausgenommen bei den Stämmen, die nicht an dem Aufstand teilnehmen, wurde die kampffähige Mannschaft in Marsch gesetzt. Die Männer hatten sich so zu bewegen und zu verhalten, daß bei den Römern, die ja als Besatzung im Lande saßen, kein Argwohn geweckt wurde. Arminius hatte versucht, den Aufmarsch zu tarnen, und ihn als Bereitschaft zur Hilfeleistung bezeichnet, wie uns *Dio Cassius* überliefert:

„Sie begleiteten ihn, als er sich aufmachte, und dann baten sie ihn, sie zu entschuldigen von weiterer Anwesenheit, um, wie sie sagten, ihre verbündeten Truppen zu versammeln, wonach sie schnell ihm zu Hilfe kommen würden.“[21]

Der Marsch aus den verschiedenen Himmelsrichtungen mußte zielbestimmt ausgerichtet sein, damit das getrennt marschierende Heer vereint die Schlacht schlagen konnte.

Wiederum mit einer Arbeitshypothese wollen wir versuchen, uns ein Bild vom Aufmarsch der Germanen zu machen. Dabei werden wir auch hier als Grundlage unserer Überlegungen die Wasserscheiden des vermuteten Schlachtumraumes betrachten, denn nur auf den Wasserscheiden und den auf ihnen verlaufenden Wegen sind Truppenbewegungen in dieser Zeit, besonders über weite Entfernungen, möglich, und nur mit ihrer Kenntnis und ihrer Berücksichtigung ist ein klares Bild der Schlacht zu rekonstruieren.

So wollen wir annehmen, daß die Stämme, die ihren Wohnsitz jenseits der Gebirge im Nordosten, im Osten und im Südosten der Westfälischen Bucht hatten, die Angrivarier, die Cherusker und die Chatten – östlich und dann südlich die römische Festung auf der Paderborner Hochfläche umgehend – an der ersten Wasserscheide, die nach Norden in die Flanke des römischen Marschweges führte, die Hoppecke überschritten. Hoch über der Hoppecke liegt hier die Burg ‚Altenfels', wo die schöne römische Dolchscheide von Rösenbeck gefunden wurde.[22] Diese Burg liegt an einer leicht überbrückbaren Enge des Hoppecketales, wo größere Truppenmassen im Waldgebirge längere Zeit unbemerkt in Bereitschaft bleiben konnten.

In einem Tagesmarsch konnten die Truppen zunächst über den östlichen Teil der Briloner Hochfläche, das Matfeld, dann über einen ausgezeichneten Wasserscheidenweg zwischen Afte und Alme, der auf seiner ganzen Länge von etwa 15 km die Höhe von 400 m nicht unterschreitet, in die Flanke des Marschweges der Römer gelangen. Der Weg geht vorbei am Thiekreuz, am Königsberg, am Deutschen Stein und endet zunächst auf einem steilen Berg über der Alme, 400 m hoch, der sich ‚Auf der Burg' nennt. Hier vermuten wir das Hauptquartier des Arminius, weil die Burg genau mitten vor dem Gebirge liegt, in dem die Schlacht und der Hauptstoß beginnen sollen. Gegenüber diesem Endpunkt liegt jenseits der Alme auf etwa gleicher Höhe die ‚Briloner Ebene', ein Plateau von 1000 m Länge und 500 m Breite, von wo auf gleicher Höhe ein ebener Wasserscheidenweg weiterzieht.

Die Germanen aus dem Süden werden über die Wallburg ‚Bruchhauser Steine', die auf dem Gebirge zwischen Ruhr, Hoppecke und der Briloner Hochfläche liegt, nach Norden über die Hochfläche geführt worden sein, um dort den Austritt der Römer aus dem Waldgebirge zu verhindern.

Die Stämme nördlich der Lippe, die Brukterer und die Usipeter, werden sich nach Durchschreiten des Münsterschen Tieflandes bei der Burg Rüthen gesammelt haben, um von hier aus an die Nordfront zu kommen, dort Druck auf die Nachhut der Römer auszuüben, denn sie sollen vermutlich im Wald das Tor der Falle schließen, die Arminius ihnen stellen will.

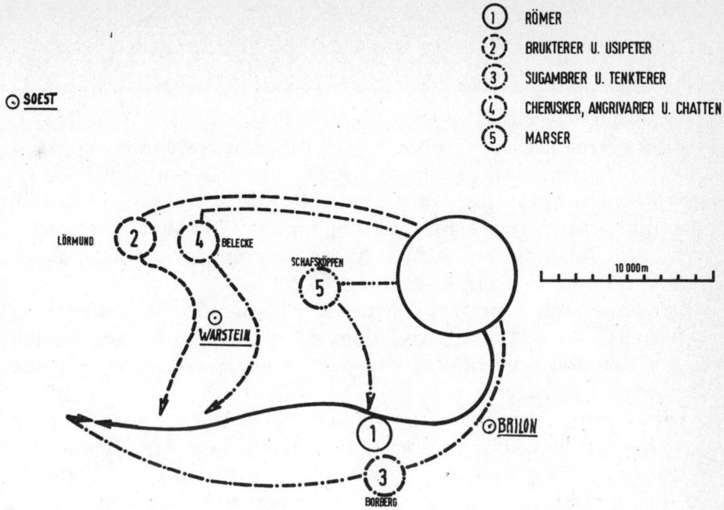

Abb. 29: Umgliederung der Germanen am zweiten Tag.

Die Westfront in der Schlacht wird von den nicht weit entfernt im Westen wohnenden Marsern übernommen worden sein, die, mit ihrer Wallburg Schafsköppen im Rücken, das Sumpftal der Möhne gegen durchsickernde Römer absicherten. Damit war der Wald im Gebirge zwischen den Oberläufen der Alme und Möhne durch die Germanen von allen Seiten umstellt und zur Falle für die Römer geworden.

d. Umgliederung der Germanen

In der zweiten Phase der Schlacht, dem Zug der Römer über die Briloner Hochfläche, werden von den Germanen keine Angriffe erfolgt sein, weshalb sie, was wir wiederum als Arbeitshypothese annehmen wollen, ihre Truppen für die Kämpfe am dritten Tage umgliedern mußten (siehe Abb. 29). Wieder werden die Wasserscheidenwege die strategischen Möglichkeiten für Arminius bestimmt haben, und auch wir werden sie bei unseren Überlegungen als Richtschnur nehmen müssen. Danach ist anzunehmen, daß folgende Umgliederung bei den Germanen vorgenommen wurde:

1. Der an der Westfront bisher eingesetzte germanische Stamm, der von seiner Burg Schafsköppen aus die Sicherung an der Möhne übernommen hatte, geht nun auf dem Wasserscheidenweg zwischen

Möhne und Biber nach Süden, um vor Kreuzberg zu verhindern, daß der Feind auf diesen Wasserscheidenweg nach Norden abbiegt, um schneller auf den Haarweg zu kommen. Später, nach dem Einmarsch der Römer in den Wald, sollen sie die Nachhut der Römer im Rücken von Ost her angreifen.
2. Die germanischen Truppen, die im Nordabschnitt eingesetzt waren, machen kehrt, gehen über Rüthen zurück und den Haarweg nach Westen, um in der Höhe von Sichtigvor nach Süden zur Burg Lörmund abzubiegen. Dann marschieren sie über den Wasserscheidenweg in Richtung Stimmstamm und sperren dort, bis der Befehl zum Angriff auf den Plackweg eintrifft.
3. Der am ersten Tage von Osten her angreifende Truppenverband marschiert zum Haarweg, von dem er zur Burg Belecke ebenfalls nach Süden abbiegt, um über den dortigen Wasserscheidenweg zum Plackweg zu gelangen.
4. Die Stämme der Südfront wenden sich zurück und versuchen, entweder vor den Römern über den Plackweg oder über heimatliche Wege südlich der Ruhr zum Ensterknick am Plackweg zu kommen, um dort den Römern den Weg nach Westen zu versperren.
Damit wären mit diesem Plan die wesentlichen gedanklichen Vorbereitungen für den Kampf am dritten Tage getroffen.

4. DAS KAMPFGESCHEHEN: VERGLEICH DER QUELLEN MIT DEN LANDESKUNDLICHEN GEGEBENHEITEN

a. Der Anmarsch

Bevor wir die Quellenberichte zu den Kämpfen untersuchen, fassen wir kurz die Lage des römischen Heeres vor dem Kampf zusammen: Die Römer sind über den Hellweg, den man heute den alten Hellweg nennt, gezogen, nachdem sie ihr Hauptlager an den Quellen der Lippe verlassen hatten. Das ‚Musterbeispiel eines Wasserscheidenhöhenweges', wie sich Josef Koch ausdrückt, hat den Römern keinerlei Schwierigkeiten bereitet. An der Spitzen Warte sind sie auf den Haarweg gestoßen, sind jedoch nicht auf ihm weitergezogen, sondern nach Süden zu ihrem Lager Kneblinghausen abgebogen. Sie werden für die 31,5 km etwa einen oder auch zwei Tage Marsch benötigt haben. Nun lagern sie bei Kneblinghausen und wollen den Marsch durch den Wald antreten.
Den Römern waren selbstverständlich alle Wege und auch deren Zustand im Umkreis ihrer Festung auf der Paderborner Hochfläche bestens bekannt. Die Aufklärungstätigkeit der Römer war immer auf hohem Stand und gut organisiert; die Übungs- und Demonstrationsmärsche in die nähere und weitere Umgebung ihres Hauptstandortes

werden zu jeder Zeit ausgeführt worden sein. Außerdem wäre der Marsch eines solch großen Heeres nicht erfolgt, wenn nicht vorher alle Gegebenheiten militärisch erkundet worden wären.
Die Germanen standen um das große Waldviereck, das sich zwischen Alme und Möhne in einer Größe von 5 x 8 km ausbreitet; sie hatten den Ring geschlossen und waren bereit, den Feind anzugreifen. Ihr Plan scheint vorgesehen zu haben, nach der Einschließung die Marschkolonne der Römer an engen Stellen konzentriert mit starken Truppen zu überfallen und aufzuspalten. Es ist anzunehmen, daß der Hauptstoß in der Mitte des Geländes geführt wurde, da hier die einzige Möglichkeit bestand, etwa auf gleicher Höhe des Marschweges größere Truppenmassen nach vorn in eine Ausgangsstellung zu führen und an einer besonders günstigen Stelle, an der Wegeenge am Streitberg, anzugreifen (siehe Abb. 30).
Und so berichtet *Dio Cassius* über den Kampfbeginn:

„Die Berge hatten eine unebene Oberfläche, die von Schluchten durchbrochen war, und die Bäume wuchsen dicht beisammen und waren sehr hoch. Deshalb hatten die Römer es sehr schwer, selbst bevor der Feind sie angriff, Bäume zu fällen, Straßen zu bauen und, wo es nötig war, Stellen zu überbrücken.
Sie hatten viele Wagen und viele Lasttiere bei sich, wie in Friedenszeiten. Darüber hinaus waren nicht wenige Frauen und Kinder dabei und ein großes Gefolge von Dienern folgte, ein weiterer Grund dafür, daß sie in zerstreuten Gruppen vorrückten. Inzwischen kam ein heftiger Regen und Wind auf, der sie noch mehr auseinanderbrachte, während der Boden, um die Wurzeln und Holzteile rutschig geworden, das Gehen für sie sehr unsicher machte, und die Baumgipfel brachen immer wieder ab und bewirkten viel Verwirrung.
Während die Römer in solchen Schwierigkeiten waren, umschlossen die Barbaren sie auf einmal überall und auf allen Seiten kamen sie durch dichtestes Dickicht, da sie mit den Pfaden vertraut waren. Zunächst warfen sie ihre Salven aus der Ferne, dann, als niemand sich verteidigte und viele verwundet waren, kamen sie dichter an sie heran. Denn die Römer rückten nicht in regulärer Ordnung vor, sondern waren in allgemeinem Chaos mit den Wagen und den Unbewaffneten vermischt, und, da sie unfähig waren, sich zu Kampfgruppen zusammenzuschließen, und an jedem Punkt in geringerer Zahl als ihre Angreifer, erlitten sie schwere Verluste und konnten überhaupt keinen Widerstand leisten.“[23]

Wir erhalten in diesem Bericht bemerkenswerte Auskünfte: Der Beschreibung ‚eine unebene Oberfläche, die von Schluchten durchbrochen‘ läßt sich entnehmen, daß bereits ein Wechsel der Landschaft stattgefunden hat.

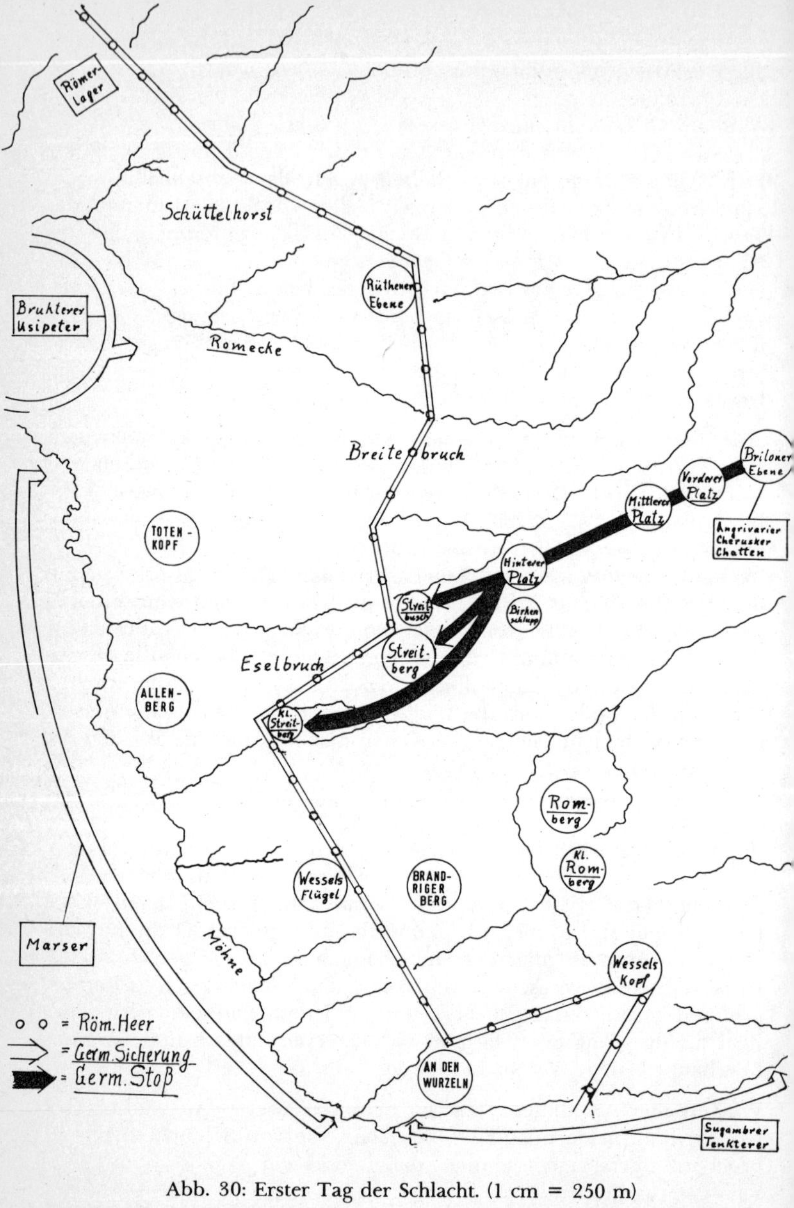

Abb. 30: Erster Tag der Schlacht. (1 cm = 250 m)

Vor dem Lager Kneblinghausen, das unmittelbar am Waldrand an der höchsten Stelle liegt (400 m), weitet sich die Landschaft bis zu der nur wenig tiefer liegenden ‚Spitzen Warte', der höchsten Erhebung des Haarstranges. Vom Ausgang des Haarstranges am Ardeygebirge bis hierher brach der Haarstrang zur Möhne und Ruhr hinter der Höhenlinie immer steil ab. Nun aber weitet sich das Gelände vor Rüthen dorthin zu einem zweiten Höhenrücken aus.
Henneböle nennt die alte Bergfeste über der Möhne den ‚Mittelpunkt des Gaues Arpesfeld'. Und in seinem Buch „Landschafts- und Bezirksnamen im frühmittelalterlichen Deutschland" bemerkt Peter von Polenz: „Königsgutbezirke waren die Bezirke von Arpesfeld, . . ." „Die quellenmäßige Herkunft dieser Bezirksbezeichnungen ist ebenfalls sehr vielfältig. Die Mehrzahl stammt aus Königsurkunden . . . Die meisten dieser Bezirksbezeichnungen reichen bis in die Karolingerzeit zurück." (siehe S. 37)
Über den zweiten Teil des Namens macht von Polenz noch interessierende Anmerkungen: „Wenn das Wort -feld ganze Landschaften bezeichnet, hat es . . . die Bedeutung ‚offene, ebene Gegend' . . . Solche trockenen Hochflächen sind bei . . . Matfeld, . . . Sinithfeld und . . . Sorethfeld mit -feld benannt worden."[24]
Sämtliche Namen, die von Polenz hier als -feld-Namen bezeichnet, sind unserem Gebiet benachbart, Matfeld ist der östliche Teil der Briloner Hochfläche, Sinithfeld und Sorathfeld Teile der Paderborner Hochfläche, von denen von Polenz sagt, daß zumindest die beiden letzten Namen nachweisbar vorkarolingisch sind.
Dieses ‚Arpesfeld' dehnt sich demnach etwa 40 Quadratkilometer groß von Drewer im Westen weit nach Osten aus und findet seine Grenzen auf der Höhe vor der Alme. Quer über dieses weite Feld waren die Römer demnach über die freie baumlose Landschaft gezogen, ehe sie ‚in unwegsame Wälder gedrungen' sind.

b. Zwischen Alme und Möhne

Auch über den Wald, in den sie hineinzogen, gibt Dio Cassius klare Auskünfte, wenn er berichtet: ‚. . . die Bäume wuchsen dicht beisammen und waren sehr hoch.' Der Wald, in dem sich Varus nun befand, ist ein Teil des Sauerländer Gebirges aus wasserundurchlässigem Urgestein, zerklüftet, mit Bruchgebieten, vielen Wasserläufen und Wegeengen, wobei die Straße nur auf einem schmalen Grat des Gebirges, auf der Wasserscheide von Alme und Möhne, verlaufen kann. Mit nur acht Kilometer Breite war dieser Teil des Gebirges zwischen den jüngeren Kalkgesteinen des Haarstrangs und der Briloner Hochfläche erhalten geblieben. Seit Urzeiten steht hier Wald.
Nun sagt der Bericht, was geschah, ehe der Kampf begann: ‚Deshalb hatten es die Römer sehr schwer, selbst bevor der Feind sie angriff,

Bäume zu fällen, Straßen zu bauen und, wo es nötig war, Stellen zu überbrücken.'

Es ist daraus zu entnehmen, daß die Schwierigkeiten unvermutet auftraten, denn die Römer waren von dem Zustand der Wege unterrichtet, weil ihre Aufklärungsdienste dies vorher festgestellt haben müssen. Daher sind die Erschwerungen in der Zwischenzeit an bestimmten Stellen von den Germanen verstärkt oder erst angebracht worden. Das geht besonders aus den Worten des Berichtes hervor: „... und die Baumgipfel brachen immer wieder ab und bewirkten viel Verwirrung." Ein solcher Sturm, der in der Lage ist, Gipfel von Bäumen zu brechen, wird sich sicher nicht Tag und Stunde ausgesucht haben, an dem die Römer diesen Weg passieren. Es ist daher anzunehmen, daß die Germanen, da der Weg durch den Wald nur 11 km lang ist, die Marschkolonne der Römer an der Spitze behindern wollten, damit auch die letzten Römer beim Aufschließen der Truppe nach vorn, wie das beim Marschieren öfter üblich ist, im Wald angelangt waren.

Jetzt erst greifen die Germanen an: ‚Während die Römer in solchen Schwierigkeiten waren, umschlossen die Barbaren sie auf einmal überall und auf allen Seiten kamen sie durch dichtestes Dickicht, da sie mit den Pfaden vertraut waren.'

Es war uns ja bereits gesagt worden, wo der Angriff erfolgte: inmitten der Wälder. Es gab auf dem ganzen Wege der Römer nur eine Stelle, an der die Germanen in der Lage waren, größere Truppenmassen nach vorn an den Marschweg heranzuführen. Im Westen, von der Möhne her, war ein Angriff der Germanen unmöglich, weil das Gebirge neben dem Weg zur Möhne steil abfällt; im Osten dagegen kam von der Alme her ein Wasserscheidenweg, der jenseits der Alme einen unmittelbaren Anschluß bis zur Diemel an der Burg Altenvels hatte. Auf etwa gleicher Höhenlage traf er auf den Marschweg der Römer an der für die Marschkolonne unglücklichsten Stelle auf, nämlich an einer Wegeenge, an der an beiden Seiten tiefe Schluchten zur Alme und Möhne hinunterführen. Außerdem macht der Marschweg hier einen starken Knick, wo der Streitberg sich vor die Wegeenge erhebt und wie eine Sperre wirkt.

Der Name Streitberg hat sicher mehr als nur symbolische Bedeutung gerade an dieser Stelle. Auch die Flurnamen auf dem Anmarschweg der Germanen – Vorderer Platz, Mittlerer Platz und Hinterer Platz – lassen aufhorchen.

Das Bild, das der Bericht von der Situation gibt, in der sich die marschierende Kolonne an den Schwerpunkten des Kampfes befand, ist eindrucksvoll: ‚... denn die Römer rückten nicht in regulärer Ordnung vor, sondern waren in allgemeinem Chaos mit den Wagen und den Unbewaffneten vermischt, und, da sie unfähig waren, sich zu

Kampfgruppen zusammenzuschließen, und an jedem Punkt in geringerer Zahl als ihre Angreifer, erlitten sie schwere Verluste und konnten überhaupt keinen Widerstand leisten.' Es ist selbstverständlich und aus dem Bericht zu erkennen, daß die Germanen nur an taktisch günstigen Stellen und dort in übergroßer Zahl angriffen, so daß die Römer, wie sie schreiben, immer in der Minderzahl waren. Die taktisch günstigsten Stellen waren die Wegeengen, wo beiderseits des Weges ein Bach entsprang und eine Schlucht ins Tal hinabführte.

So ist die Situation am Streitberg, wo die Germanen den Heereszug der Römer durchstoßen und damit in zwei Teile aufgespalten haben (Anhang Abb. 8). Der damit auf sich allein gestellte hintere Heeresteil geriet, da er nach vorn nicht weiter marschieren konnte und, wie wir wissen, auch von hinten auf dem Marschweg angegriffen wurde, in eine schwierige Lage. Zwischen der großen Wegeenge an der Quelle der Romecke und der Enge am Streitberg eingezwängt, wurden die Römer zusätzlich durch den Breitebruch bedrängt. Dieser Heeresteil, wohl die Nachhut, wird vor den in großer Übermacht andrängenden Germanen langsam über das trockene Land der Wasserscheide zum Totenkopf hin ausgewichen und hier, wie der Name des Berges andeutet, umgekommen sein.

Nunmehr stand das Heer der Römer auf den verbliebenen beiden Querrücken des Gebirges und dem westlichen verbindenden Höhenzug. Damit war die Form eines offenen Vierecks entstanden. Der Heereszug war angehalten; die Römer mußten zur Verteidigung übergehen. In der offenen Seite des Vierecks standen die beiden Romberge, auf die die Römer sofort eine Besatzung gelegt haben werden, um die offene Seite abzudecken.

Man muß sich die Situation der Römer etwa so vorstellen: Wie sollten sie auf dem schmalen Weg, der vollgepfropft war mit Truppen, Wagen und Pferden, Truppenverschiebungen vornehmen, Verstärkungen an bedrohte Stellen oder auch nur Befehle überbringen lassen? Vor allem wird die Führung in dem großen Durcheinander jede Übersicht verloren haben; sie mußte sich vom Wege absetzen, um überhaupt wieder führen zu können. Es ist zu vermuten, daß Varus sich auf den Romberg begeben hat, wo er alle Truppen gleichweit entfernt vor sich hatte und Melder schnell überall hinsenden konnte. Zu den ersten Maßnahmen wird gehört haben, die nicht kämpfenden Truppenteile vom Wege herunter in Sammelräume zu befehlen: die Reiter, die im Wald zum Kampf nicht einzusetzen waren und die Trosse. Wie Norkus errechnete, hatte die Armee des Varus allein 7000 Pferde. Die Reiter, die Alen, scheinen auf dem ‚Allenberg' gesammelt worden zu sein; über die Unterbringung der Trosse unterrichtet uns *Dio Cassius* selbst:

„Also schlugen sie an der zu sichernden Stelle ihr Lager auf, nachdem sie einen passenden Platz gefunden hatten, soweit das in einem Waldgebirge möglich war. Und danach verbrannten sie entweder die meisten ihrer Wagen oder ließen sie liegen und alles andere, was nicht unbedingt für sie notwendig war.“[25]

Diesen tauglichen Platz finden die Römer allein auf dem sich von dem Marschweg in den inneren Raum des offenen Vierecks zum Romberg hin über mehr als 500 m sich ausdehnenden Plateaus, in welches die Wagen direkt hineinfahren und sich aufstellen konnten. Dieses Gebiet nennt sich ‚Brandriger Berg‘; ob sich das ‚brandrig‘ auf die von Dio Cassius gemeldeten dort verbrannten Wagen bezieht?
Wie der Kampf sich nun weiter vollzog, können wir nur ahnen, doch deutet der Bericht ‚oder ließen sie liegen‘ schon darauf hin, daß die Römer weiterzogen, jedoch wohl nicht mehr an diesem Tage.

c. Briloner Hochfläche

Dio Cassius berichtet weiter:
„Am nächsten Tag rückten sie in etwas größerer Ordnung weiter vor und erreichten dabei offenes Land, obwohl sie nicht ohne Verluste davonkamen.“[26]
Der Angriff der Römer, wahrscheinlich im Morgengrauen des zweiten Tages der Schlacht, dem dritten seit dem Abmarsch aus dem Sommerlager, gelang. Sie haben den Durchbruch durch die Sperrfront der Germanen, die diese sicherlich aufgestellt haben, erzwungen. Das kann man aus dem Bericht des Dio Cassius entnehmen und auch, daß sie in ‚offenes Land‘ gekommen seien. Dieses offene Land ist die weite und offene Briloner Hochfläche, die als verkarstete Massenkalkhochebene ohne Wasser und Wald einen weiten Blick gestattet. Die Römer ordneten hier, wie Dio Cassius schreibt, zunächst ihre Verbände, die tags zuvor einen starken Stoß erlitten hatten, und marschierten dann in Richtung Plackweg weiter, auf den sie am Kreuzberg stießen.
Varus hatte am Abend zuvor seinen klaren Blick erwiesen und seine Entschlossenheit unter Beweis gestellt, als er von seinem Troß ‚die meisten ihrer Wagen‘ verbrannte. Auch der Durchbruch auf die Briloner Hochfläche zeugt von seiner Energie, so daß er auch für seinen Marsch durch den neuen Wald seine Vorsichtsmaßnahmen getroffen haben wird. An diesem Tage wird er sich die Zeit genommen haben, mit seinem Stab und den Legionskommandeuren die Lage und die vorzusehenden Maßnahmen zu bedenken und vorzubereiten.
Für die Germanen war dieser Tag ohne Kampfeinsatz, da beim Marsch der Römer über die offene Hochfläche ein Angriff nicht geraten schien.

d. Im Arnsberger Wald

Die Lage, in der sich Varus vor dem Marsch durch den großen Wald befand, war bedrohlich. Die Kämpfe an den beiden Tagen zuvor hatten seinen Truppen arg zugesetzt, und die Verluste waren hoch und überaus schmerzlich. Den größten Teil seines Trosses hatte er verloren, und zuweilen hatte es so geschienen, als wenn der ganze Verbund seiner Truppen und seine Ordnung sich auflösen würden. Erst nach dem Durchbruch am Morgen konnten die Römer, wie Dio Cassius schreibt, ‚in etwas größerer Ordnung' weiterziehen.
Von Kreuzberg, wo der Wald begann, wird Varus seine Truppen für den Marsch durch den Wald über den Plackweg neu formiert haben. Wir haben über diesen dritten Kampftag, den vierten Tag des Marsches, den Marsch über den Plackweg, leider nur sehr spärliche Nachrichten von den Römern erhalten, die die Landschaft und den Raum betreffen, eben nur, daß die Römer in einen neuen Wald kommen. Also stand Varus wiederum vor einem Waldgebirge, das noch größer war als das Waldgebirge zwei Tage zuvor, das ihm soviel Sorgen und Nöte bereitet hatte. Doch konnte er hier noch zurück, oder war es möglich, auf einem anderen Wege zum Rhein zu gelangen? Der durchgehende Wasserscheidenweg zurück nach Norden, zum Lager Kneblinghausen, war ihm versperrt, sicherlich ebenso der Weg nach Osten, der Diemelweg. Auch kämpfend konnte er diese Strecken nicht noch einmal überwinden. Der Weg nach Süden an die Ruhr oder in das Rothaargebirge stellte sich noch schwieriger dar und voller unübersehbarer Gefahren. Es gab nur einen Weg, der offen war: der Plackweg (Anhang Abb. 11).

Dio Cassius berichtet über den Weitermarsch:

„Von dort aus tauchten sie wieder in die Wälder ein, wo sie sich gegen ihre Angreifer verteidigten, aber dabei die schwersten Verluste erlitten. Denn da sie ihre Kampfgruppen in einem beengten Raum bilden mußten und Kavallerie und Infanterie gemeinsam den Feind überrennen könnten, stießen sie häufig miteinander zusammen und mit den Bäumen. Sie waren noch im Vorrücken, als der vierte Tag dämmerte, und wiederum machte ihnen ein heftiger Wolkenbruch und ein heftiger Wind zu schaffen. Er hinderte sie daran, vorwärts zu gehen und gar am festen Stehen, und er hinderte sie darüber hinaus sogar am Gebrauch ihrer Waffen. Denn sie konnten ihre Bogen oder ihre Wurfspeere nicht erfolgreich benutzen, und nicht einmal ihre Schilde, welche durch und durch durchnäßt waren. Ihre Gegner andererseits, da sie meistens leicht ausgerüstet waren und in der Lage, ungehindert vorzurücken und sich zurückzuziehen, litten weniger unter dem Sturm."[27]

Varus wird gehofft haben, den Wald in ein bis zwei Tagesmärschen durchqueren zu können, da er ja noch ein starkes Heer hatte. Seine Soldaten, altgediente Berufssoldaten und in vielen Schlachten erfahren, ließen sich nicht durch den Rückschlag eines Tages entmutigen und aus der Fassung bringen. Auch wird Varus die Überlegung angestellt haben, vom Kamm des Plackweges einen der direkten Seitenwege zum Haarweg, von denen die nächsten beiden über die baumlose Warsteiner Kalkhochfläche führten, zu benutzen, die ihn dann schon nach einem guten Tagesmarsch auf den Haarweg bringen würden, denn der Haarweg verlief nur etwa zwölf Kilometer entfernt parallel zum Plackweg. Der Haarweg geht über offenes Land, und dort konnten die Germanen ihm nichts mehr anhaben, da seine Soldaten, geschulter und disziplinierter als die Germanen, im offenen Feld ihre Waffen- und Ausbildungsüberlegenheit einsetzen konnten.
So zogen denn die Römer mit den nötigen Sicherungen in den Wald hinein; voraus die Spitze mit den Spähern, dann die Vorhut und danach Varus mit der Hauptarmee. Zur Sicherung nach hinten wird eine starke Nachhut eingesetzt gewesen sein. Zunächst werden sie keinen Feind entdeckt haben, denn Arminius hat als erfahrener und von den Römern selbst geschulter Taktiker wohlweislich den Feind vor dem Angriff erst in den Wald marschieren lassen. Hier brauchte er nicht, wie wahrscheinlich am ersten Tage, vorne hinhaltend verteidigen, um die Marschkolonne erst aufschließen zu lassen; hier war der Weg lang genug.
Wir wissen, daß die Römer vom Sommerlager mit drei Legionen, sechs Kohorten und drei Alen, dazu dem kleinen Troß, abmarschierten; dies waren etwa 24 000 Waffenträger. Wir vermuten, daß vor Kreuzberg sich noch 20 000 Soldaten versammelten. Ehe der Rest der Truppen und das Begleitvolk im Walde verschwunden war, stand die Spitze schon zwischen dem Stimmstamm und dem Ensterknick. Bis dahin verläuft der Weg auf einer fast gleichbleibenden Höhe von 500–550 m, erst dann neigt er sich allmählich. Hier etwa, hinter dem Stimmstamm und dem Streitberg, wird Arminius den Weg gesperrt haben. Nun erst gingen die germanischen Truppen von allen Seiten zum Angriff über.
Wenn wir uns den Weg ansehen, den die Römer marschierten, so geht er wohl in vielen leichten Windungen durch das Waldgebirge, jedoch nur mit leichten Steigungen. Dort wo der Weg hinter der Quelle der Lörmecke zur Warsteiner Hochfläche abzweigt, erhebt sich an der Gabel der Wege die höchste Anhöhe am gesamten Plackweg auf 581 m, die auch die höchste Erhebung bis zum weit entfernten Meer im Norden ist. An beiden Seiten des Plackweges quellen viele Bäche hervor; bis zum Ensterknick sind über 80 Quellen zu zählen. Entsprechend ist das Gebirge zu beiden Seiten des Weges

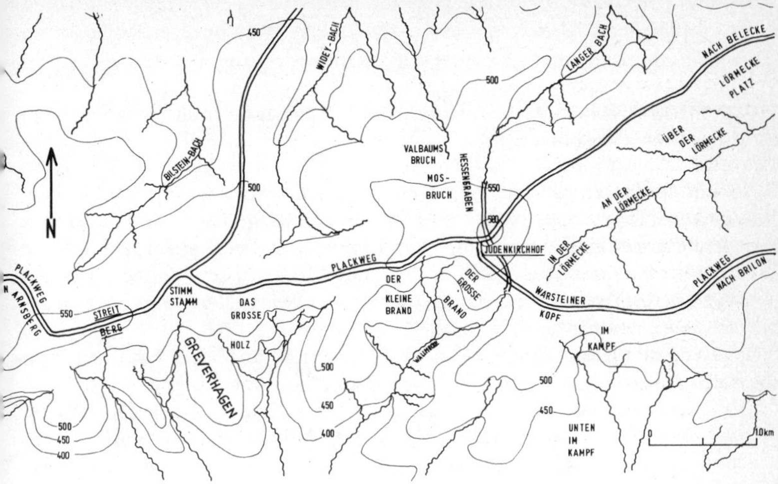

Abb. 31: Abzweige vom Plackweg zum Haarweg.

schluchtenreich, abfallend und mit vielen Brüchen und Siepen, das sind wasserreiche Bachgründe, versehen und damit abseits der Wege schwer passierbar.

Den leichtbewaffneten Germanen ist dieses Gebiet selbstverständlich das beste Kampffeld gegen die Römer, denn im offenen Feld konnten sie gegen das kampferprobte Berufsheer der Römer wenig ausrichten. Diese dagegen konnten sich auf diesem engen Weg überhaupt nicht zum Kampf entwickeln, sie waren fast willenlos darauf angewiesen, sich dort, wo sie angegriffen wurden, zur Wehr zu setzen. So waren sie, wenn es zum Kampf kam, immer in der Minderzahl, weil die Germanen natürlich in größeren Gruppen dort angriffen, wo das Gelände ihnen besondere Vorteile oder taktisch wichtige Angriffsziele bot. Ihr Ziel wird zunächst wieder gewesen sein, den römischen Heereszug zu zerteilen und dessen Zusammenhang zu zerreißen.

Dio Cassius fährt fort:

„Darüber hinaus hatten die feindlichen Kräfte stark zugenommen, da viele von denen, die zunächst gezögert hatten, sich Ihnen jetzt anschlossen, weitgehend in der Hoffnung auf Plündern, und so konnten sie leichter die Römer einkreisen und angreifen, deren

Reihen nun dünner wurden, da viele in den vorangegangenen Kämpfen umgekommen waren. Varus und alle höheren Offiziere, da sie fürchteten, daß sie entweder lebendig gefangen oder von ihren bittersten Feinden getötet würden – denn sie waren schon verwundet – rafften sich auf, was furchtbar, aber unvermeidlich war: sie brachten sich selbst um."[28]

Zwei Stellen des Plackweges werden an diesem Tage besonders hart umkämpft gewesen sein, weil hier die Abzweige über die Warsteiner Hochfläche zum Haarweg, von denen wir bereits sprachen, eine Möglichkeit des Ausweichens für die Römer boten. Jedoch werden die Germanen konzentriert an diesen Abzweigstellen eingesetzt gewesen sein (siehe Abb. 31).

An beiden Gabelungen weisen Flurnamen auf eine Häufung von Grabanlagen hin, die sechs Jahre später bei dem Zuge des Germanicus angelegt worden sein könnten, als er die Gebeine der Toten dieser Schlacht bestatten ließ. Es sind dies die Flurnamen ‚Judenkirchhof' an der östlichen Abzweigung zum Haarweg und ‚Greverhagen', also umhegtes Gräberfeld, an der westlichen.

Ferner sind den genannten Parzellen Flurnamen benachbart, die auf Kampf hindeuten. So liegt am ‚Judenkirchhof' der Flurname ‚Im Kampf' und hinter dem ‚Greverhagen' der ‚Streitberg', der uns am ersten Schlachttage und hier erneut an einem schlachtentscheidenden Platz begegnet, hier an der Anhebung des Weges hinter dem ‚Stimmstamm', von wo der Weg dann stetig bis Arnsberg absinkt. Auf den heutigen Karten ist dieser bedeutsame Name nicht mehr zu finden, jedoch ist er auf der Flurkarte von 1826 verzeichnet.[29]

Die Römer werden nun, nachdem sie die Seitenwege zum Haarweg versperrt fanden, ihre ganze Kraft darauf verwandt haben, nach Westen durchzustoßen. Auf dem ‚Streitberg' macht der Weg auf dem höchsten Punkt einen rechtwinkeligen scharfen Bogen nach Nordwesten, während der Weg geradeaus später hinunterführt und an Enste vorbei die Ruhr erreicht. Wir vermuteten schon, daß Arminius hier an dieser markanten Stelle den Römern Einhalt gebieten würde; doch auch am Ensterknick, 2,5 km weiter nach Westen, bricht der Weg wiederum von der Westrichtung scharf nach Nordwesten ab. Der Weg, der geradeaus weiterführt, geht nicht hinunter zur Ruhr, sondern findet seinen Endpunkt auf dem Küppel, 200 m über der Ruhr, während der Plackweg von der Höhe abwärts durch eine Enge hindurch die Richtung nach Arnsberg nimmt. Es scheint so, daß diese Enge zwischen dem Quellgebiet der Giesmecke, dem Langen Bruch, und dem quelligen Birkenbruch, dessen Wasser durch die Wacker nach Norden abfließt, so einfache Sperrmöglichkeiten bot, daß diese sicher genutzt worden sein werden. Damit mußten die Römer dann

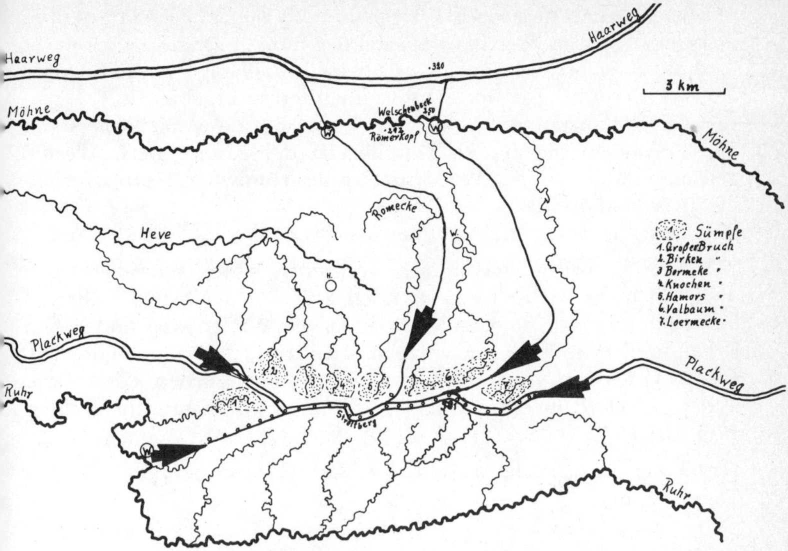

Ⓦ 1 = Wallburg Loermund
Ⓦ 2 = Wallburg Belecke
Ⓦ 3 = Wallburg Schietlike Borg
○ H = Stadt Hirschberg
○ W = Stadt Warstein
→ = Stoßkeile der Germanen
ooooo = Römischer Heereszug

Abb. 32: Dritter Tag der Varusschlacht.
Stoßkeile der Germanen.

auf dem Höhenweg weitermarschieren, womit sie in einer Falle saßen, denn der Weg endete am Küppel (siehe Abb. 32).

Auf dem Küppel befindet sich eine alte Wallburg, die ‚Schiedlike Borg'. Sie steht so markant und demonstrativ am Ende des Weges hoch über der Ruhr, daß wir ihr einige Aufmerksamkeit widmen wollen. ‚Schied' ist ein altes Wort für Entscheidung, wie noch im ‚Schieds'-gericht. Ob der Name mit der Entscheidung des Jahres 9 zu tun hat? Über diese Burg schreiben Schmedding/Biermann im „Altlas vor- und frühgeschichtlicher Befestigungen in Westfalen": „Auf der rechten Seite der Ruhr . . . erhebt sich als höchster Berg, die ganze Gegend beherrschend, der ‚Küppel', dessen Scheitel die Reste der Befestigungen einer großen Wallburg krönen, die vom Volk mit dem Namen ‚Schiedlike Borg' belegt worden ist. Der Berg fällt im Westen schroff zur Ruhr, im Süden steil zum Bremketal und im Nordosten sanfter zum Riemketal ab, so daß der Zugang zur Burg nur im Osten

und Nordwesten möglich ist. Der Gipfel des Küppel liegt 420 m über dem Meer, 200 m über dem Spiegel der Ruhr ...“[30]
Und Kraemer bemerkt noch: „... dessen Prallhang gegen Freienohl gekehrt, der kräftigste und jähste im ganzen Ruhrgebiet ist.“[31]
Es ist daher anzunehmen, daß von dieser Burg aus der Widerstand der Germanen gegen den Durchbruch der Römer nach Westen getragen und damit der Weitermarsch des römischen Heeres verhindert werden konnte.
Den Ausgang des Tages berichtet uns *Dio Cassius:*

„Als die Nachricht davon sich verbreitet hatte, verteidigte sich niemand mehr, selbst wenn er noch Kräfte hatte. Manche ahmten ihren Führer nach, und andere warfen die Waffen weg und ließen jeden, dem es gefiel, sie erschlagen, denn zu fliehen war unmöglich, wie sehr man sich auch das wünschte. Deshalb wurden jeder Mann und jedes Pferd niedergehauen, ohne einen Widerstand befürchten zu müssen.“[32]

Damit war die Schlacht, die man die Varusschlacht nennt, am dritten Tage beendet.

5. FLURNAMEN

Der Bericht über die dreitägige Schlacht ist beendet. Es erscheint notwendig, auf die vielen Flurnamen einzugehen, die uns in den Karten begegnet sind. Es ist die Frage, ob sie uns helfen können, unsere Aussagen zu erhärten, weil sie mit dem Geschehen dieser Schlacht verknüpft scheinen.

a. Rom-Namen

Von den Flurnamen an unserer Straße durch den Wald wollen wir uns einige kurz ansehen und eine Erklärung versuchen. Am Beginn unseres Weges am Waldrand steht heute in den Karten: Römerlager. Dieser erste Flurname, der uns auf unserem Wege begegnet, ist in einer alten Flurkarte von 1856 mit ‚Burggraben‘ bezeichnet. E. Henneböle teilt uns zu diesem Namen und dem um 1900 entdeckten Römerlager Kneblinghausen mit: „Anlaß zur Entdeckung der ersten ca. 30 Morgen großen römischen Anlage bei Kneblinghausen waren die dort noch heute gebräuchlichen Flurnamen: ‚Römerlager‘ und ‚Am Burgwall‘.“[33]
Danach ist ein Flurname eindeutig der Ausgangspunkt gewesen zu der bedeutsamen Entdeckung dieses einzigen Römerlagers in Norddeutschland, das nicht an der Lippe liegt. Auch bei Pfarrer Prein war der Flurname Ausgangspunkt der Entdeckung des großen Lagers an der Lippe, Oberaden.[34]

Unterhalb des römischen Lagers fließt ein Bach, der den Namen ‚Romecke' trägt, also Rombach, da westfälisch Bach Becke heißt. Hier ist eindeutig in dem Bachnamen der Bezug zum Römerlager zu erkennen.
Die beiden Flurnamen ‚Romberg' und ‚Kleiner Romberg' scheinen auch zu klären zu sein. Wie die Romecke ihren Namen sicher von dem Römerlager herleitet, werden die direkten Rom-Namen in diesem kleinen Gebiet ohne Zweifel ihren Namen von den Römern herleiten. Die Germanen werden diesem besonderen Punkt den Namen zur Kennzeichnung gegeben haben. Hierbei wird der ‚Kleine Romberg' nur im Schlepptau seines größeren Partners zu diesem Namen gekommen sein.
Der ‚Romberg' liegt inmitten des großen offenen Vierecks der Schlacht, das gebildet war, nachdem die Germanen den Heereszug durchstoßen und den rückwärtigen Heeresteil der Römer abgeschnitten hatten. Der Berg erhebt sich steil über versumpften Talgründen und hat nur über den ‚Kleinen Romberg' von Süden einen Zugang. Er ist der einzige Berg rundum, der nach seiner Form und zentralen Lage vorbestimmt schien, eine Burg auf seiner Höhe zu tragen, wenn die weiteren Umstände gestimmt hätten. Ihm mußte Varus, als er sich aus der Marschkolonne lösen wollte, um die Überícht wieder zu erlangen, als einen Gefechtsstand ausersehen. Nur von ihm aus bot sich die Gewähr, das ganze Schlachtfeld überblicken zu können. Hier stand Varus gleichweit entfernt zu allen seinen Truppen. So scheint dieser Berg von seiner Aufgabe her seinen Namen empfangen zu haben.
Nachdem wir an der Quelle der Romecke eine Wegeenge passiert haben, nennt sich das Gebiet ‚Breitebruch'. Es ist auf undurchlässigem Gestein ein quelliges, wasserreiches Gelände. Die nähere Kennzeichnung, hier ‚breit', scheint ohne besonderen Bezug zur Schlacht, den wir auch bei den anderen Bruchgebieten in unserem Wald, ‚Eselbruch', ‚Haierbruch', ‚Müllerbruch' und ‚Schierholzbruch' nicht herstellen können.
Diese Bruchgebiete bestätigen die Aussage des *Velleius Paterculus:* „... so wurde das Heer durch Wälder, Sümpfe und den feindlichen Hinterhalt eingeschlossen."[35] Oder bei *Dio Cassius:* „... dem Wegbahnen und dem Schlagen von Brücken."[36] Brücken wurden in früher Zeit als Knüppeldämme über feuchte Gebiete gelegt.

b. Platz-Namen

Am ‚Streitberg', den wir jetzt erreichen, kommt der Weg von Nordosten, von der Alme her, die 4 km entfernt fließt; auf der anderen Seite des Flusses liegt der Berg ‚Auf der Burg', den wir als das Hauptquartier des Arminius und als Ausgangspunkt für den Hauptstoß der Germanen in die Flanke der Römer vermuteten. Auf der diesseitigen Höhe über der Alme liegt die ‚Briloner Ebene'. Der Weg von der Briloner Ebene zum Streitberg führt über einen schmalen Höhenkamm etwas unter der 400-m-Linie, auf dem wegen seiner ebenen gleichbleibenden Lage gut zu marschieren ist. Am Ende der 1000 m langen Briloner Ebene treffen wir auf den Flurnamen ‚Vorderer Platz'; es folgt nach 500 m ein ‚Mittlerer Platz'. Nach nochmals 1000 m finden wir einen ‚Hinteren Platz', der wiederum 1000 m vor dem ‚Streitberg' liegt. Diese Platzbezeichnungen könnten ein Hinweis auf Bereitstellungsplätze der Germanen vor dem Angriff sein.

c. Streit-Namen

Der ‚Streitberg', der Zielpunkt des soeben genannten Anmarschweges der Germanen, hat einen eindeutigen Namen. Durch die unmittelbar benachbarten Flurbezeichnungen ‚Streitbusch' und ‚Kleiner Streitberg' kommen wir zu einer dreifachen ‚Streit'-Benennung. ‚Streit' ist das alte Wort für Kampf, altsächsisch ‚stridian'. Eindeutig ist dieser Berg der Mittelpunkt des Schlachtgeschehens am ersten Kampftag. Es ist daher berechtigt anzunehmen, daß dieser Berg seine Benennung von den Ereignissen dieses Tages herleitet.
Jedoch steht im Schlachtgeschehen des dritten Tages auf dem Plackweg auch ein Berg mit gleichem Namen, auf dem heute ein neuer über 100 Meter hoher Fernsehturm steht. Wir stellten schon auf S. 122 fest, daß dieser Name hier heute vergessen ist, doch wurde er auf alten Karten verzeichnet und kann daher nicht bezweifelt werden. Der Fernsehturm ist, wohl aus anderen Gründen, aber doch wegen der markanten Lage auf diesen ‚Streitberg' gebaut worden, ohne daß dieser Name und die Ereignisse dort den Erbauern bekannt waren; doch er bezeichnet nun weit sichtbar den Platz des dritten Tages der Schlacht im saltus teutoburgensis, wie ein anderer Fernsehturm ebenso deutlich auf dem Allenberg, dem Nachbarberg des dortigen Streitberges, den Ort des ersten Schlachttages anzeigt.
Auch dieser Streitberg auf dem Plackweg ist wohl mit diesem Namen belegt, weil sein Standort ebenfalls den Mittelpunkt und den Ort der härtesten Kämpfe des dritten Tages der großen Schlacht markiert. Von den drei Stoßkeilen der Germanen, die von Norden durch die Kolonne der Römer geführt wurden, traf der mittelste den Haupttrupp der Römer, der nach dem Durchstoß durch den Heereszug auf die Höhe 555 auswich, um sich dort zu verteidigen; eben den Berg, der danach die Benennung ‚Streitberg' erhielt, da sich dort heftige Kämpfe entwickelten. Damit bezeichnet dieser Berg also ebenfalls den Mittelpunkt der Schlacht des dritten Tages.
Es wird sicher kein Zufall sein, daß beide Berge, die in der Luftlinie 22 km und auf dem Marschweg sogar 35 km auseinanderliegen, bei

ihrer Bedeutung im Schlachtgeschehen den gleichen und so bezeichnenden Namen besitzen, der geschichtlich so hochbedeutsame Plätze ausweist. Es ist in der Vergangenheit dieses Gebietes kein annäherndes Ereignis bekannt, das diese Bezeichnung veranlaßt haben könnte; es würde gegenüber dieser Schlacht im Jahre 9 nach Chr. wohl auch verblassen, denn die Alten haben in unserer Frühzeit nur Namen in einem sinnvollen Bezug auf Landschaftsteile gelegt. So ist also anzunehmen, daß diese Namen in der Volkserinnerung auf das Geschehen dieser gewaltigen Auseinandersetzung zwischen dem überstarken und im Überfall angreifenden und das Land überflutenden Eroberer mit dem seine Heimat verteidigenden bodenständigen Volk hinweisen sollten.
Auch bei den Flurnamen ist zu betonen, daß die Flurnamen nicht der Anlaß waren, das Schlachtgeschehen hier zu suchen, sondern dazu führten eindeutig die Wasserscheidenwege und die aus ihnen herzuleitenden strategischen Überlegungen. Die Flurnamen bedeuteten lediglich eine Bestätigung der Annahmen. Eine nähere Untersuchung der vielen bezüglichen Flurnamen durch sachkundige Flurnamenforscher würde sicherlich lohnende Ergebnisse bringen; Hinweise gibt es viele.

6. NACH DER SCHLACHT

a. Die festen Plätze (siehe Abb. 33)

Der byzantinische Mönch *Zonares,* der nach 1118 eine Weltchronik schrieb, fügte in eine Lücke des Textes bei *Dio Cassius* eine Ergänzung ein, die er aus anderen Quellen, die zu seiner Zeit noch erreichbar waren, geschöpft haben wird:

„Und die Barbaren besetzten alle Stützpunkte außer einem, eine Verzögerung, die sie daran hinderte, den Rhein zu überqueren oder nach Gallien einzudringen. Jedoch fanden sie sich nicht in der Lage, diese Feste zur Übergabe zu zwingen, weil sie nichts von der Technik der Belagerung verstanden und da die Römer zahlreiche Bogenschützen benutzten, die sie häufig zurückwarfen und große Mengen von ihnen vernichteten. Später erfuhren sie, daß die Römer eine Wache am Rhein eingesetzt hatten und daß Tiberius mit einer eindrucksvollen Armee anrückte. Deshalb zogen sich die meisten Barbaren von dieser Feste zurück, und selbst die Abteilung, die noch dort gelassen wurde, setzte sich auf eine beträchtliche Entfernung ab, um nicht von den plötzlichen Ausfällen der Garnison verletzt zu werden, und dann hielten sie ein Auge auf die Straßen, in der Hoffnung, die Garnison einzunehmen, dadurch daß ihre Versorgung nicht klappte.
Solange die Römer in der Feste reichlich Essen hatten, blieben sie, wo sie waren, und warteten auf Entsatz. Aber als niemand zu ihrer Hilfe

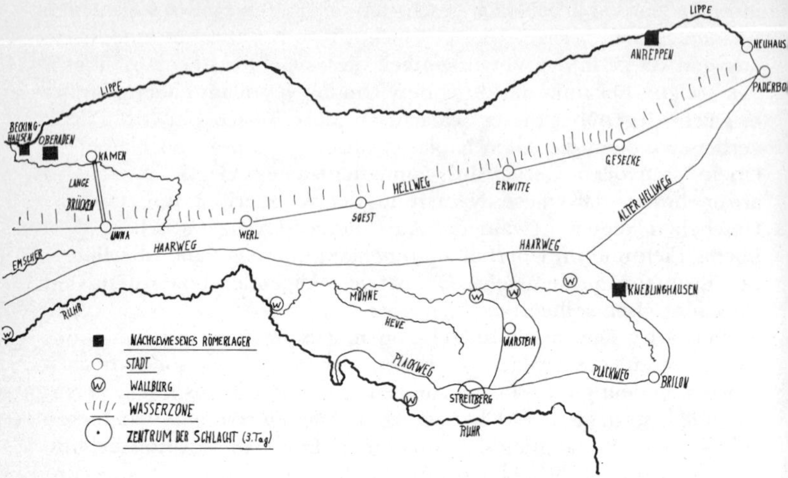

Abb. 33: Der „eine“ feste Platz: Oberaden. (1 cm = 6 km)

kam und als sie auch schwer vom Hunger bedrängt wurden, warteten sie nur auf eine stürmische Nacht und stahlen sich dann davon. Nun waren die Soldaten nur wenig zahlreich, aber es gab viele Unbewaffnete. Sie schafften es, an den ersten und zweiten Vorposten der Feinde vorbeizukommen, aber als sie den dritten erreichten, wurden sie entdeckt, denn die Kinder und Frauen riefen den Kriegern zu, zurückzukommen, wegen ihrer Ermüdung und Furcht und auch der Dunkelheit und der Kälte. Und sie wären auch alle umgekommen, oder sie wären gefangen worden, hätten die Barbaren sich nicht ablenken lassen vom Plündern. Dies gab den Abgehärtetsten eine Gelegenheit, ein wenig wegzukommen und das Blasen des Signals mit ihrer Trompete für einen doppelschnellen Marsch ließ den Feind denken, daß sie von Asprenas gesendet seien. Deshalb beendete der Feind seine Verfolgung, und Asprenas, als er hörte, was vorging, leistete ihnen sogar Hilfe.
Einige der Gefangenen wurden später von Verwandten durch Lösegeld freigekauft und kehrten aus der Gefangenschaft zurück. Denn dies war erlaubt unter der Bedingung, daß die freigekauften Männer außerhalb von Italien bleiben sollten.“[37]

Der erste Satz berichtet von Stützpunkten, derer die Germanen sich alle bemächtigt hätten, ‚bis auf einen‘. Welches sind nun die Stütz-

punkte der Römer, um die es sich hier handelt, und wo liegen sie? Wie sind sie vom Schlachtfeld aus zu erreichen? Welcher Stützpunkt war der eine, den die Germanen nicht bezwingen konnten, weil viele römische Bogenschützen den Germanen hohe Verluste bereiteten?
Wir kennen an festen Plätzen der Römer nur die östlich von Vetera an der Lippe gelegenen Lager und Kastelle in Holsterhausen, Haltern, Oberaden und das vor wenigen Jahren entdeckte Lager Anreppen. Man vermutet, daß in Tagesmarschentfernung zwischen diesen vier Plätzen bis nach Vetera die Kette der römischen Befestigungen ergänzt werden könnte. Da außerdem Anreppen kein Endpunkt gewesen sein kann, kommen die um den Zielpunkt ‚an den Quellen der Lippe', also um Paderborn gelegenen römischen Befestigungen hinzu. Das Lager Kneblinghausen scheidet hier aus, da es in das Schlachtgeschehen unmittelbar eingebunden war.
Wenn wir die Karte zur Hand nehmen und vom vermuteten Schlachtfeld aus die Lager und Kastelle an der Lippe betrachten, so sehen wir die Lippe etwa zwanzig Kilometer nördlich des Arnsberger Waldes oder genauer gesagt der Möhne und später der Ruhr etwa parallel zu diesen Flüssen nach Westen fließen. Zwischen dem Lager Anreppen im Osten und dem Lager Oberaden im Westen, die den Abschnitt der Lippe gegenüber dem Arnsberger Wald begrenzen, ist bisher noch kein weiterer römischer Stützpunkt bekannt. Zwischen der Möhne-Ruhr und der Lippe zieht sich sehr nahe bei den erstgenannten beiden Flüssen der Haarweg in gleicher Richtung auf dem trockenen Kamm das Haarstrangs. Am nördlichen Fußpunkt dieses Höhenrükkens, wo heute der Hellweg verläuft, tritt hinter dieser Linie das Wasser des Haarstrangs, als Druckwasser verstärkt, aus seinen im Kalk des Haarstrangs unterirdisch verlaufenden Adern hervor und bewirkt, daß das Land bis zur Lippe außerordentlich wasserreich wird. Die Durchquerung dieses Gebietes bringt daher manche Schwierigkeiten.
Wenn Reste der Römer sich aus der Schlacht retten konnten, wie angenommen wird, so werden diese zunächst versucht haben, aus dem Bereich der Schlacht und der germanischen Truppen herauszukommen, die zuletzt um den Plackweg und die beiden Wasserscheidenwege über die Warsteiner Hochfläche konzentriert gewesen sein werden. Die Römer werden nach Westen in Richtung Rhein ausgewichen sein. Bis zur Mündung der Möhne in die Ruhr gibt es im Arnsberger Wald keine von Süd nach Nord verlaufende Wasserscheide mehr, sondern der Hevebach gebietet die Ost-Westrichtung, wodurch die Römer fast automatisch in den Westwinkel des Arnsberger Waldes gelenkt wurden, wo sie in Himmelpforten eine Furt durch die Möhne fanden und sofort auf den Haarweg kamen. Dort lag vor ihnen in erreichbarer Ferne das erste Hauptlager des Drusus, Ober-

aden, und der Weg dorthin war allen Römern bekannt, weil sie bei ihrem Hinmarsch in den Osten auf die Paderborner Hochfläche diesen Weg schon einmal gegangen waren, der zu diesem Zweck entsprechend ausgebaut war, so z. B. durch die ‚Langen Brücken'.
Dieses große Lager am südlichsten Bogen der Lippe ist als das erste Hauptlager im eroberten Land von Drusus besonders fest gebaut worden, was die Ausgrabungen ausdrücklich bestätigen; es konnte eine Menge Soldaten aufnehmen.
Es wird berichtet, daß ‚die Römer viele Bogenschützen hatten'. Es ist anzunehmen, daß diese aus geretteten Soldaten der Schlacht bestanden, denn germanische Auxiliareinheiten, die die Lager an der Lippe besetzt gehalten haben werden – Legionen wurden dazu nicht eingesetzt –, hatten keine Bogenschützen in ihren Reihen.
Es ist zu vermuten, daß es sich bei dem ‚einen' festen Platz, der sich behauptete, um das Lager Aliso/Oberaden gehandelt hat, wie schon vor hundert Jahren Hülsenbeck annahm, „daß dem Kastell Aliso an der Lippe die Stätte der völligen Vernichtung der Varianischen Legionen nicht fern gelegen hat. Dazu stimmt auch die Nachricht, daß von dem Schlachtfeld Entkommene in einem Kastell, das nur Aliso gewesen sein kann, Unterkommen und Rettung gefunden haben."[38]
Dort haben die aus der Schlacht geretteten Soldaten sich besonders hartnäckig verteidigt, während alle anderen festen Punkte nur friedensmäßig durch Auxiliareinheiten besetzt gewesen sein werden. Die weiteren festen Punkte bis zum Rhein fallen als Auffanglager für die Reste der Soldaten aus der Schlacht wegen der größeren Entfernung aus; zudem ginge der Weg zu diesen festen Punkten immer über das Lager Oberaden/Aliso.
Durch *Velleius Paterculus* wird dieses einzige Lager, das sich verteidigte, als das Lager Aliso ausgewiesen, denn in seiner ‚Römischen Geschichte' schreibt er:

„Auch ist die Tugend des L. Caedicius, des Präfekten des Lagers, und derer zu loben, die zusammen in Aliso durch ungeheure Truppen der Germanen belagert wurden."[39]

b. Reaktion in Rom

Der Bericht, den Dio Cassius über die Reaktion auf die Nachricht von der Niederlage des Varus in Germanien gibt, deutet noch die Erschütterung an, die das Römische Weltreich erlebte, denn es war unvorstellbar gewesen, daß eine ganze Armee dieser unüberwindbaren Militärmacht überwunden werden konnte. Die von den Römern bisher nicht besonders ernst genommene Kraft der Germanen war nunmehr zu einer unbestimmbaren Macht geworden.

Beim Rückblick und in echter Würdigung der Umstände war diese Schlacht im Jahre 9 nach Chr., die man die ‚Varusschlacht' nennt, eine ‚Schlacht des Arminius', der im Alter von nur 26 Jahren mit einem unerfahrenen Heer verschiedener Stämme ein römisches Berufsheer unter einem erfahrenen Feldherrn in einer nur dreitägigen Schlacht vollständig vernichtete. Diese Tat sucht in der Geschichte ihresgleichen und wurde, wie uns Tacitus berichtet, von den Germanen noch hundert Jahre später in Liedern besungen.
In unserer deutschen Geschichte hat diese Tat erst im Ausgang des Mittelalters Beachtung gefunden, als die römischen Berichte wieder auftauchten. Erst im vorigen Jahrhundert haben diese Berichte dann Wellen der Begeisterung ausgelöst, ohne daß man bis heute den Ort des Geschehens erkannt hat. Das Denkmal des Arminius, dessen deutschen oder germanischen Namen man noch nicht kennt, steht als ‚Hermannsdenkmal' auf der Grotenburg bei Detmold im Teutoburger Wald. Sicher scheint der Teutoburger Wald seinen Namen zu Unrecht zu tragen, denn die Schlacht, von der er seinen Namen hat, fand nicht dort statt, sondern im Arnsberger Wald, und das Denkmal steht nicht dort, wo Arminius den Sieg über die Römer errang.

7. ZUSAMMENFASSUNG

Die einzelnen Ergebnisse, die dieser Teil erbracht hat, wollen wir nun in ein Gesamtbild zusammenfügen.

Ausgegangen sind wir von den vorher erwiesenen Voraussetzungen:

a) Das Hauptlager der Römer seit 8 vor Chr., das Winterlager des Tiberius 4/5 und 5/6 nach Chr. wie auch das Sommerlager des Varus lagen ‚an den Quellen der Lippe'.
b) Der Rückmarsch des Varus aus dem Sommerlager an den Rhein konnte nur in Anlehnung an die Hauptmarschstraße der Römer, den Haarweg, erfolgen.
c) Der Umweg, den Dio Cassius meldet, ist im Süden des Haarweges zu suchen.

Weiterhin wurde die Grundlage unserer Untersuchung,

d) die Wasserscheidenthese, bestätigt, denn die einzige Verkehrsmöglichkeit als Marschstraße für ein großes Heer konnte durch diesen Wald nur auf dem Kamm des Gebirges geführt werden.
Auf diesem Wege von der Spitzen Warte am Haarweg bis in den Arnsberger Wald hinein entspricht
e) die von Dio Cassius geschilderte Abfolge des Geschehens dem Landschaftsbild der angenommenen Wegeführung: 1. offenes Land; 2. unwegsamer Wald; 3. offenes Land; und 4. wieder neue Waldungen; und ebenso

f) der Untergrund des Geländes den Veränderungen der Landschaft: 1. Oberkreide; 2. Sauerländer Urgestein; 3. Massenkalk; und 4. wieder Urgestein.

g) die Entfernungen des Gebietes stimmen überein mit dem geschilderten Kampfgeschehen in den Quellenberichten und dem Landschaftsbild.
Besonders wichtig erscheint, daß die militärstrategischen Zusammenhänge zu Schlachtbericht und Landschaftsbild nicht in Widerspruch stehen, sondern bestätigt werden, denn die festgestellten Wasserscheidenwege ermöglichen den Anmarsch der Völkerschaften der Germanen zum Schlachtfeld und die Umgliederung der kämpfenden germanischen Truppen nach dem ersten Kampftage zur Bereitstellung für den dritten Tag. Vor allem wird

h) die Angriffsstrategie der Germanen geklärt: 1. die Einschließung des ganzen Heeres im Wald; 2. der Angriff mit Übermacht auf besonders geeignete und wichtige Punkte, sowohl an Wegeengen wie im Kampfgeschehen; 3. die Vernichtung abgespaltener Truppenteile der Römer nach dem Durchstoßen der Marschkolonne.
Deutbar wird:

i) die Kampfruhe der Germanen beim Marsch der Römer über offenes Gelände.
Bestätigt werden:

k) die geschilderten Schluchten im unwegsamen Wald, auch die Moore sind im Kampfgebiet überall zu finden.
Geklärt wird:

l) die Angriffsposition der Germanen. Sie ergibt sich aus den Anmarschwegen auf den Wasserscheiden und ihrem Auftreffpunkt auf den Plackweg.

m) Bei der Untersuchung der Flurnamen stellte sich heraus, daß sie anscheinend doch keine willkürliche Bezeichnungen sind, sondern feste Bezugspunkte in der Landschaft und im geschichtlichen Geschehen finden; Rom-Namen entsprechen dem nachgewiesenen Römerlager und der strategischen Bedeutung; Streit-Namen lassen sich aus der strategischen Lage und dem Ablauf des militärischen Geschehens ableiten; Platz-Namen bezeichnen die Lage von Punkten auf dem einzig möglichen Anmarschweg der Germanen auf die Bereitstellungsplätze zum Angriff in die Mitte der Flanke des römischen Heeres am ersten Tag.

n) Schließlich weist der Bericht des Zonares auf den Sammelplatz der sich aus der Schlacht rettenden Römer hin, den ‚einen festen Platz'. Ohne Schwierigkeiten fügt sich das berichtete Geschehen auch hier in die Gegebenheiten der Schlacht und in die Gestalt der Landschaft ein, denn der Fluchtweg kann nur nach Westen verlaufen. Durch die Furt bei Himmelpforten kamen die Römer dann in das feste und große Lager Oberaden/Aliso.

Wir können nunmehr den Bericht des Tacitus über den Feldzug des Germanicus im Jahre 15 n. Chr. und dessen Besuch auf dem Schlachtfeld in unsere Überlegungen einbeziehen und prüfen, ob sich unser Bild vervollständigen läßt.

Teil E

Das Grabmal

„Die richtige Rekonstruktion, einmal gefunden,
pflegt sich darin zu bewähren,
daß auch andere Stücke der Überlieferung,
sonst schwer zu verstehen,
eine einfache und einleuchtende Erklärung finden."

Hans Delbrück, Geschichte der Kriegskunst

1. STATTHALTER GERMANICUS

a. Nach der Niederlage

In Rom feierte man einen großen Sieg – der pannonisch-dalmatische Krieg war beendet. Tiberius hatte im Jahre 6 nach Chr. den Kriegszug gegen die Markomannen in Germanien abbrechen müssen, weil Rom selbst durch den großen Aufstand im Balkan bedroht war. Nun war diese Gefahr überstanden und die Siegesfreude groß.

In diese überschäumende Stimmung kam plötzlich und völlig unerwartet die Nachricht von der Vernichtung der drei Legionen des Varus in Germanien. Man war entsetzt. Der Kaiser Augustus soll erschüttert den Ruf ausgestoßen haben: „Varus, Varus, gib mir meine Legionen wieder!"[1] Er erwartete den Vorstoß der Germanen über den Rhein und eine direkte Bedrohung seines Reiches.

Tiberius eilte sofort nach Germanien, dem Land, in dem er schon zweimal das Oberkommando innegehabt hatte und das er selbst an Varus als ein scheinbar schon befriedetes Land übergeben hatte. Er sicherte vor allem die Rheinlinie gegen Angriffe der Germanen von jenseits des Rheines.

Als dann der alternde Kaiser Tiberius in Rom benötigte, übergab dieser das Oberkommando in Germanien im Jahre 13 nach Chr. an Germanicus (Anhang Abb. 4), den Sohn seines Bruders Drusus, der seinerzeit nach einem Vorstoß an die Elbe verstorben war. Tiberius hatte im Jahre 4 nach Chr. auf Wunsch des Kaisers den Sohn seines Bruders adoptiert.

b. Meuterei und Blutbad bei den Marsen

Im Jahre 14 nach Chr. starb Kaiser Augustus, und sein Nachfolger wird Tiberius. Mit der Kunde vom Tode des Kaisers brach bei den Legionen der Rheinarmee, der 5., 21., 1. und 20. in Niedergermanien unter Caecina, der 2., 13., 14. und 16. in Obergermanien unter Silius, eine schwere Meuterei aus. Nach der Niederschlagung dieses Aufstandes bot Germanicus seinen Truppen, um deren aufgewühltes Empfinden abzureagieren, ein Blutbad bei den Germanen an. *Tacitus* berichtet uns darüber:

„Die auch jetzt noch wild erregten Gemüter überkommt plötzlich das Verlangen, gegen den Feind zu ziehen und so ihre Raserei zu sühnen. Der Caesar gibt dem Eifer seiner Soldaten nach, läßt eine Brücke schlagen und setzt 12 000 Mann von den Legionen, 26 bundesgenössische Kohorten und 8 Reitergeschwader über den Rhein. Er rückt dann mit größerer Schnelligkeit vor. Kundschafter hatten nämlich berichtet, daß diese Nacht bei den Germanen alljährlich gefeiert werde und zu heiterem Festmahl bestimmt sei. Caecina erhält den

Befehl, mit den leichten Kohorten vorauszumarschieren, die Legionen folgen in mäßigem Abstande. Eine sternhelle Nacht kam uns zustatten; man gelangte zu den Dörfern der Marsen (zwischen Lippe und Ruhr), die man mit Truppenabteilungen umstellte, während die Einwohner auch jetzt noch in ihren Schlafkammern oder neben den Tischen herumlagen, ohne jede Besorgnis und ohne Wachtposten ausgestellt zu haben.
Der Caesar teilte die kampfbegierigen Legionen in vier Keile, um die Verheerung möglichst weit auszudehnen; ein Raum von 50 Meilen wird mit Feuer und Schwert verwüstet, kein Geschlecht, kein Lebensalter findet Erbarmen. Menschliche wie göttliche Stätten, darunter auch das bei jenen Stämmen hochberühmte sogen. Heiligtum der Tanfana werden dem Erdboden gleichgemacht."[2]

Dieser Kriegszug war der Auftakt für weitere militärische Aktionen des Germanicus in den folgenden Jahren 15 und 16 nach Chr. (siehe Abb. 34).

2. ‚SALTUS TEUTOBURGIENSIS'

a. Burg des Segestes

Nachdem im Jahre 14 nach Chr. der Überfall gegen die Marsen mit etwa 30 000 Soldaten durchgeführt war, erschienen die Römer im Frühjahr 15 nach Chr. wiederum in etwa gleicher Stärke im westfälischen Raum. Doch diesmal erfolgte der Vorstoß zur Unterstützung des Hauptangriffs des Germanicus gegen die Chatten, der von Süden her, von Mainz, bis über Mattium, den Hauptort der Chatten, hinaus geführt wurde. Demnach stand Germanicus vor der Diemelstellung. Er befreite den Cheruskerfürsten Segestes auf dessen Bitte aus seiner Burg im Cheruskerland, wo er von seinen eigenen Landsleuten belagert wurde. Hierbei führten die Römer auch die Frau des Arminius, die Tochter des Segestes, Thusnelda, als Gefangene mit. Tacitus berichtet, daß die Cherusker den Chatten zu Hilfe eilen wollten, von Caecina, der durch die Westfälische Bucht mit 4 Legionen, 5000 Mann Bundestruppen und Scharen linksrheinischer Germanen vorgestoßen sei, jedoch daran gehindert wurde, weil dieser ‚bald hier, bald dort seine Waffen zeigte'.[3]

b. Angriff Sommer 15 nach Chr.

Nach diesen Angriffen im Frühjahr, die sich eindeutig gegen die Südfront der germanischen Weserfestung richteten, war im Sommer des Jahres 15 nach Chr. der Hauptangriff der Römer gegen diese

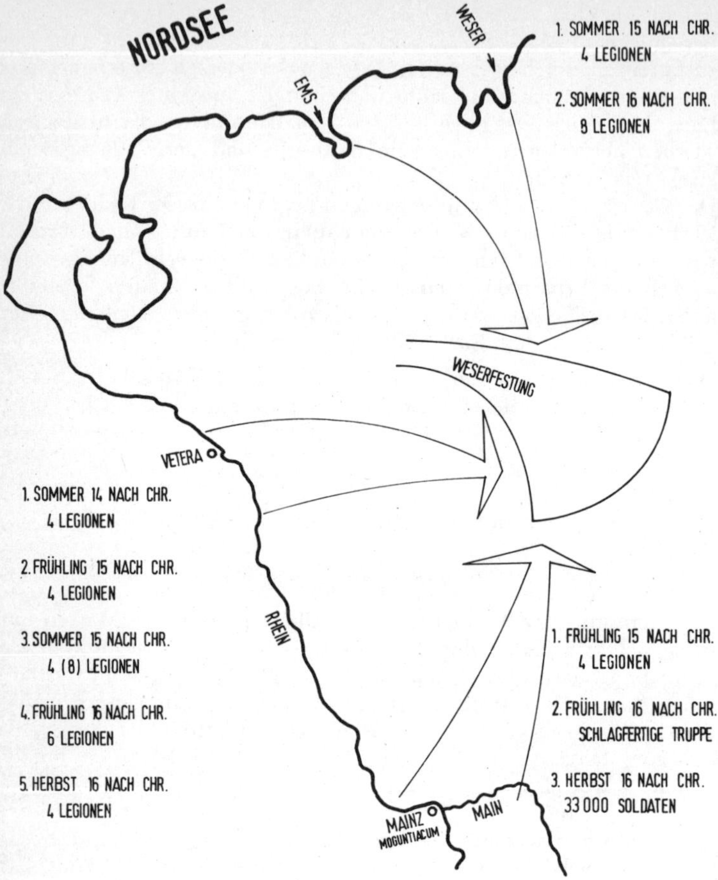

Abb. 34: Die Angriffe des Germanicus gegen die Weserfestung in den Jahren 14, 15 und 16 nach Chr.

Weserfestung vorgesehen. Zur Täuschung der germanischen Stämme benutzte Germanicus sowohl den Weg über das Meer und die Ems, um scheinbar gegen die Nordfront der Weserfestung, aber auch gegen den Westeingang dieser Bastion vorzugehen. In Wirklichkeit ging er dann aber an beiden vorbei, um nun von Westen gegen die Südfront vorzugehen (siehe Abb. 35).

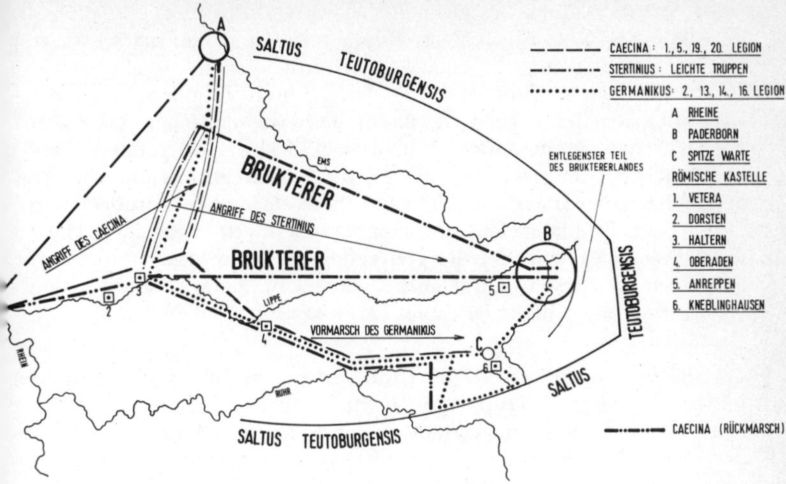

Abb. 35: Der Feldzug des Germanicus im Sommer 15 n. Chr. (1 cm = 15 km)

Darüber gibt *Tacitus* folgenden Bericht:

„Damit der Krieg nicht auf einmal mit aller Kraft losbreche, schickt er Caecina mit 40 römischen Kohorten, um die Feindesmacht zu spalten, durchs Bruktererland bis an die Ems. Der Präfekt Pedo führt die Reiterei durch das Gebiet der Friesen. Er selbst schiffte die vier Legionen ein und fuhr über die Zuydersee; gleichzeitig trafen dann Fußvolk, Reiterei und Flotte bei dem genannten Flusse ein.“[4]

Dieser Aufmarsch wird so erfolgt sein, daß Caecina mit seinen Truppen bei Vetera über den Rhein setzte und nördlich der Lippe vorstieß, mit dem rechten Flügel sich an diesen Fluß haltend, bis sein linker Flügel die Ems etwa bei Rheine erreichte. Damit hatte Caecina die Landbrücke zwischen Haltern und Rheine besetzt. Inzwischen war, wie wir von Tacitus wissen, bei Rheine sowohl die Reiterei wie auch die Flotte mit den vier Legionen des Germanicus eingetroffen.
Der Vormarsch ging zunächst über die Landbrücke, die Baumberge und die Borkenberge, bis nach Haltern an der Lippe, um die alten römischen Kastelle wieder in Besitz zu nehmen und im weiteren Verlauf des Feldzuges diesen Fluß wieder als Nachschubweg mit den von Rheine nach Vetera zurückkehrenden Schiffen benutzen zu können. Zu diesen Kastellen gehörte auch das große Lager Oberaden/

Aliso, das der Vater des Germanicus, Drusus, angelegt hatte. Von dort konnte dann in wenigen Kilometern die Hauptmarschstraße über den Haarstrang, der Haarweg, erreicht werden.
Inzwischen war L. Stertinius mit den leichten Truppen durch das Land der Brukterer gestreift, da in dem wasserreichen Land der Westfälischen Bucht andere Einheiten schlecht operieren konnten. Die Brukterer, die nach dem Wüten der Römer im Vorjahr bei den benachbarten Marsen und aufgrund ihrer eigenen Erfahrungen aus dem letzten Frühjahr Haus und Hof verließen, waren mit ihrer Habe in die Wallburgen in den Bergen geflohen; Städte und Dörfer darf man sich in diesem Land nicht vorstellen, kaum Weiler waren anzutreffen; noch heute ist es ein Land von Einzelhöfen.
Tacitus fährt fort:

„Die Brukterer, die ihr eigenes Land verheerten, schlug L. Stertinius mit seinen leichten Truppen in Germanicus Auftrag in die Flucht; beim Morden und Plündern fand er den Adler der 19. Legion wieder, der mit Varus verlorengegangen war. Weiterhin wurde der Heereszug bis in die entlegensten Teile des Bruktererlandes geleitet, und alles Land zwischen Ems und Lippe verwüstet, nicht fern vom saltus Teutoburgiensis, in dem, wie es hieß, die Reste der Legionen und ihres Führers Varus noch unbestattet lagen.“[5]

c. Die äußersten Brukterer

Dieser Abschnitt im Bericht des Tacitus ist von besonderer Wichtigkeit, denn hier gibt er bestimmte Anhaltspunkte, wo sich die Truppe befunden hat. Wenn wir uns vorstellen, daß dieses große Heer, immerhin acht Legionen – mit ihren Hilfstruppen mögen das 60–80 000 Soldaten gewesen sein –, durch dieses Land nach Osten zieht, dann ist klar, daß die Masse des Heeres nicht durch die wasserreiche Niederung, sondern auf der trockenen Höhenstraße des Haarstranges marschierte; ebenso befand sich auch hier der Heeresstab, weil von dieser Straße aus die gesamte Westfälische Bucht zu überschauen ist. Die erste wichtige Angabe des Tacitus lautet: Der Heereszug wurde ‚bis in die entlegensten Teile des Bruktererlandes geleitet‘, und als Ergänzung dazu: ‚alles Land zwischen Ems und Lippe verwüstet‘; das heißt, da man vom Rhein aus in den Osten marschiert ist und das Land zwischen Ems und Lippe verwüstet hinter sich gelassen hat, daß man nun hinter den Quellen von Ems und Lippe steht. Da außerdem das Eggegebirge wie ein Wall wirkt und das Bruktererland begrenzt, ist hier der entlegenste Teil des Bruktererlandes.
Wer bei klarer Sicht auf dem Haarweg steht, vielleicht auf der ‚Spitzen Warte‘, der kann von dort aus die entlegensten Teile des

Bruktererlandes erkennen, denn diese liegen eben am Ende der Westfälischen Bucht, die vom Rhein her über 150 km entfernt vor den Bergen ihr Ende findet. Solche Gebirgsstränge bilden fast immer Stammesgrenzen; ein freier Raum zwischen den germanischen Stämmen war die Regel.

Dieser Raum vor den Bergen ist jedoch zweiteilig und zweigestaltig. Im Süden der Lippe liegt die Paderborner Hochfläche, ein aus der feuchten Ebene heraussteigendes Gebiet, das wegen seines Kreideuntergrundes wenig Oberflächenwasser zeigt und daher sehr trocken ist; und im Norden ist die Senne, ein von vielen Wässern durchzogenes unwirtliches Land, von dem der Straßenforscher Koch schreibt, „daß ein früher Verkehrsfluß . . . auf rollendem Rade nicht möglich gewesen sein kann“. Es ist anzunehmen, daß die Senne zur damaligen Zeit, wie auch heute noch, fast menschenleer war, und der Raum, der in unserem Fall angesprochen wird, das Gebiet um Paderborn ist.

Der Vormarsch der Römer wäre nicht ohne Widerstand erfolgt, hätte er über die Egge hinweggeführt, da die günstigen Kampfbedingungen für die Germanen in diesem Bergwald diese zum Kampf gereizt hätten. Die Germanen haben sich im offenen Gelände nur im äußersten Notfall zu einem Kampf mit den Römern zwingen lassen, weil sie sehr genau gewußt haben, daß sie gegen dieses geschulte und disziplinierte Berufsheer dort nur wenig ausrichten konnten. Sie haben sich deshalb auf einen Partisanenkampf verlegt, und die Römer nur dort angegriffen, wo diese sich nicht zum Kampf entwikkeln konnten. Im Wald und im Gebirge dagegen waren die Germanen gefährliche Gegner, das haben die Römer oft genug zu spüren bekommen.

Wenn man in den Büchern liest, die über die Schlacht des Varus in großer Menge geschrieben wurden, kann man sich nur wundern, daß Historiker und auch Militärs ihren Blick nur nach Norden hinter die Berge richten, wobei diese Vorstellung unverständlich und weder durch die strategische Situation noch durch die geographischen Gegebenheiten und die überlieferten Berichte begründet ist.

d. Auf der Naht von Teutoburger Wald und Eggegebirge

Folgendermaßen stellt sich die militärstrategische Lage, in der sich Germanicus befand, nachdem er vor dem Gebirge angelangt war, dem aufmerksamen Beobachter dar:

Germanicus stand nicht am Endpunkt seines Vormarsches, wie es die römischen Schriftsteller darstellen, sondern erst am Ausgangspunkt seiner eigentlichen Kriegshandlungen. Bis hierher war es nur der Aufmarsch eines unvorstellbar großen Heeres von acht Legionen zu einem großen Kriegszug; fast ein Drittel des gesamten Heeres der römischen Weltmacht, sicherlich etwa 80 000 Soldaten, waren dazu

aufgeboten: ein Militäraufmarsch ungewöhnlichen Ausmaßes für die damalige Zeit. Dieser Aufwand wurde nicht betrieben, um die Toten des Jahres 9 zu bestatten, wie Tacitus glauben machen will. Welches war demnach das Ziel dieses Feldzuges?
Es waren dem Germanicus die Streitigkeiten innerhalb der cheruskischen Führungsschicht nicht geheim geblieben, da *Tacitus* schreibt:

„... denn es bestand die Hoffnung auf eine Spaltung des Feindes in die Anhänger des Arminius und des Segestes."[6]

Mit den daraus von Germanicus gezogenen Folgerungen hat sich Dieter Timpe in seinem Werk: „Der Triumph des Germanicus" eingehend beschäftigt. Er beurteilt die Situation so: „Der Winter 14/15 bringt demnach die Wende von der auf vorsichtig begrenzte Operationen gestellten Strategie zur Planung weitreichender, mit aller Kraft geführter Vorstöße ins Zentrum des Feindes. Der Winter 14/15 enthält die Abkehr von den Prinzipien der tiberianischen Kriegführung und den Beginn des ‚großen' bellum Germanicum ... Die Paralysierung des Hauptgegners durch eine innere Auseinandersetzung, eine Fehde zweier Fraktionen, eröffnete eine Möglichkeit, mit der Rebellion im ganzen und auf einen Schlag fertig zu werden, die es seit der Katastrophe des Jahres 9 noch nie gegeben hatte ..."[7]
„Unser Ergebnis ist also, daß die Auslösung des römischen Angriffs von der Voraussetzung ausging, ein Zerfall des cheruskischen Kerns der germanischen Rebellen eröffne eine noch nicht dagewesene Chance, mit dem Feind rasch und leicht fertig zu werden ..."[8]
Der Feldzug begann bereits im Frühjahr durch einen starken Vorstoß der Römer in das Chattenland, worüber *Tacitus* berichtet:

„Obwohl er erst für den Sommer mit aller Macht rüstete, ließ er die Operationen schon zu Beginn des Frühlings durch einen plötzlichen Streifzug gegen die Chatten wieder beginnen."[9]

Dieser Feldzug führte über Mattium, den Hauptort der Chatten, hinaus bis in den Norden des Landes, und wir haben bereits unter B.8.e berichtet, daß Germanicus dabei den Segestes aus seiner von Arminius-Getreuen belagerten Burg befreite, wobei er auch die von ihrem Vater mit Gewalt dorthin verbrachte Gemahlin des Arminius, Thusnelda, als Gefangene mit nach Rom nahm und sie in seinem Triumphzug im Jahre 17 vorführte.
Die streitenden Kräfte innerhalb der Führungsschicht der Cherusker scheinen zunächst kräftemäßig etwa gleichwertig gewesen zu sein, worauf die gewaltsame Entführung der Thusnelda hindeutet, doch berichtet uns *Tacitus* von den Aktivitäten des Arminius:

„... er stürmte durch die Gaue der Cherusker, Waffen fordernd gegen Segestes, Waffen gegen den Caesar ... Sie sollten sich doch

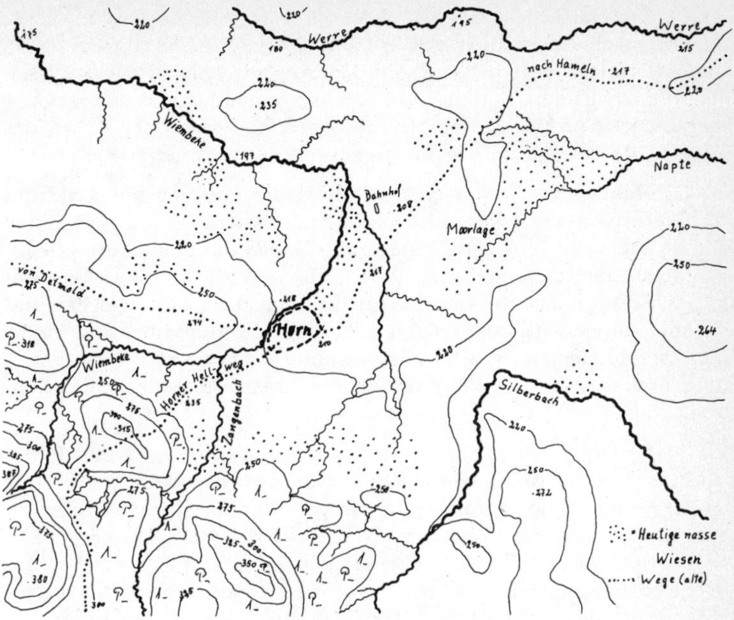

Abb. 36: Horn.
(Fortsetzung und Ergänzung zu S. 70, Abb. 19. 1 cm = 500 m)

jetzt nicht vor einem unerfahrenen Knaben und einem meuternden Heere fürchten . . . Durch solche Worte wurden nicht nur die Cherusker, sondern auch die angrenzenden Stämme aufgewiegelt . . .“[10]

Dieser Bericht zeigt, daß Widerstand bei den Germanen wohl organisiert, aber erst in und hinter den Bergen geleistet werden würde, worauf auch klar die Mitteilung des Tacitus hindeutet: ‚die Brukterer, die ihr eigenes Land verheerten‘,[11] denn diese hatten sich schon hinter die Berge zurückgezogen. Sie werden dort den Stoß der Römer über das Gebirge hinweg erwartet haben, wie auch Dieter Timpe aus seinen Überlegungen schließt: „Die römische Führung wird einen Stoß mit der ganzen Macht der acht Legionen in das feindliche Zentrum geplant haben.“[12]
Über die angeführten Vorbereitungen der Germanen berichtet uns *Tacitus* jedoch:

„All das ließ Germanicus' Sorge noch größer werden.“[13]

Daß nun kein Bericht der Römer über diesen Angriff des römischen Heeres nach Osten über das Gebirge hinweg in die Weserfestung hinein vorliegt, sagt nicht, daß dieser Angriff auch nicht erfolgt sei. Man spürt aus dem Bericht des *Tacitus* recht deutlich die Verlegenheit heraus, jetzt nicht von Kampf und Sieg, sondern von der Arbeit des Heeres als Totengräber berichten zu müssen, wenn er schreibt:

„Weiterhin wurde der Heereszug bis in die entlegensten Teile des Brukterelandes geleitet und alles Land zwischen Ems und Lippe verwüstet, nicht fern vom Teutoburger Walde, in dem, wie es heißt, die Reste der Legionen und ihres Führers Varus noch unbestattet lagen. So ergreift denn den Caesar die Sehnsucht, den Kriegern und ihrem Führer Varus die letzten Ehren zu erweisen; auch das ganze anwesende Heer war wehmütig gestimmt ob der toten Verwandten und Freunde, ob der Wechselfälle des Krieges und des Menschenschicksals.“[14]

Ob der letzte Teil des Satzes von Tacitus – ob der Wechselfälle des Krieges und des Menschenschicksals war auch das ganze anwesende Heer wehmütig gestimmt – auf die gerade überstandenen eigenen Kriegsereignisse zurückzuführen ist? Man könnte es vermuten.
Wir wissen nichts von dem Vorstoß des römischen Heeres über das Gebirge hinweg, auf das all die großen Vorbereitungen hinzielten. Lediglich hat man in Horn (siehe Abb. 36), dort wo der beste und wohl auch wichtigste Übergang über das Gebirge hinführt, die heutige Bundesstraße 1, der ‚Horner Hellweg‘, große Mengen ‚römischer‘ Hufeisen gefunden. Über diesen Fund berichtete zuerst der Bürgermeister von Horn, A. Schierenberg: „... 1868 ... fanden sich in einer Tiefe von fünf und mehr Fuß kleine Hufeisen in großer Menge ... in Schiebkarren zum Trödler gefahren und für Alteisen verkauft ... noch acht Stück vorhanden ... Die Hufeisen habe ich schon s. Zt. auf der Hauptversammlung der Altertumsvereine vorgezeigt, wo sie freilich von süddeutschen Mitgliedern für römische erkannt wurden; indes da damals noch die Ansicht herrschte, daß die Römer keine Hufeisen für ihre Pferde verwandt haben, berücksichtigte man die Sache nicht weiter. ... 1883 ... achtzehn bis zwanzig ... abermals drei Hufeisen ... noch weitere acht bis zehn Stück ...
Die in meinen Händen befindlichen fünf Stück habe ich wiederholt mit den auf der Saalburg gefundenen verglichen, habe sie auch Herrn Baumeister Jacobi gezeigt, der die Ausgrabungen auf der Saalburg leitet. Er hat wiederholt erklärt, daß sie seiner Überzeugung nach ohne Zweifel römischen Ursprungs seien.“[15]
Der Berichterstatter Wilhelm Müller teilt weiterhin mit, daß Jacobi am 29. 11. 1913 drei ihm übersandte Hufeisen als mit aller Wahrscheinlichkeit römischen Ursprungs bezeichnete. Weiterhin seien

1956/57 bei Kanalisationsarbeiten in der Mittelstraße in Horn in einer Tiefe bis zu 3,20 m weitere 22 Hufeisen und in der Nähe des einen Kilometer entfernten Bahnhofs mindestens 40–50 Stück, wahrscheinlich aber bedeutend mehr, ausgegraben. Ein Teil der Altstadt von Horn stehe auf sumpfigem Grund, wie gelegentlich gefundene mächtige Pfähle und auch der Name ‚Pfuhl' beweisen. Er schreibt dann weiter:

„Größte Beachtung verdient die Örtlichkeit, in der diese zahlreichen Hufeisenfunde gemacht wurden ... Über Horn aber, diesen durch die berühmten Externsteine bekannten Ort, lief ein wichtiger Arm des uralten, vom Rhein zur Elbe laufenden Hellweges ... Die auffällige Anhäufung dieser Hufeisen gerade an dieser engen Paßstelle in Verbindung mit dem Fund von Pferdezähnen, Kieferknochen und Radnägeln in so großer Tiefe deutet auf eine Katastrophe hin ..."[16]

Aus diesen Berichten können wir mit allen Vorbehalten schließen, daß sich beim Austritt des Römerheeres aus dem Gebirgswald ein Kampf abgespielt hat, der ähnlich dem gewesen sein mag, der nur wenige Wochen später stattfand, als beim Rückmarsch der vier Legionen des Germanicus von den Bestattungsarbeiten am Plackweg, bei deren Austritt aus dem Wald auch die Reiterei gegen die Germanen auf der Warsteiner Hochfläche eingesetzt wurde. Hierbei haben die Germanen durch einen Angriff aus der Flanke auf den rückwärtigen Teil des Reiterheeres dieses von seinem Rückweg abgeschnitten und in einen Sumpf getrieben. Darüber hat uns jedoch Tacitus einen eingehenden Bericht geliefert, der in Teil E.8 besprochen werden wird. Auch hier wurden ‚römische' Hufeisen gefunden.

Es ist daher anzunehmen, daß Germanicus beim Vorstoß über das Gebirge auf den sehr starken Widerstand der Germanen gestoßen ist. Da der Weg durch das Gebirge zwanzig Kilometer weit durch einen dichten Wald mit all seinen Unwägbarkeiten ging (siehe S. 70, Abb. 19; Anhang, Abb. 15), werden die Germanen unter Arminius dem Germanicus so zugesetzt haben, daß er den Rückzug vorgezogen hat und dabei die Reiterei opfern mußte. Die Bestattung der Toten aus der Varusschlacht wird ihm als Alibi gegenüber Rom für seinen Rückzug gedient haben, denn sie wurde als ‚große Tat' stilisiert; Germanicus wurde hierfür ein Triumphzug bewilligt, den er am 26. Mai des Jahres 17 hielt.[17]

e. Römische Hufeisen?

Hier ist ein Versuch anzuschließen, eine Erklärung zu den ‚römischen Hufeisen' zu geben, die in Horn und später in Warstein eine bedeutsame Rolle spielen. In beiden Fällen sind die geschichtlichen, strategischen und geländemäßigen Voraussetzungen an diesen Orten erkannt worden, die zu den Kämpfen der Reiterei des Germanicus führten, ohne daß dabei die Hufeisenfunde überhaupt Berücksichtigung gefunden hätten. Die Feststellung jedoch, daß es sich bei den an beiden Orten aufgefundenen großen Mengen Hufeisen um ‚römische' handelt, würde den Beweis für die Richtigkeit der aufgestellten Hypothesen ergeben können.

Einer der besten Kenner der römerzeitlichen Funde in Westfalen, Siegmar von Schnurbein, schreibt uns jedoch am 22. 6. 83 noch: „... daß uns weder aus Haltern, noch aus Oberaden, Anreppen oder Rödgen römische Hufeisen bekannt sind. Mit welcher Begründung diejenigen aus Warstein römisch datiert werden, ist mir unbekannt."

Damit diese Frage zu den Akten zu legen, erscheint uns bei ihrer Bedeutung für die Klärung der aufgestellten Arbeitshypothese nicht gerechtfertigt. Bereits Bürgermeister Schierenberg hatte 1868 berichtet, daß die Hufeisenfunde in Horn keine Beachtung gefunden hätten, da „die Ansicht herrschte, daß die Römer keine Hufeisen für ihre Pferde verwandt haben".

Diese Ansicht suchte 1897 der Leiter der Saalburg-Ausgrabungen, Baumeister L. Jacobi, in einer sehr eingehenden Darlegung der Forschungslage mit den Ergebnissen seiner eigenen Ausgrabungen richtigzustellen, wogegen sich aber 1928 Fr. Winkelmann wandte, der genagelte Hufeisen erst seit dem 10. Jahrhundert anerkennen wollte.

Nach dem Studium all der vielen darauf folgenden Stellungnahmen fällt es schwer, zwischen den vielen Für- und Gegenargumenten einen sicheren Weg zu finden; so lassen wir eine neue Arbeit von Ruprechtsberger (1978) unseren Wegweiser sein, aus der hier einige Auszüge folgen: „Selten wurden derart heftige und langwierige wissenschaftliche Debatten durch einen scheinbar so geringfügigen Gegenstand wie das Hufeisen ausgelöst ... Gegensätzliche Standpunkte gab es schon zu Beginn des vorigen Jahrhunderts ... Vollends entbrannte der Streit um die auf der Saalburg in Deutschland in großer Anzahl gefundenen Hufeisen, von denen behauptet wurde, sie seien römischen Ursprungs. Eine andere Fundstelle, Horn im Lippischen Wald, in der Nähe von Detmold, hatte schon etwas früher, im Jahre 1868, viele Hufeisen geliefert, die, in großer Tiefe entdeckt, infolge der damals vorherrschenden Meinung, die Römer hätten solche nicht verwendet, nicht mehr weiter beachtet wurden."

Nach einem Überblick über die in den vergangenen 100 Jahren veröffentlichten einschlägigen Forschungen kommt der Verfasser zu folgendem Ergebnis: „Ausgehend von den archäologischen Funden der jüngsten Zeit, denen manche noch vielfach skeptisch begegnen zu müssen glauben, konnte festgestellt werden, daß das Hufeisen in der römischen Antike zumindest in einigen Provinzen des Imperiums

wahrscheinlich durch Vermittlung der einheimischen Bevölkerung, der Kelten, bekannt und von Fall zu Fall verwendet worden ist."[18]
Mit diesem Ergebnis der Untersuchung von Ruprechtsberger wird es danach gestattet sein, die Hufeisenfunde in Horn und in Warstein anzuführen, ohne der unwissenschaftlichen Argumentation geziehen zu werden. Zumindest fällt doch auf, daß die Hufeisenfunde, in diesen Mengen begrenzt auf die beiden Gebiete um Horn und um Warstein, ein außergewöhnliches Ereignis sind und die Deutung zulassen könnten, daß es hier in grauer Vorzeit zu einer vermutlich militärischen Katastrophe gekommen sein dürfte.
Auf ein dramatisches Ereignis, entweder militärischer Natur oder einen Unglückfall, weist der Besichtigungsbefund der Eisen in Warstein und in Horn hin: Die Eisen enthielten bzw. enthalten großteils die Hufnägel, die in den Nagellöchern eingerostet sind. Demnach können die Pferde die Eisen nicht einfach verloren haben. Auch die Möglichkeit entfällt, daß den Pferden die Eisen abgenommen wurden. Es erweist sich vielmehr die Annahme als zwingend, daß die Pferde im Bruch, sowohl in Horn als in Warstein, umgekommen sind. Um ein solches Gelände handelt es sich bei den Fundorten, sowohl in Horn, wie Wilhelm Müller (siehe S. 144) und der Plan von Horn ausweisen, als auch in Warstein; hier heißt der Fundort „Enkebruch". In ein Bruch gehen Pferde nicht freiwillig, sondern nur unter Zwang. Es ist daher zu vermuten, daß Reiter mit ihnen hineingeritten sind. Die Tatsache des Erhalts dieser Eisen über so lange Zeit hinweg kann darin begründet sein, daß sie im Bruch unter Luftabschluß gelegen haben.
Ein weiterer Beweis des römischen Ursprungs dieser Eisen schien uns möglich, wenn man die erst 1975 veröffentlichten Ergebnisse der Ausgrabungen in dem Römerlager Augsburg-Oberhausen mit in die Betrachtungen einbeziehen würde.[19] Dieses Lager hat nur zur augusteiischen Zeit Bestand gehabt. Unter den Eisenteilen befinden sich neun Hufeisen und zwei Fragmente. Als Truppenteile, die in diesem Lager stationiert waren, kommen die 13. und die 21. Legion in Betracht, die beide am Marsch des Germanicus in das Gebiet der äußersten Brukterer beteiligt waren[20] und somit mit ihrer Reiterei sowohl am Übergang nach Horn als auch an der Reiterschlacht gegen Arminius bei Warstein teilgenommen haben könnten. Ähnliche Hufeisen hätten also hier wie dort gefunden werden können.
Dr. L. Bakker vom Römischen Museum in Augsburg erklärte uns jedoch, es sei nicht einwandfrei festzustellen, ob diese Eisen wirklich aus dem Römerlager stammten, da über eine Fundstelle dieser Eisen keine Unterlagen vorhanden seien.
Wir haben je ein Eisen aus Augsburg, Horn und Warstein über den Verein Deutscher Eisenhüttenleute im Labor der Mannesmann-

Hüttenwerke in Duisburg-Huckingen untersuchen lassen. Leider ist man noch nicht in der Lage, die Herkunft der Eisen eindeutig zu bestimmen.

f. Die Teutoburg

Nach diesem Exkurs kehren wir zurück zum Bericht des Tacitus und erörtern den nächsten wichtigen Hinweis auf den Ort der Schlacht: ‚nicht weit vom saltus Teutoburgiensis'.

Man hat, durch diese Nachricht veranlaßt, immer wieder die ‚Teutoburg' gesucht. W. Teudt hat in seinem Buch „Germanische Heiligtümer" ärgerlich und empört gefordert, man solle nun endlich die Suche nach der Teutoburg aufgeben, denn er habe sie einwandfrei und endgültig in der Grotenburg nachgewiesen.

Wir finden im Herkunftswörterbuch des Duden unter -Burg- die Erklärung: „Das gemeingermanische Wort ahd.bur(u)g bedeutet demnach urspr. -(befestigte)Höhe-. So heißt der -Teutoburger Wald- nach einer germanischen -Volksburg- (zu ahd.diot -Volk-). Wie diese großen, mit Erdwällen befestigten Fluchtburgen nannten die Germanen auch die ummauerten Römerstädte und Kastelle -Burg-."[21]

Hier wird also, ohne unmittelbaren Anlaß und nur zur Erläuterung gemeint, eine Erklärung der Bedeutung des Wortes ‚Teutoburger Wald' gegeben, als sei diese Auslegung selbstverständlich, sicher und allgemein bekannt.

Wenn in ‚saltus Teutoburgiensis' das -saltus- für einen Bergwald steht und das -burgensis- für eine Burg, wird die nähere Bezeichnung -teuto- nicht als Eigenname für -eine- Burg gelten können.

Es ist danach anzunehmen, daß Tacitus mit dem Wort ‚saltus teutoburgensis' den Bergwald meint, mit den, wie der Duden sagt, großen mit Erdwällen befestigten Fluchtburgen. Seite 52 sind auf Abbildung 13 germanische Wallburgen verzeichnet. Das Bild gibt deutlich wieder, daß in der Westfälischen Bucht keine Wallburgen zu finden sind; in den umgebenden Bergen findet man sie in großer Menge. So dürfen wir abschließend feststellen, daß Tacitus mit seiner Bezeichnung ‚saltus Teutoburgiensis' vermutlich das die Westfälische Bucht umgebende Waldgebirge insgesamt gemeint hat.

3. AUF DEM SCHLACHTFELD

a. Spitze Warte

Nachdem wir versucht haben, den Ausgangspunkt zu dem Besuch des Germanicus auf dem Schlachtfelde eindeutig zu klären, können wir uns mit Bedacht der Beschreibung des Schlachtfeldes im Wald der Teutoburgen, wie es uns *Tacitus* schildert, zuwenden, ‚in dem', wie es bei Tacitus heißt, ‚die Reste der Legionen und ihres Führers Varus noch unbestattet lagen'. Es heißt dann weiter:

„Caecina wurde vorausgeschickt, um die verborgenen Waldschluchten zu durchforschen und Brücken sowie Dämme über die feuchten Sümpfe und trügerischen Moorwiesen zu bauen."[22]

Der Stab des Germanicus und damit auch er selbst waren auf dem Haarweg nach Osten gekommen, wo Germanicus vermutlich auf der ‚Spitzen Warte' sein Hauptquartier aufschlug, weil er von hier die weiteste Übersicht hatte und weil hier auch der ‚(alte) Hellweg' zu den Quellen der Lippe seinen Anfang nahm. Auf der Spitzen Warte wird schon Drusus, sein Vater, gestanden haben, ebenso sein Onkel und Adoptivvater, der amtierende Kaiser Tiberius. Germanicus wird sich als Erbe seines Vaters gefühlt haben, dem der frühe Tod die Sicherung der Elbe als Reichsgrenze verwehrt hatte. Nun lag vor ihm das Schlachtfeld des Varus, ‚nicht weit', wie Tacitus schreibt. Es sind 7 km bis zum Kastell Kneblinghausen, wo das Schlachtfeld beginnt; man sieht den Platz mit bloßem Auge.
Der Kaiser hat es Germanicus, so berichtet jedenfalls Tacitus, sehr verübelt, daß er seine Soldaten die Schlacht nacherleben ließ und sie auf das Schlachtfeld führte. Uns will es verständlich erscheinen, daß dieser, nachdem er den Weg nach Osten versperrt fand und so nahe bei diesem Schlachtfeld stand, nicht einfach daran vorbeiziehen konnte. So zog er mit seinem ganzen Heer auf das Schlachtfeld, um die Reste der Toten zu bestatten.

b. Das erste Lager

Der Haarweg, auf dem Germanicus gekommen war, führte an der Wegegabel vor der Alme nach Südosten weiter. Am Waldrand, an der höchsten Stelle, wo das Gebirge nach links und rechts, nach Ost und West, steil zur Möhne und Alme abfällt, lag das Kastell Kneblinghausen. Der Bericht des Tacitus lautet:

„Dann betreten sie die Stätte der Trauer, für den Anblick wie für die Erinnerung grauenvoll. Das erste Lager des Varus zeigte durch seinen weiten Umfang und die Absteckung des Feldherrnplatzes, daß drei Legionen daran gearbeitet hatten."[23]

Das Lager Kneblinghausen hatte zunächst eine Größe von 10 ha, ist aber bei einem späteren intensiveren und festeren Ausbau auf 7,5 ha zurückgenommen worden. Es war mit vier besonders festen und modernen Klavikeltoren versehen. Es kann nach seiner Größe als ein Lager mit ‚weitem Umfang' angesehen werden. Nach Größe, Anlage und Lage am Eingang des Waldgebietes auf dem höchsten Punkt der Wasserscheide zwischen Alme und Möhne sowie an dem einzigen nach Süden führenden Wasserscheidenweg zur Briloner Hochfläche ist dieses Lager als das von Tacitus beschriebene erste Lager anzuschauen. *Tacitus* fährt dann fort:

„Weiterhin erkannte man an dem halbverfallenen Graben, daß sich dort die schon zusammengeschmolzenen Reste gelagert hatten.“[24]

Schon *Dio Cassius* hatte uns von diesem Lager berichtet:

„Also schlugen sie an der Stelle ihr Lager auf, nachdem sie einen passenden Platz gesichert hatten, soweit wie das möglich war in einem Waldgebirge.“[25]

c. Reihenfolge

Die Reihenfolge dieser beiden Lager haben bei der Suche nach dem Schlachtfeld immer eine große Rolle gespielt. So haben die Lösungen, die im Norden der Lippe die Schlacht suchten, immer folgende Schwierigkeit: wenn sie von der Lippe aus auf die Suche nach dem Schlachtfeld gingen, glaubten sie, zuerst das 2. Lager und dann erst das 1. Lager antreffen zu müssen, da Varus von der Weser kommen sollte. Dazu lesen wir bei Otto Dahm, der auch die Nordlösung vertritt:

„Von ganz besonderer Wichtigkeit in dieser Relation des Tacitus ist der Umstand, daß Germanicus bei seinem Vormarsch die beiden von Dio Cassius angeführten Lager des Varus in der Reihenfolge antraf, wie letzterer sie geschlagen hatte, und zwar, wie wir sehen, zuerst die prima castra, dann das Lager des ersten Schlachttages und anschließend das Schlachtfeld; denn es liegt auf der Hand, daß er in umgekehrter Reihenfolge diese Orte betreten mußte, wenn die varianischen Legionen, von der Weser kommend, in der Richtung auf die Etappenstraße an der Lippe marschiert wären.

Diese Tatsache hat allen denjenigen, welche die Hermannschlacht in die lippischen Berge oder in den Osning verlegen, nicht geringes Kopfzerbrechen verursacht, und mußten entweder Varus oder Germanicus die wunderlichsten Märsche ausführen lassen, um in die Züge beider entsprechende Übereinstimmung zu finden.

Wenn dagegen bei der von uns vertretenen Sondermühlen-Mommsenschen Hypothese sich der Verlauf der Märsche beider Feldherren ohne jede künstliche Kombination in der allereinfachsten und natürlichsten Weise sowie im engsten Anschluß an die Überlieferung ergibt, so glauben wir hierin einen nicht zu unterschätzenden Beweis für die Richtigkeit dieser Hypothese erblicken zu müssen.“[26]

Dies hört sich an wie die Begründung unserer Vorstellung, nur daß Dahm ja eine andere These vertritt: die Schlacht sei bei Barenau geschlagen worden. Von dem Gebiet, von dem uns Tacitus sehr genau und präzise den Raum schildert, von dem aus das Schlachtfeld ‚nicht fern‘ gelegen haben soll, also von den Quellen der Lippe, liegt

Barenau in der Luftlinie 90 km entfernt. Dieser Ort liegt jenseits der ‚Weserfestung', also hinter dem Osning und sogar noch hinter dem Wiehengebirge in der Norddeutschen Tiefebene. Es ist zuzugestehen, daß Dahm und die anderen Forscher von der Existenz der Lager Oberaden, Anreppen und Kneblinghausen noch keine Ahnung hatten und ihnen dieser Wegweiser nach Süden fehlte. – Wir fahren fort mit dem Bericht des *Tacitus:*

„Mitten auf dem Felde lagen bleichende Knochen, bald zerstreut, bald haufenweise, je nachdem die Soldaten geflohen waren oder Widerstand geleistet hatten. Daneben fanden sich zerbrochene Waffen und Pferdegerippe, auch vorn an den Bäumen befestigte Menschenschädel. In den benachbarten Hainen standen die Altäre der Barbaren, an denen sie Tribunen und Centurionen ersten Ranges geschlachtet hatten. Soldaten, die diese Niederlage überlebt hatten oder der Gefangenschaft entronnen waren, erzählten, hier seien die Legaten gefallen, dort die Adler geraubt worden; sie berichteten, wo Varus seine erste Wunde erhalten, wo der Unselige durch eigene Hand den Tod gefunden; von welcher Erhöhung aus Arminius zum versammelten Heere gesprochen habe; wieviel Galgen, was für Martergruben für die Gefangenen hergerichtet wurden und wie er in seinem Übermut mit den römischen Feldzeichen seinen Spott getrieben habe."[27]

Wir hatten schon im Teil D dargelegt, daß nach unserer Ansicht das zweite Lager auf dem ‚Brandrigen Berg' vor dem Taleinschnitt des letzten Querrückens vom ersten Tag gelegen hat. Wir haben die Frage bewußt offengelassen, ob der Name dieses Berges in Verbindung zu der Tatsache zu sehen sei, daß die Römer hier ihre Wagen und anderes Gerät verbrannten, jedoch gebietet die Genauigkeit des Berichtes, darauf aufmerksam zu machen, daß wiederum in obiger Schilderung des Tacitus zwei Hinweise enthalten sind, die auch als Flurname in diesem Gebiet erscheinen; es sind die Hinweise auf Galgen und Gruben, die Flurnamen ‚Grüner Galgen' und ‚Hundekoben'. Der Name Galgen bedarf keiner Erläuterung; Koben sind im Duden so erläutert: „Koben m: Mhd.kobe ‚(Schweine)stall; Verschlag, Käfig; Höhlung' . . . gehören im Sinne von ‚Erdhöhle, mit Flechtwerk abgedeckte Grube' zu . . ." Weitere Erklärungen brauchen wir hier nicht anzuführen.

4. GRABHÜGEL

a. Untersuchung

Germanicus ist bis zum Ende des Schlachtfeldes gezogen; er hatte die Anweisung gegeben, die Gebeine, die aufgefunden wurden, in würdiger Form der Erde zu übergeben (siehe Abb. 37). Darüber berichtet *Tacitus:*

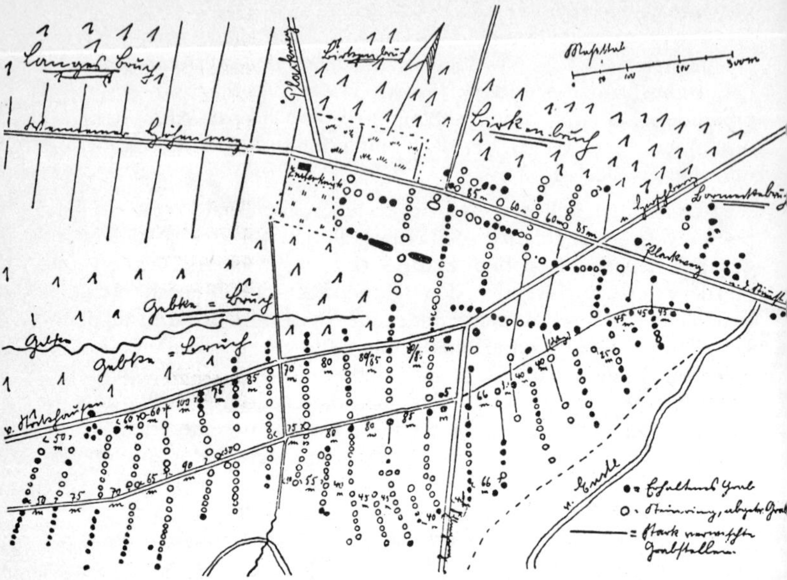

Abb. 37: Sogenannte Hügelgräber im Arnsberger Wald,
hier am Ensterknick (Rademacherplan).

„So bestattete das anwesende Römerheer im sechsten Jahr nach der Niederlage die Gebeine der drei Legionen . . .“

Zuerst machte F. Hülsenbeck im Jahre 1878 auf die vielen Grabhügel im Arnsberger Wald aufmerksam.[28] Er vermutete schon einen Zusammenhang mit der Vernichtung der Legionen des Varus. Eine Reaktion der Wissenschaft erfolgte jedoch noch nicht, denn man vermutete die Schlacht des Jahres 9 nach Chr. in einer ganz anderen Gegend.

Erst als Anfang dieses Jahrhunderts u. a. A. Beneke[29] erneut die These Hülsenbecks aufgriff, beauftragte zunächst der Sauerländische Gebirgsverein den Revierförster Rademacher aus Enste, einen Bericht über die Grabhügel auf der Höhe des Arnsberger Waldes zu erstellen und von der Gruppe am Ensterknick eine genaue Aufzeichnung zu machen. Rademacher legte den Bericht am 17. 6. 1911 vor.

Inzwischen war auch die Wissenschaft tätig geworden, und bereits 1910 untersuchte eine Kommission unter Leitung des Geheimen

Baurates Biermann aus Paderborn in Anwesenheit von Prof. Dr. Koepp aus Münster die Grabhügel auf der Wennemer Höhe. Im Anschluß an diese Untersuchung und den Bericht von Rademacher erfolgte vom 27. bis 30. 9. 1911 eine erneute Überprüfung von vier größeren Grabhügellgruppen, und zwar am Judenkirchhof, im Greverhagen, am Ensterknick und in der Giesmecke.
Trotz des positiven Ergebnisses dieser Untersuchungen, die ‚mit Sicherheit' feststellten, daß es sich um Gräber handele, schrieb Prof. Stieren noch 1932: „Bei nüchterner Betrachtung muß einstweilen gesagt werden, daß bei keinem der vor dem Kriege untersuchten Hügel der Beweis erbracht ist, daß es sich um Gräber handelt."[30]
Es ergibt sich deshalb die Notwendigkeit, näher auf diese Fragen einzugehen. Auf dem Marschweg der Römer durch den großen Wald, etwa drei Wegstunden vom Kreuzberg nach Westen, erscheint vor dem höchsten Punkt an dieser Straße ein eigenartiger Flurnamen, den wir zuvor beim Schlachtbericht schon erwähnten: Judenkirchhof. Es erscheint kaum möglich, daß mitten in diesem großen Gebirgswald, weitab von jeder Ortschaft, ein Judenkirchhof liegen soll. Wir können uns nur denken, daß in diesem Gebiet ein Begräbnisplatz im Volksbewußtsein existiert und der Volksmund dann aus der Tatsache, daß Judenfriedhöfe immer außerhalb der Ortschaften angelegt wurden, aus dem Gräberfeld einen ‚Judenkirchhof' machte.
Eine halbe Wegstunde weiter nach Westen liegt seitwärts vom Plackweg, kurz vor dem Stimmstamm, eine Bergkuppe mit einem ähnlichen Namen, der ebenfalls auf einen Begräbnisplatz hinweist, der ‚Greverhagen'. Greverhagen bedeutet Gräberhagen, also ein umhegter Begräbnisplatz. Beide Flurnamen könnten Hinweise sein, und tatsächlich fand sich dort eine Menge großer Hügel, die in die Untersuchung im September 1911 einbezogen wurden.
Wir haben bereits auf die schon 1910 untersuchte Hügelgruppe auf der ‚Wennemer Höhe' hingewiesen, wo 175 Hügel festgestellt wurden. Damit im Zusammenhang wird die Hügelgruppe ‚In der Giesmecke' stehen, da diese 89 Hügel nur 1200 m seitab nach Nordwesten auf einem von der Höhe zur Giesmecke sich hinziehenden Bergrücken liegen.
Die wichtigste Hügelgruppe ist jedoch die am Ensterknick. Nach Hülsenbeck und Beneke bedeutet Knick in Westfalen: Verhau.[31] Es ist möglich, daß mit diesem Namen die Straßensperre gemeint ist, die die Germanen quer über den Plackweg dort anlegten, wo dieser Weg von der Höhe herabführte, um zwischen der Quelle der Giesmecke und dem Großen Bruch einerseits und dem Birkenbruch andererseits hindurch auf eine Wasserscheide nach Arnsberg zu kommen. Der Weg auf der Höhe, der weiter geradeaus führt, endete für die Römer nach fünf Kilometern im Nichts; dort bricht der Steilhang des Küppel

um 200 m zur Ruhr ab. Diese Hügelgruppe am Ensterknick ist die größte der aufgefundenen Gräbergruppen. Die exakte Aufzeichnung, die uns Rademacher überlieferte, ermöglicht Rückschlüsse verschiedener Art. Leider sind von den 446 Hügeln, die noch nachweisbar waren, nur zwei Hügel untersucht worden. Wir lassen Biermann, den Leiter der Untersuchungskommission, selbst berichten:
„Am 29. September wurden die Hügel am Ensterknick untersucht. Hierbei waren zugegen: 1. Herr Prof. Dr. Koepp aus Münster; 2. Herr Rademacher; 3. Herr Ammermann, letzterer von mittag an.
Der Forstbezirk Ensterknick liegt auf dem Kamm des Gebirgszuges etwa 3 km westlich vom Stimmstamm. Der von dort herkommende Plackweg hält sich bis zum Ensterknick durchweg auf der Kammhöhe, biegt dann aber nach Nordwesten hin ab . . ., während auf dem Kamm selbst in der Verlängerung des Plackweges der sog. Wennemer Höhenweg zunächst in westlicher Richtung nach der Wennemer Höhe läuft. Im Forstbezirk Ensterknick verlaufen der Plackweg und der Wennemer Höhenweg ziemlich horizontal; das anstoßende Terrain hat zunächst nach beiden Seiten hin auch nur ein geringes Gefälle, fällt dann aber nach Norden zur Giesmecke ziemlich steil ab, während es nach Süden hin östlich und westlich vom Ensterknick zwei tief eingeschnittene Terrainfalten zeigt, in denen die Glasmecke und die Gebke mit starkem Gefälle zur Ruhr abfließen. Zwischen diesen beiden Bächen zweigt sich etwa 150 m östlich vom Ensterknick ein Höhenrücken in südwestlicher Richtung zuerst mit geringem Gefälle von dem Hauptgebirgskamm ab, welcher erst weiterhin mit stärkerem Gefälle zur Ruhr abfällt.
In dem vorstehend beschriebenen Forstbezirk hat nun Herr Rademacher sehr viele Hügel aufgefunden und in die Forstkarten eingetragen, und zwar in den Forstbezirken 20, 21, 28, 29, 34, 38, 47 und 49."
Nach dieser Geländebeschreibung kommt Biermann zur Beschreibung der Grabhügel: „Nach diesen Einzeichnungen kann man zwei Hauptgruppen unterscheiden, welche auf der Hauptkammhöhe östlich vom Ensterknick zusammenstoßen und von dem die einen rund 1500 m lang, auf dem Hauptgebirgskamm, und die andere, rund 1800 m lang, auf dem zwischen der Glasmecke und der Gebke belegenen Höhenrücken liegt, so daß beide Gruppen durch das scharf eingeschnittene Gebketal getrennt sind. In beiden Gruppen liegen die Hügel nicht wie bei allen anderen im Arnsberger Walde befindlichen Hügelgruppen regellos zerstreut im Walde, sie sind vielmehr größtenteils in Reihen angelegt, zwischen denen sich nur vereinzelt regellos gruppierte Hügel in geringer Anzahl finden. Die einzelnen Reihen liegen größtenteils rechtwinklig zu der Längsrichtung der vorbezeichneten beiden Höhenrücken in wechselnden Abständen von 40 bis

100 m; einzelne Reihen liegen jedoch auch parallel mit diesen Höhenrücken. In den einzelnen Reihen liegen die einzelnen Hügel ziemlich nahe nebeneinander, mit 10 bis 15 m Zwischenraum von Mitte zu Mitte. Im ganzen hat Herr Rademacher im Ensterknick 446 Stück als solche noch erkennbare Hügel gezählt und in die Karten eingetragen, von denen ihm jedoch nur 187 Stück noch vollständig unberührt schienen, während 259 Stück die Anzeichen einer mehr oder weniger starken Zerstörung trugen. Außerdem hat Herr Rademacher noch in beiden Hügelgruppen Reihen gezeichnet, an deren Platze jetzt irgendwelche Hügel nicht mehr erkennbar sind, wo aber nach der Überlieferung sich früher gleichfalls Hügel befunden haben sollen."[32]

Wir wollen hier auch einen Grabungsbefund wiedergeben: „Die Untersuchung der beiden Hügel ergab folgendes:

1. Der Hügel I.

Der Hügel zeigte eine fast genaue kreisrunde Grundform von 4 m Durchmesser; seine Höhe betrug 0,90 m. Die Oberfläche bestand aus einem mit Moos und Laub durchsetzten dunklen Humusboden, in welchem zahlreiche kleine abgerundete sog. Lesesteine fest eingebettet waren ... Am Rande des Hügels fanden sich rings um den Hügel herum in geringen Abständen voneinander größere hochkantig gestellte Steine. Sodann wurde die obere Humusschicht beseitigt. Unter ihr kam eine Steinschüttung zutage, welche teils aus eckigen, scharfkantigen und lagerhaften und teils aus abgerundeten Steinen bestand ... Die Steine lagen unregelmäßig aufeinander, teils flach, teils hochkantig, teils schräg. Die hierdurch zwischen den einzelnen Steinen entstandenen, oft ziemlich großen Zwischenräume waren dicht mit hellgelber Lehmerde ausgefüllt. In dieser Füllerde wurden von oben nach unten zunehmend, vereinzelt kleine Stückchen Holzkohle, darunter 2 Stück von 2 cm Stärke, die anderen aber von weit geringeren Abmessungen, sowie auch einzelne Stückchen Branderde von Erbsen- bis Bohnengröße aufgefunden. Die Füllerde, in welcher diese Kohlenstückchen und die Branderde eingebettet waren, zeigte aber keinerlei Spuren von Brand, die Verbrennung konnte also auf der Fundstelle selbst nicht stattgefunden haben. Unmittelbar über dem gewachsenen Boden schienen die Steine in der Mitte des Hügels auf 2,30 m Länge in der Richtung von Westen nach Osten und in 1 m Breite etwas sorgfältiger zusammengelegt zu sein, wenn sie auch nicht einen so deutlich erkennbaren festgeschlossenen Belag bildeten, wie er in den Hügeln auf der Wennemer Höhe angetroffen war. An den übrigen Stellen ging die Schüttung direkt an den gewachsenen Boden über. Irgendwelche Skelettreste, Beigaben, Flintsteine oder sonstige Kulturreste sowie Vertiefungen in dem gewachsenen Boden wurden nicht gefunden."

Biermann faßt dann das Ergebnis der Untersuchungen zusammen: „Aus den vorstehend beschriebenen Untersuchungen der einzelnen Hügel dürfte nun wohl nachstehendes zu folgern sein: ... 3. Beide Hügel am Ensterknick dürften mit Sicherheit als Grabhügel anzusprechen sein. ... 5. Die Untersuchung sämtlicher als Grabhügel anzusehenden Hügel hat keinen Anhalt dafür gegeben, um ihren Ursprung auf eine bestimmte Zeit zurückführen zu können."
Eine gleiche Beurteilung erfolgte bereits 1910 bei acht Hügeln auf der Wennemer Höhe: „... waren die drei ... Herren (Koepp, Dragendorf, Biermann) einstimmig der Ansicht, daß die untersuchten Hügel als Grabhügel anzusehen seien."
A. Beneke, der bei einigen Untersuchungen zugegen war, schreibt zu der Anlage am Ensterknick: „... so daß wir hier ein systematisch angelegtes Gräberfeld vor uns haben, das ungefähr 1 Quadratkilometer = 100 Hektar = 400 Morgen umfassen dürfte. Man zeige uns eine auch nur annähernd ähnlich regelmäßige und gewaltige frühgeschichtliche Begräbnisstätte!"
Und von den Steinmengen, die auf diesen Hügeln lagen, sagt er: „Von der Großartigkeit der ganzen Anlage bekommt man erst eine rechte Vorstellung, wenn man die Steinmassen gesehen hat, die ein einziges Grab bedecken."[33]
Hülsenbeck berichtet von einem großen Hügel am Plackweg: „Nur sind die Steindecken bedeutender, so daß sie ursprünglich wohl zum Schutze der Gräber bestimmt, denselben hier mehr ein monumentales Aussehen gegeben haben; von einem Grabhügel sollen an die 30 zweispännige Fuder Steine fortgeschafft sein."[34]
Wenn wir uns nun den Plan von Rademacher genauer anschauen, erkennen wir, daß die von Biermann dargestellten zwei Teile der Hügelgruppen nicht nur räumlich, sondern auch in der Anlage verschieden sind, und zwar liegen am Plackweg einige Hügelgruppen in der gleichen Richtung des Weges, wogegen auf dem abzweigenden Bergrücken die Hügel ausschließlich quer zur Höhenlinie angelegt wurden. Dies könnte darauf hindeuten, daß die Hügel in mehreren Phasen erstellt wurden.

b. Soldatenfriedhof

Beneke meint, daß „die Regelmäßigkeit der Anlage beweist, daß ein organisiertes Heer der Hersteller war." Wenn wir uns nun vorstellen, daß Germanicus 6 Jahre nach der Schlacht in diesem Waldgebiet erschien, um den Toten die letzte Ehre zu erweisen und die Gebeine zu bestatten, so wird er den Legionen bestimmte Gebiete zugeteilt haben. So erschien auch am Ensterknick eine Legion, um hier ihr Werk zu vollbringen. Für das Aufsuchen von Menschenknochen, die bereits längere Zeit auf dem Boden eines Waldgebirges gelegen haben, gab es kein Vorbild und keine Erfahrung. Die Soldaten werden deshalb zunächst den Wald links und rechts des Plackweges durchstreift und die dort gefundenen Knochen am Wege zusammengetragen haben, die dann in den Grabhügeln entlang des Weges beigesetzt wurden. Aus den hier erkennbaren sechs Hügelreihen ist zu entnehmen, daß von der Legion 6 Kohorten für diese Arbeit eingesetzt waren (Anhang Abb. 32).

Jede Legion bestand aus 10 Kohorten, wovon die erste Kohorte, die verstärkte Legionskohorte, die Aufgabe der Aufklärung zu übernehmen hatte. Von den verbliebenen 9 Kohorten wird ein Drittel zur Sicherung vor den Überfällen der Germanen gebraucht worden sein, so daß für die vorgesehene Aufgabe 6 Kohorten zur Verfügung standen. Nach den Erfahrungen in der ersten Phase wird man für die neue Phase die Einteilung geändert haben.

Dazu bemerkt Beneke: „Die Bestatter haben selbstverständlich vom Heerwege, von der Höhe aus, ihr Werk begonnen. Von hier aus erhielten die einzelnen Abteilungen ihr Arbeitsfeld zugewiesen: so mußten die langen, zum Gebirgsrücken senkrecht gestellten Reihen mit ihren Zwischenräumen entstehen; so auch konnten Tausende gleichzeitig arbeiten, ohne sich gegenseitig zu hindern."[35]

Und tatsächlich kann man aus der Anlage rekonstruieren, wie die Organisation erfolgte. Der Bergrücken beginnt auf dem Plackweg an der höchsten Stelle, hier auf 550 m, und geht leicht geneigt, bis er nach etwa 1500 m von der Höhenlinie 510 steiler zur Ruhr abfällt. Auf der Wasserscheide zwischen Gebke und Grasmecke, auf der damals der Ensterweg verlaufen sein wird, wurde jeder Kohorte ein Sechstel der Strecke zugeteilt, das sind etwa 250 m. Die Kohorte bestand aus 3 Manipeln, die jede demnach etwa 75–85 m des Geländes beiderseits der Mittellinie zugeteilt bekam und in einer Tiefe operierte, die nach beiden Seiten hin bis zum Steilabfall in den Bachgrund reichte. Jede der beiden Centurien des Manipels erhielt nun eine der beiden Seiten zugeteilt, entweder zur Gebke hin oder zur Glasmecke. Die Centurie bestand aus etwa 75 einfachen Soldaten, jeder Soldat erhielt einen Suchraum von einem Meter Breite von der Mittellinie waldeinwärts. Damit war ein Gebiet von 50 ha oder 200 Morgen so aufgegliedert, daß eine intensive und lückenlose Suchaktion möglich wurde.

Zunächst wird man das Unterholz beseitigt und dann die Suche in der Weise durchgeführt haben, daß jeder Soldat mit seinem Schanzzeug den Boden vor seinen Füßen durchsuchte. Auf dem Mittelstreifen jeder Centurie wurden die Gebeine gesammelt, um dann die Hügel zu errichten. Wie diese Hügel erstellt wurden, ist aus der von Biermann berichteten Untersuchung zu entnehmen.

Bei der Durchsicht der Grabreihen auf dem Gebirgsrücken zwischen Gebke und Grasmecke wird man 18 querlaufende Reihen zählen. Die Unsicherheit in der Nähe des Plackweges entsteht dadurch, daß ein Teil der Hügel dort nicht mehr feststellbar ist. Jede der Reihen hat links und rechts von der Mittellinie je 8–9 Grabhügel, die von je einer Centurie erstellt wurden. Damit sind in der Bestattungsphase II von den 18 Manipeln der 6 Kohorten = 18 mal 2 Centurien = 36 Centurien, die jede 8–9 Hügel erstellte, demnach etwa 300 Grabhügel angelegt worden.
In der Phase III werden Ergänzungen vorgenommen worden sein, wobei im Süden, wie man deutlich erkennt, noch 60–70 Hügel und nach Norden weitere 80–100 Hügel in die Anlage eingefügt wurden. Diese gewaltige Aufgabe war nicht in wenigen Tagen zu bewältigen, zumindest 2–3 Wochen werden die Legionen auf dieser Bergeshöhe zu tun gehabt haben.

c. Widersprüche

Obwohl die Feststellungen, daß es sich bei den Hügeln im Arnsberger Wald mit Sicherheit um Grabhügel handele, von den Spitzen der Fachwissenschaft getroffen wurden, denn sowohl Prof. Dr. Dragendorff wie auch Prof. Dr. Koepp sind Direktoren der Römisch-Germanischen Kommission in Frankfurt/Main gewesen, wurde gegen diese Vorstellung Sturm gelaufen.
In einer Gedenkschrift für Arnold Beneke, der die These von den Grabhügeln stark gefördert hatte und Veranlasser der wissenschaftlichen Untersuchungen war, kommt Wilhelm Bleicher[36] zu der Ansicht, daß die Hügel aus Lesesteinen aufgehäuft wurden, die man vom Acker aufgelesen habe. Er versteigt sich gar gegen die oben angeführte wissenschaftliche Aussage zu folgenden Ausführungen: „. . . sogar eine Kommission von hervorragenden Fachkennern hält die Steinhaufen für Gräber . . . ein Beweis dafür, wie leicht Menschen der Magie ihres Wünschens verfallen, der Wunsch zum Vater des Gedankens und der Realität wird . . . es bleibt dabei, daß sie nur . . . Lesesteinhaufen sind. Die langen Reihen von Lesesteinhaufen bezeugen, wie weit das Ackerland im Hoch- und Spätmittelalter die Wälder des Sauerlandes verdrängt hatte."
Aufgrund des großen Widerhalls, den der Streit um die Gräber im Arnsberger Wald fand, beauftragte das Kulturministerium einen anerkannten Wissenschaftler, den Direktor am Völkerkundemuseum in Berlin Prof. Dr. Schuchardt mit Grabungen an den Steinhügeln im Arnsberger Wald, um eine weitergreifende Aussage zu erhalten.
Zunächst berichtete Prof. Schuchardt:[37] Den Plan, den der Revierförster Rademacher von dem Gebiet am Ensterknick aufgenommen hatte, „habe ich bei der ersten Orientierung, offen gestanden, stark

angezweifelt; immer mehr sah ich aber, wie er mit einem ganz auf diese Sache eingeübten Auge hergestellt ist, so daß nicht bloß die Reihen zuverlässig sind, sondern auch die Unterscheidung, welche Hügel abgetragen und welche gut oder leidlich erhalten sind, im ganzen dem wirklichen Verhältnis entspricht."
Schuchard suchte dann Grabkonstruktionen, die er bei alten Gräbern bisher immer vorgefunden hatte, einen Hohlraum oder Steinumpakkungen für Holzgefäße oder Urnen. Er fand jedoch nichts und gab damit kurzerhand die Grabidee auf.
Da Schuchardt die Lesesteinidee für ausgeschlossen hielt, „denn einmal pflegt solche Reinigung geschlossene Wall-Linien am Ackerrande zu ergeben und zum anderen ist auf dieser Höhe auch nie ein ausgedehnter Ackerbaubetrieb gewesen", kommt er zu der Erkenntnis, „daß die Hügel das Material darstellen . . ., das man an besonders steinigen Stellen zur Wegeverbesserung geschürft hat. Damit erklärt sich mit einem Schlage das Bild . . ."
Damit standen nun die zwei wissenschaftlichen Gutachten sich entgegen. Diese schnelle Entscheidung von Schuchardt erscheint zumindest so einseitig wie die anderen Lösungsversuche auch.
Im Sauerländischen Gebirgsboten stellt sich danach in einem eingehenden längeren Artikel Lohmann-Medebach[38] voll hinter die Ausführungen Schuchardts. Er bemerkt trotzdem: „. . . nirgendwo aber sind die Haufen in solcher Anzahl und solcher Anordnung wie namentlich am Ensterknick . . . nur der Arnsberger Wald birgt sein besonderes Geheimnis."
Er beschließt seine Ausführungen: „Von allen bisher aufgestellten Theorien ist jedenfalls die Schuchardtsche die annehmbarste; auch bei ihr bleiben Bedenken . . . Möglich bleibt es, daß die Steinhaufen an den sieben Stellen im Arnsberger Walde im einzelnen Falle verschiedene Entstehungsursachen haben, möglich bleibt es auch, daß nochmal eine bessere Erklärung gefunden wird, trotzdem das wenig aussichtsreich erscheint; unmöglich aber muß es bleiben, daß man die Steinhaufen weiterhin ernstlich mit der Varusschlacht in Verbindung bringt."
Diese Ausführungen von Lohmann veranlassen Karl Feaux de Lacroix im gleichen Blatt zu einer geharnischten Erwiderung:
„Was führte eigentlich Herrn Prof. Dr. Schuchardt auf seine an sich doch höchst unwahrscheinliche ‚groteske' und widerspruchsvolle Vermutung, die vielfach in Reihen geordneten und gleichmäßig geformten Steinhügel im Arnsberger Walde, die nach seinem Ausdruck ‚jedenfalls auf eine systematische Arbeit hinweisen', seien lediglich zum Zwecke der Wegeverbesserung ‚geschürft', dann aber wenigstens großenteils unbenutzt liegen geblieben? Es war ein richtiges Verlegenheitserzeugnis, diese Arbeitshypothese, wie Sch. selbst

sie bezeichnete. Der Gelehrte hatte eine Skizze der Hügelreihen am Ensterknick in der Hand; diese Skizze führte ihn zu der Annahme, daß die Steinhügel immer dem Zuge der Wege (meist Pfade) folgten, daß sie gleichsam an ihnen ‚klebten'. Aber diese Annahme ist irrig. Sch. hat sich getäuscht: Die Steinhaufen stehen senkrecht zu den Wegen, die parallele Linie ist nur Zufall."

Er fährt dann fort: „Da so das einzige Moment, das der Gelehrte für seine Hypothese in die Wagschale geworfen hat, wegfällt, so verlohnt es nicht, sich länger bei ihr aufzuhalten. Aber es mag noch erwähnt werden, daß Schuchardt selbst eine Bestätigung seiner Vermutung durch die Forstakten forderte. Er meint, um 1700 müsse die ‚systematische Arbeit' im Auftrage der in Hirschberg häufig residierenden Kurfürsten von Köln ausgeführt worden sein. Aber die Forstakten aus jener Zeit – ich habe alle vorhandenen eingesehen – schweigen. Auch die älteren und späteren. Dagegen fand ich zu meiner Freude und Überraschung die Steinhügel an der Heve bereits im Jahre 1630 erwähnt. Nicht, daß sie damals zu irgendeinem praktischen Zwecke aufgesammelt wären – sie waren vielmehr längst vorhanden, schon damals so rätselhaft wie heute; sie waren so charakteristisch für die Örtlichkeit, daß man – niemand weiß, zu welcher Zeit schon – einen Walddistrikt nach ihnen ‚Steinhaufen' benannt hatte. Der Distriktname besteht noch heute.

Es ist Herrn Schuchardt nicht gelungen, das Geheimnis des Arnsberger Waldes zu entschleiern."[39]

d. Neue Hinweise

Über diesen Meinungsstreit, der besonders stark in der ersten Hälfte unseres Jahrhunderts geführt wurde, ist man jedoch bis heute noch nicht hinausgekommen. Prof. Dr. Harald von Petrikovits, der Altmeister der Römerforschung am Niederrhein, drückt sich in einem Brief an uns vom 3. 3. 1984 so aus: „Die vermeintlichen ‚Grabhügel' im Arnsberger Wald sind nach den Untersuchungen der Kollegen in Münster Steinhaufen, die von der Gewinnung örtlichen Straßenschotters stammen (Sie fragen am besten die Münsteraner selbst)."

Nachdem wir bereits 1983 in Anwesenheit und unter Aufsicht von Dr. Ph. R. Hömberg, dem Leiter der Außenstelle Westfalen-Süd der Münsteraner Altertumskommission, ein leider gestörtes Objekt untersuchten, haben wir vom 13. bis 15. 8. 1984 erneut den Versuch unternommen, mehr über diese Steinhaufen zu erfahren, indem wir den Nachbarhügel aus der Untersuchung von 1911 auswählten (Anhang Abb. 33 und 34).

Wiederum zeigte Dr. Hömberg sein großes Interesse an unserer Arbeit und wiederholte seinen Besuch vom zweiten Tage, um mit dem Vorsitzenden der Altertumskommission von Westfalen und des

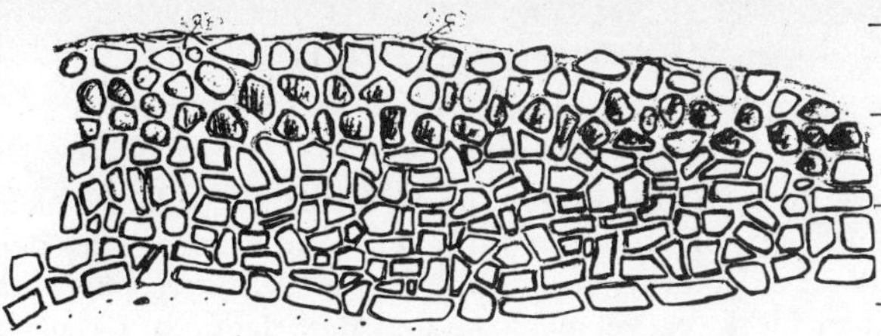

Abb. 38: Schematischer Querschnitt (Höhe 60 cm, Breite 150 cm) bis zur Mitte des Hügels (D. Gutjahr).

Amtes für Bodendenkmalpflege, Herrn Prof. W. Winkelmann, das Ergebnis der Grabung zu begutachten.
Von den vier Ausgräbern (K. Müller, D. Gutjahr, J. Breuer, W. Leise) wurde nach der Grabung folgende Feststellung getroffen (siehe Abb. 38):
„Der ergrabene Steinhügel ist künstlich angelegt und in den Waldboden ca. 40 cm eingelassen. Bisher geäußerte Deutungen der Hügel als Lesestein- bzw. Wegesteinhaufen sind daher nicht möglich. Das gleiche gilt für die 1911 ergrabenen Nachbarhügel, deren Sohle heute noch wesentlich unter dem Waldbodenniveau liegt. Der Waldboden über dem Steinhügel und sein Bewuchs unterscheiden sich nicht, nur im Niveau, vom übrigen Waldboden. Auch die Buchen sind auf diesem und benachbarten Hügeln nach deren Anlage aufgewachsen. Die Beschaffung und das Setzen der großen Steinmenge – ca. 7,5 m^3 im ergrabenen Hügel – erforderten einen hohen Arbeitsaufwand.
Aufgrund der vorgefundenen Situation ist dieser Steinhügel wie die benachbarten nur als Grabanlage deutbar. Dieser Schluß aus dem Grabungsbefund wird gestützt durch die Übereinstimmung mit den Befunden aus dem Jahre 1911. Identisch sind nicht nur Form und Struktur der Hügel, in allen Fällen finden sich die Holzkohlenbeigaben, bei der vorgenommenen Grabung unter der tiefsten Steinlage.
In dem Zusammenhang mit dem Rademacherplan, der 446 gleichartiger, geometrisch in Himmelsrichtung geordneter Hügel ausweist, ergibt sich die Folgerung, daß ein Grab eines ausgedehnten, systematischen Gräberfeldes freigelegt wurde. Dieses wird nur etwa gleichzeitig und unter sehr großem personellen Arbeitsaufwand angelegt worden sein (Anhang Abb. 35 und 36).
Bei der Deutung als Gräberfeld erstaunt die Tatsache, daß keine Knochen und Beigaben gefunden wurden. Dies und die Gleichartigkeit der Anlageteile führt zu dem Schluß, daß es sich um eine sehr alte und militärisch geschaffene Friedhofsanlage handelt."

5. ERGÄNZUNGEN ZUM SCHLACHTBERICHT DES JAHRES 9 NACH CHRISTUS

a. Drei Sperren

Man kann vermuten, daß die Römer, nachdem sie in der Morgenfrühe vom Kreuzberg aufgebrochen und auf dem Plackweg in den Arnsberger Wald eingedrungen waren, etwa 6–7 Stunden später am Ensterknick den Plackweg versperrt fanden und dadurch veranlaßt wurden, ihre Vorhut in Richtung nach Westen auf der Höhe weitermarschieren zu lassen, um irgendeinen Ausweg zu suchen. Doch diesen gab es nicht. Wie Norkus errechnet hatte, könnte die Marschkolonne des Varus eine Länge von etwa 14 km gehabt haben; nachdem am ersten Tage ein großer Teil der Wagen verbrannt wurde, wird sie entsprechend kürzer gewesen sein. Danach wird die Nachhut zu der Zeit, als die Spitze vor der Schietlike Borg stand, den Judenkirchhof erreicht haben.

Die beiden Abzweige vom Plackweg nach Belecke und Sichtigvor, die zum Haarweg führten, werden die Römer ebenso versperrt gefunden haben wie den Plackweg am Ensterknick. Die Germanen haben jedoch kaum angegriffen, ehe die Spitze der Römer vor der Ruhr stand und dort nicht weiter konnte; lediglich werden sie hinter der Nachhut der Römer auf dem Plackwege Unruhe erzeugt und damit die Marschkolonne zur Eile gedrängt haben, damit diese sich nicht zu weit auseinanderzog.

Nun erst, als ein Ausweichen der Römer nach Norden zum rettenden Haarweg durch die großen Bruchgebiete und die Sperren an den Seitenstraßen nicht möglich war und ein Ausweichen nach Süden und Westen zur Ruhr hinunter mit den an ihr aufgereihten Wallburgen tödlich gewesen wäre, werden die Germanen von allen Seiten gestürmt haben.

b. Vorhut, Hauptmacht, Nachhut

Die Lage der Grabhügelgruppen, wenn man sie zunächst zur Aufstellung einer Arbeitshypothese als von Germanicus angelegt ansehen würde, könnte an der Wennemer Höhe anzeigen, daß hier die Germanen mit starken Kräften aus der Wallburg, der Schietlike Borg (siehe S. 123, 163), heraus die Römer angegriffen haben und deren Vorhut sich dabei energisch verteidigte. Bei dem negativen Ablauf der Kämpfe wird dann ein Teil der Vorhut versucht haben, nach Nordwesten einen Weg in die Freiheit zu finden; dort wurden sie ebenfalls umzingelt und vernichtet. 175 Massengräber allein auf der Wennemer Höhe und 89 Gräber in der Giesmecke würden von diesen schweren Kämpfen Zeugnis ablegen (siehe Abb. 39).

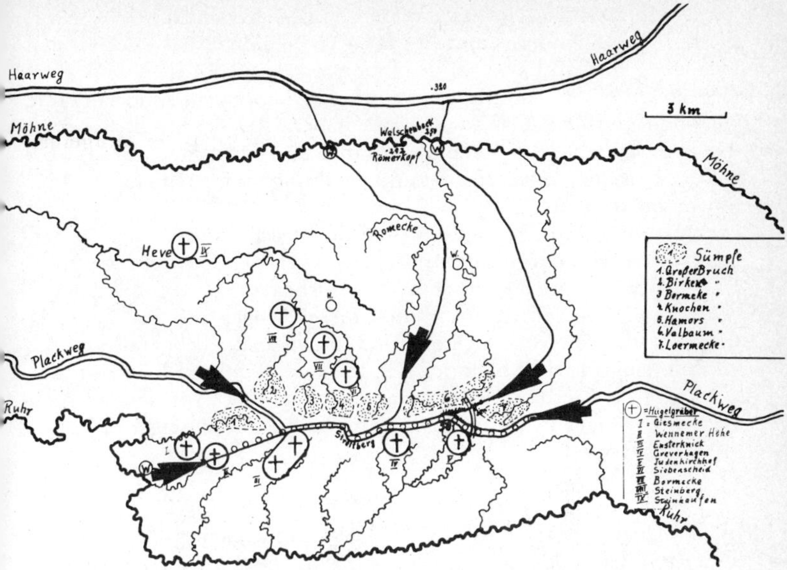

Ⓦ 1 = Wallburg Loermund
Ⓦ 2 = Wallburg Belecke
Ⓦ 3 = Wallburg Schietlike Borg
○ H = Stadt Hirschberg
○ W = Stadt Warstein
➞ = Stoßkeile der Germanen
ooooo = Römischer Heereszug

Abb. 39: Dritter Tag der Varusschlacht.
Hügelgrabanlagen und Stoßkeile.

Die Hauptmacht der Römer jedoch wird zwischen dem Ensterknick, wo sie den Durchbruch auf den westlichen Plackweg erzwingen wollte, und dem Streitberg zusammengedrängt worden sein, wobei der größere Teil auf den Bergrücken zwischen Gebke und Glasmecke ausgewichen ist oder im Kampf dorthin zurückgedrängt wurde, während ein anderer Teil auf der nördlichen Seite des Plackweges gegenüber dem zuvor bezeichneten Höhenrücken sein Heil in der Flucht gesucht haben wird. Dort auf den Wasserscheiden zwischen dem Birken-, Bermecke-, Knochen- und Hamorsbruch öffneten Fußpfade einen Ausweg, darunter den heute noch in den Karten verzeichneten Ensterweg. Wir wissen aus den Berichten der Römer, daß eine große Anzahl Soldaten sogar das Lager an der Lippe erreichte. Von den schweren Kämpfen an dieser Stelle würde das 100 ha große Gräberfeld am Ensterknick, das eindeutig militärisch angelegt ist, mit seinen ca. 600 Massengräbern ein anschauliches Bild

vermitteln; und die vielen Grabhügel im Siebenscheid, an der Bormecke, am Steinberg und im Distrikt Steinhaufen stecken den Fluchtweg zu dem Lager an der Lippe ab.
Der Stoß über den Stimmstamm wird die Hauptmacht an ihrem Ende getroffen und den Rest abgespalten haben, der dann auf den nach Süden zielenden Bergrücken abgedrängt und vernichtet wurde, worauf der Flurname Greverhagen und die dort gefundenen Hügelgräber hinweisen könnten.
Die Nachhut wurde daraufhin am Judenkirchhof, von zwei Seiten angegriffen, von der auf dem Plackweg vorgehenden Verfolgergruppe und der Truppe, die auf dem Wasserscheidenweg von Belecke her gekommen, vor dem Auftreffpunkt dieses Weges auf den Plackweg zunächst die Sperre errichtete und dann später ebenfalls in die Kämpfe eingriff. Hier befindet sich auch der Punkt 581, wo wir das Denkmal, das Germanicus gesetzt hat, vermuten. Trotzdem wurden auch hier Hügel in die wissenschaftliche Untersuchung des Jahres 1911 einbezogen.

c. Übersicht

In der Übersicht zeigt sich, daß der gesamte Gebirgsblock 300 m höher und vier Kilometer nördlich der von Ost nach West ziehenden Ruhr, von Olsberg über 20 km Luftlinie bis zum rechtwinkligen Abbruch nach Norden bei Wennemen in Richtung Freienohl, in die Kämpfe des dritten Tages der Schlacht einbezogen wurde. Jenseits der Wasserscheide des Gebirgsrückens nach Norden reihen sich Bruchgebiete, Quellräume der vielen auf diesen Höhen entspringenden Bäche, aneinander und lassen Verkehr nur auf den wenigen größeren Wasserscheiden zu.
Da allein und einsam nur ein Weg bis zum Ensterknick, der Plackweg, über diese Höhe zieht, so ergibt sich, daß eine marschierende Truppe dort oben im Gebirge wie in einer Mausefalle sitzt, wenn man die nördlichen Wasserscheidenwege sperrt und den Rückweg abschneidet. Und so ist es den Römern ergangen: Die drei nach Norden ablaufenden Wege hatte Arminius gesperrt. Nachdem die Römer vor der Wallburg am Ende des Bergrückens nicht weiterkonnten, weil der Rückweg abgeschnitten war, haben die Germanen an den Auftreffpunkten der von Norden kommenden Wasserscheiden starke Keile durch die Marschkolonne der Römer getrieben, das Heer in vier Teile aufgespalten und damit führungslos und bewegungsunfähig den vernichtenden Schlägen ihrer Kämpfer ausgeliefert.
Wie schon oben erläutert, sind die Grabhügelgruppen ohne Schwierigkeiten in dieses Schlachtbild einzufügen, so daß ein Zusammenhang möglich erscheint.

6. DER TUMULUS

Tacitus fährt in seiner Beschreibung fort:

„Das erste Rasenstück zur Errichtung des Grabhügels legte Germanicus. So erwies er den Toten den ersehntesten Dienst und nahm teil an dem Schmerze der Lebenden.“[40]

Wenn Germanicus auf diesem Schlachtfeld ein Denkmal, einen Tumulus, aufbaute, so mußte das der Tiefe der Trauer, der Bedeutung des Römischen Reiches, der Größe des anwesenden Heeres und der besonderen Lage in diesem Walde entsprechen. Wir dürfen demnach annehmen, daß das Grabmal eine erhebliche Größe hatte, die weit über die Monumentalität der anderen großen Grabhügel hinausging; es konnte vor allem nur an dem herausragendsten Punkt der Landschaft stehen.
Wir wiesen bereits bei der Beschreibung des Plackweges (siehe S. 104) auf den höchsten Punkt an diesem Wege hin, eine Erhebung von 581 m an der Straßengabel mit dem Wasserscheidenweg, der vom Haarweg über die Burg Belecke und die östliche Warsteiner Hochebene hierher auf die ‚Höhe‘ kam und den Plackweg traf. Dieser Punkt ist der höchste bis zur 250 km entfernten Nordsee überhaupt.
Wir wissen, daß Germanicus neben dem Oberkommando über das Gesamtheer die 4 Legionen im rückwärtigen zweiten Teil des Heereszuges selbst befehligte. Die vorderen ersten 4 Legionen des Caecina standen als Vorhut im Westen, denn Tacitus schreibt: ‚Caecina wurde vorausgeschickt‘. Wir werden in der späteren Untersuchung des Rückmarsches zum Haarweg diese Aufstellung der beiden Heeresteile bestätigt finden.
Da Germanicus demnach im östlichen Teil des Schlachtfeldes stand, wo auch der herausragende Punkt 581 seinen Platz hat, ist anzunehmen, daß dieser Punkt den Tumulus, das große Denkmal der Römer für die Gefallenen der Varusschlacht, getragen hat.
Um diesem Grabmal eine entsprechende Monumentalität zu geben, werden hier sämtliche Gebeine eines größeren Bereichs und auch die notwendigen Steinmengen zusammengetragen worden sein, deshalb wird dort kein großer Friedhof wie am Ensterknick zu finden sein. Ein halbes Jahr später hatten die Germanen das Denkmal, wie wir später noch von Tacitus erfahren, wieder zerstört. Germanicus, der im Frühjahr des Jahres 16 n. Chr. wiederum in die Münstersche Bucht eingefallen war, ‚schien es nicht ratsam, den Grabhügel zu erneuern‘. Er wird Bedenken gehabt haben vor einem erneuten Marsch in dieses Gebirge.

7. DER HESSENGRABEN

a. Römische Sicherung

Die Römer werden bei ihrer Bestattungsarbeit überall von den Germanen bedrängt worden sein. Dies können wir aus den Mitteilungen des *Tacitus* entnehmen:

„Germanicus folgte dem in unwegsame Gegenden zurückweichenden Arminius."[41]

Bei der Schilderung des Rückweges des Caecina heißt es, daß Arminius ‚auf Richtwegen und in beschleunigtem Marsche unseren mit Gepäck und Waffen beladenen Soldaten zuvorgekommen war'. Wenn Germanicus den Germanen folgte oder die Germanen den Caecina auf Richtwegen überholten, so ist zumindest ein militärisches Geplänkel voraufgegangen. Man darf annehmen, daß die Germanen auf ihren alten Wegen von den Burgen Belecke und Loermund gegen die Römer vorgestoßen sind, um diese bei ihrer Arbeit zu stören. Aus diesem Grunde wird Germanicus gezwungen gewesen sein, den Raum des Einsatzbereiches gegen plötzliche Überfälle der Germanen abzusichern (siehe Abb. 40). So berichtet Biermann von der Straßengabel am Punkt 581: „Von diesem Forstbezirk aus führt in nordöstlicher Richtung ein ziemlich breiter und tiefer Graben, der sog. Hessengraben, dessen Bedeutung und Entstehungszeit noch nicht festgestellt ist."[42]

Und Beneke sagt: „Hessengraben, ein merkwürdiger alter Graben am Judenkirchhof, den Prof. Bender (Geschichte von Warstein) für ein Denkmal irgend eines unbekannten geschichtlichen Ereignisses aus alter Zeit hält."[43]

Prof. Bender führt diesen Hessengraben, den er 1843 nur in einer Fußnote erläutert, auf die öfteren Auseinandersetzungen zwischen Hessen und Westfalen zurück.

b. Zwei Forstbezirke

Als wir den Stadtförster Hülshoff in Eversberg, wozu der Forstbezirk Judenkirchhof gehört, aufsuchten, führte dieser uns zu dem Hessengraben. Doch stimmte dieser Hessengraben mit dem von Beneke, Biermann, Bender und Hülsenbeck, von dem wir eine Skizze zur Hand hatten, nicht überein. Hülshoff jedoch entgegnete, daß in Eversberg nur dieser Graben, den er uns zeigte und an dem wir standen, seit eh und je als Hessengraben bekannt sei; er sei auch früher bei den Schnadegängen, die die angrenzenden Gemeinden in Zeitabständen gemeinsam über ihre Grenzen durchführten, als Treffpunkt unter dieser Bezeichnung angegeben worden, da er auf der Grenze zwischen Warstein und Eversberg liege. Dieser Graben ging

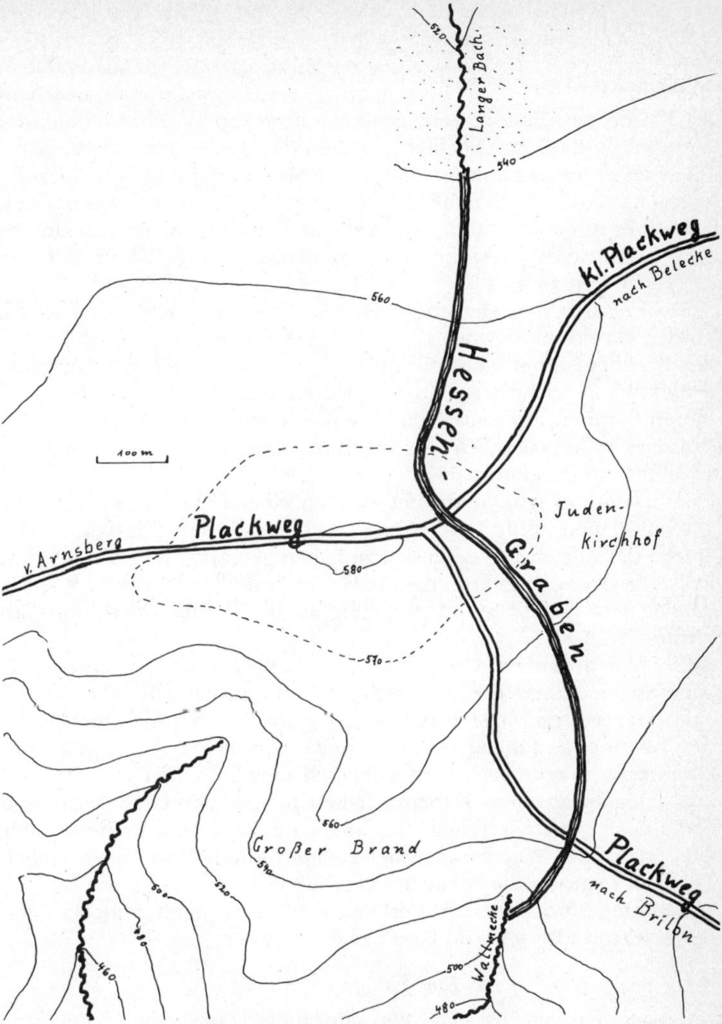

Abb. 40: Hessengraben mit Höhe 580.

aus von dem Quellgebiet der Loermecke und zwar von der Quelle des nordwestlichsten der vielen Quellbäche.
Am kommenden Tage führte uns Forstamtmann Meyer aus Warstein zu dem schon 1843 von Bender erwähnten Hessengraben, von dem die Dame des Vorzimmers sagte, er liege ‚op de Hoi' (= auf der Höhe). Von dem Bruchgebiet, aus dem die Quelle des ‚Langer Bach' fließt, führt dieser Graben, noch heute bis 2 m tief und entsprechend breit, nach Süden auf die ‚Höhe', wie auch der Flurname lautet, hinauf. Er ist genau 550 m lang und endet, noch heute erkennbar, vor der Wasserscheide, wohin auch der uns von Hülshoff gezeigte Hessengraben zielt.
Als wir später den Hessengraben von Eversberg abgehen wollten, fanden wir nur einen etwa 100 m langen Graben in der Verlängerung des Bachbettes, der wohl die Richtung auf den Punkt 581 einschlug, jedoch dann nicht weiter zu verfolgen war. Bei der Suche nach diesem Graben, die durch die besonders starken Schneebrüche des Winters außerordentlich beschwerlich war, kamen wir ohne ein Ergebnis auf den Punkt 581.
Damit fehlte erneut, wenn der Graben einer militärischen Aufgabe gedient haben sollte, ein zweiter Anschlußpunkt, den wir in der Quelle der Loermecke gefunden zu haben glaubten. Der von Bender, Hülsenbeck und Beneke genannte Hessengraben, der vor der Wasserscheide der Höhe 581 endete, hing somit – ohne Anschluß – im leeren Raum.
Der Versuch danach, vom Ende des Warsteiner Hessengrabens die Spur aufzunehmen und zu verfolgen, war erfolgreich. Wir stellten einen Graben fest (siehe S. 167, Anhang Abb. 37), der nicht zur Quelle der Loermecke führte, sondern weit großzügiger zur Quelle der Wallmecke. Dieser Bach wird sicherlich seinen Namen von dem auf ihn zielenden großen Graben erhalten haben. Der Graben ist auch heute noch gut zu verfolgen und ähnlich in Tiefe und Breite wie der Graben auf der Warsteiner Seite. Lediglich die letzten Meter südlich des Plackweges in die Schlucht der Wallmecke hinein ist der Graben verschüttet, doch ist sein Verlauf deutlich an dem andersartigen Bewuchs mit Moosen und Gräsern zu erkennen.

c. Eine militärische Anlage

Demnach handelt es sich hier einwandfrei um eine militärische Anlage, die vom unbegehbaren Bruch an der Quelle des ‚Langer Bach' bis zur tief eingeschnittenen Schlucht der ‚Wallmecke', also des Wall-Bach führt. Die Aufgabe dieses Grabens war ohne Zweifel die Sperrung des Höhenrückens. Die Sperrung geschah dort, wo die beiden großen Wasserscheiden, bis hierhin durch die Loermecke getrennt, von Brilon und von Belecke her vor der höchsten Erhebung in diesem Wald zusammentrafen. Diese gewaltige Anlage von über 1000 m Länge, reichte von 540 m im Norden über die Höhe von 580 m hinweg bis auf 520 m im Süden. Als Daueranlage in diesem tiefen Wald oder aus Kämpfen zwischen Hessen und Westfalen, wie Prof. Bender vermutet, hat diese Anlage keinen Sinn, denn der Weg von Belecke kommt aus dem inneren Raum Westfalens, und dieser Weg wird gleichfalls gesperrt.

Da in der geschichtlichen Vergangenheit dieses Raumes keine größere militärische Auseinandersetzung erkennbar ist, auf die diese Anlage zurückgeführt werden könnte, darf vermutet werden, daß sie von den Römern im Jahre 15 nach Chr. errichtet wurde, als Germanicus, wie uns Tacitus in seinen Annalen I, 62 berichtet, die Gebeine der Toten aus der Schlacht 9 nach Chr. bestatten ließ. Wie wir zuvor bereits feststellen durften, versuchten die Germanen, die Arbeiten der Römer zu stören. Germanicus war mit 8 Legionen, demnach mit mehreren 10 000 Mann in diesem Wald über einen längeren Zeitraum. Gegen die Angriffe der Germanen über die Höhenwege von Osten her wird Germanicus diesen Sperriegel gebaut haben. Östlich des Hessengrabens, wie ausdrücklich bemerkt wird, sind Hügelgräbergruppen nicht gefunden worden. Im Westen jedoch sind, wie wir bereits erfuhren, mindestens neun solcher Hügelgräbergruppen festgestellt worden, darunter der 100 ha große Friedhof am Ensterknick. Die Anlage des tief in den felsigen Boden des Gebirges eingearbeiteten Festungsgrabens zeigt, zu welchen Leistungen die römischen Soldaten auch mit Hacke und Schaufel fähig waren.

Die Errichtung des Grabens dürfte auch mit dem Bau des Grabmals zusammenhängen, denn nur wenig ostwärts des Platzes auf der Höhe 581 sperrt der Graben den Weg von Osten und sichert das Baugelände während der Bauarbeiten. Das Baumaterial für dieses große Bauwerk wird nicht behauener Sandstein gewesen sein, dazu fehlte die Zeit, sondern Aushub, Steine und Erde aus der Umgebung. Den Aushub des Grabens wird Germanicus als Baumaterial für das Grabmal haben anfahren lassen, denn woher hätte er dies sonst nehmen sollen? Damit waren, wie man zu sagen pflegt, zwei Fliegen mit einer Klappe zu schlagen: Graben und Baumaterial.

Funde können hier nicht erwartet werden, da die Germanen dieses Grabmal bereits nach einem halben Jahr wieder zerstörten, und das werden sie gründlich getan haben; so fügten sich die Reste in den 2000 Jahren seither wieder unkenntlich in die Umwelt ein.

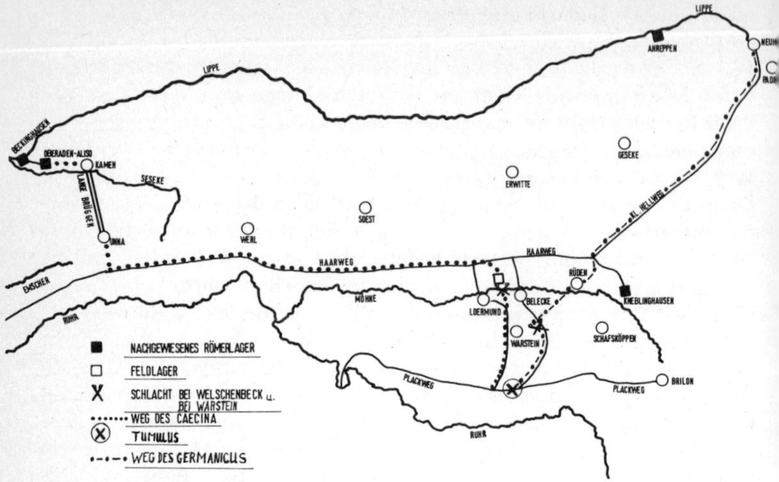

Abb. 41: Wege zwischen Plackweg und Lippe. (1,5 cm = 10 km)

8. DIE REITERSCHLACHT BEI WARSTEIN

a. Verfolgung

Für Germanicus ist mit der Errichtung des Tumulus, des Denkmals, die Aufgabe erfüllt, die er sich gestellt hatte; den Toten der Varusschlacht ein Grab zu geben und ein ehrendes Erinnern zu gewähren.

Noch stand er mit seinem ganzen Heer, einer ungeheuren Macht von 60–80 000 Soldaten, auf einem schmalen Weg in einem großen, unübersichtlichen Wald. Sein Ziel mußte es zunächst sein, seine Legionen wieder auf den nur 12 km entfernten Haarweg zu bringen. In etwa drei Stunden Marsch wäre dieser Weg zu erreichen. Zwei Wasserscheidenwege standen bis zum Übergang über die Möhne zur Verfügung; also konnte jeder Heeresteil auf einem anderen Weg marschieren. Auch die Kraft der Feinde würde sich bei einem solchen Vorgehen verzetteln, wenn sie dem getrennt vorgehenden römischen Heer entgegentreten wollten (siehe Abb. 41).

Sowohl der Weg des Caecina wie auch der des Germanicus führte auf Kalkgestein über die waldfreie Warsteiner Hochfläche (Anhang Abb. 29). Hier bestand für die Germanen kaum eine Möglichkeit, den

Römern eine Schlacht zu liefern. Mit seinen vier Legionen marschierte Germanicus selbst auf dem Wege weiter, auf dem er den Tumulus errichtet hatte, auf dem Wasserscheidenweg entlang der Loermecke bis zum Waldausgang vor der Warsteiner Hochfläche. Der Marsch durch das Waldgebiet dauert etwa anderthalb Stunden.
Da Germanicus überraschend und schnell in das Land eingedrungen war, dazu in übergroßer Stärke, konnten die Germanen vermutlich nicht so schnell ein entsprechendes Heer aufbieten. Die Germanen hatten kein Berufsheer wie die Römer; bei der freiheitlichen Verfassung der Germanen standen die Stämme recht selbständig nebeneinander. Arminius konnte als Feldherr nicht wie Germanicus einfach befehlen; er war ein germanischer Fürst und brauchte die Zustimmung der anderen Stämme. Mit seinen eigenen Gefolgsleuten wird er den Heereszug der Römer nur gestört haben, doch angreifen konnte er ihn ernsthaft kaum, höchstens in besonders günstigen Situationen. So muß man auch den folgenden Schlachtbericht verstehen.
Rechts des Weges, auf dem Germanicus marschierte, fließt die Loermecke, die, nachdem am Weg der Wald endet, in einer Schlucht weiter durch Wald verläuft. Im Westen ist der Weg zuletzt von zwei wasserreichen Bächen begleitet, dem Wäschebach und dem Enkebach, die nun, nachdem sie auch aus dem Wald herauskommen, nicht mehr nebenher fließen, sondern einfach verschwinden. Dort breitet sich jetzt der Enkebruch aus, der über einen Kilometer weit am Waldrand sich entlangzieht.[44]

b. Freies Feld

So bietet sich hier folgendes Landschaftsbild: ein freies Feld vom Waldrand bis zur 1500 m entfernten Anhöhe, dem ‚Hohen Liet'; rechts ein steil abfallender Bachgrund mit einem vor dem Bach sich hinziehenden bewaldeten Hang, der sich etwa 1000 m vor dem ‚Hohen Liet' mit einer Waldspitze vorschiebt; gegenüber liegt links der freien Fläche im Westen bis zum Waldrand hin der Enkebruch. Der Abstand zwischen der Waldspitze und dem Enkebruch beträgt nur etwa 400 m.
Tacitus berichtet:

„Germanicus folgte dem in unwegsame Gegenden zurückweichenden Arminius, befiehlt seiner Reiterei bei der ersten Gelegenheit vorzusprengen und das Feld zu nehmen, auf dem der Feind sich festgesetzt hatte. Arminius, der seinen Leuten Weisung gegeben hatte, sich zu sammeln und näher an die Waldungen heranzurücken, ließ plötzlich schwenken und gab auch denen das Zeichen zum Hervorbrechen, die er im Waldgebirge versteckt hatte. Da wurde die römische Reiterei durch die neu auftauchende Front in Verwirrung gebracht; die zu ihrer Unterstützung nachgesandten Reservekohorten, die in den Zug der Fliehenden gerieten, vergrößerten noch die Unordnung. Sie alle wären in einen Sumpf gedrängt worden, der den Siegern bekannt, den Unkundigen gefährlich war, hätte der Caesar nicht die Legionen vorgeführt und in Schlachtordnung entwickelt. Das erfüllte die Feinde mit Schrecken, unsere Soldaten mit Vertrauen, und man trennte sich nach unentschiedenem Kampf."[45]

Hier ist eine Gelegenheit gegeben, den geschilderten Kampfverlauf dahingehend zu überprüfen, ob er den topographischen Gegebenheiten genau entspricht (siehe Abb. 42). Der Untergrund des obigen Geländes von Warstein ist Massenkalk. In dem großen Waldgebiet ist freies Gelände, das für den Vorstoß der Reiterei geeignet wäre, nur auf dem verkarsteten Gebiet des Massenkalkes zu finden. Während die Bewegungen der Germanen in Sichtentfernung und vor dem Horizont hinter der Höhenlinie Germanicus zum Einsatz seiner Reiterei geradezu herausforderten, verlockte der seitlich vor der Loermecke bis zur ‚Hohen Liet' sich hinziehende Wald mit seiner vorspringenden Spitze zum Enkebruch hin den Arminius zum Angriff auf den vorstürmenden Feind. Hier ergab sich für ihn die seltene Gelegenheit, den Feind durch einen plötzlichen Flankenstoß in den Enkebruch zu treiben.
Tacitus berichtet dann, Germanicus habe seine Legionen vorgeführt und in Schlachtordnung entwickelt. Die Legionen waren im Gegensatz zur Reiterei rein römische Truppen und stellten den Kern des Heeres dar. Davor sind die Germanen selbstverständlich ausgewichen, nachdem sie den Römern schwerste Verluste beigebracht hatten. Tacitus spricht von einem unentschiedenen Kampf.

c. Hufeisen im Bruch

Immer noch werden nachweisbare archäologische Funde aus der Schlacht im saltus teutoburgensis vermißt. Das Römerlager Kneblinghausen am Beginn des Schlachtfeldes ist sicherlich ein handfester Nachweis, wenn man es als erstes Lager im Bericht des Tacitus anerkennt, ebenso die vielen Hügelgräber, die von Germanicus angelegt wurden. Als einen weiteren handfesten Nachweis sehen wir folgenden Fund an: Bei Beneke[46] fanden wir angeführt, daß in Warstein seit vielen Jahren (vor 1909) von Rektoratsschullehrer Kropp römische Hufeisen gesammelt wurden. Deshalb besuchten wir im Sommer 1981 das Museum der Stadt Warstein. Man führte uns in eine Kammer auf dem Dachboden des Museums. Dort wurde uns ein Paket mit römischen Hufeisen übergeben. Eine gesonderte Verpackung lag obenauf mit dem Vermerk: gefunden im Enkebruch. Diese Verpackung enthielt 6 Hufeisen von den insgesamt 20. Dabei lag ein

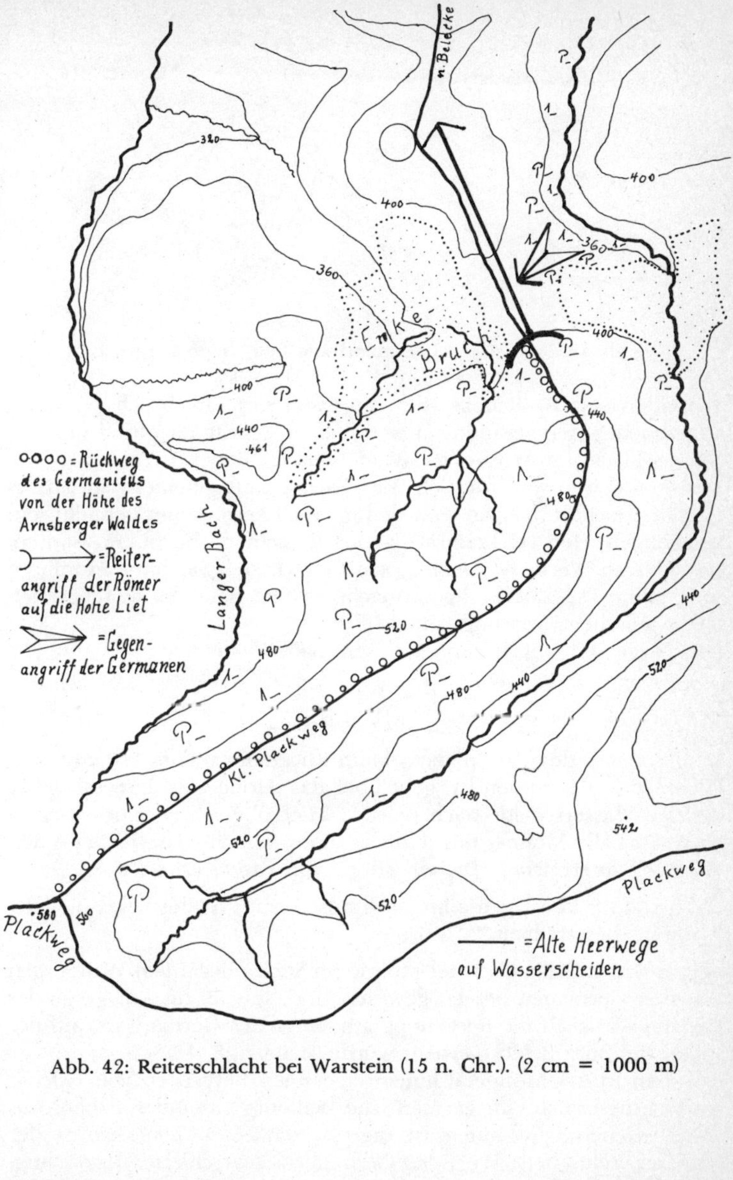

Abb. 42: Reiterschlacht bei Warstein (15 n. Chr.). (2 cm = 1000 m)

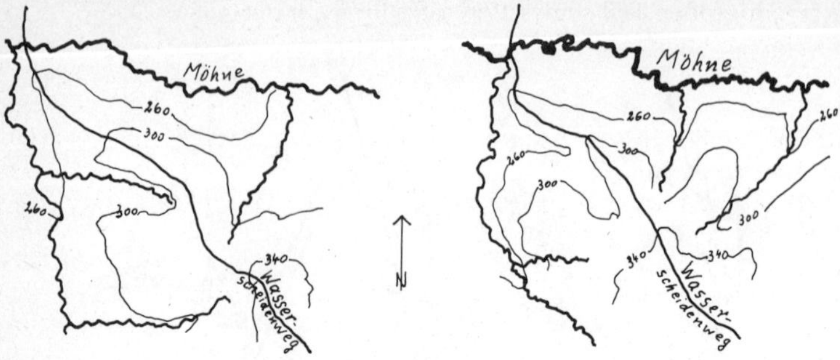

Abb. 43: Wallburgen Loermund und Belecke im Vergleich.

Schreiben von A. Beneke, der die Eisen des Enkebruchs zu einer Untersuchung eingesandt hatte. In seiner Schrift „Siegfried und die Varusschlacht im Arnsberger Wald" schreibt Beneke:
„Diese Hufeisen sind römisch! Sie gleichen aufs genaueste in Größe, Gestalt, Machart, Nägeln usw. den im Saalbergmuseum befindlichen, von denen Herr Geheimrat Jacobi in seinem hochinteressanten, instruktiven Werke (L. Jacobi, Das Römerkastell Saalburg, Homberg v. d. Höhe 1897) überzeugend nachgewiesen hat, daß sie unzweifelhaft römischen Ursprungs sind."[47]
Die Frage der römischen Hufeisen haben wir schon S. 140–143 besprochen.

d. Burg Belecke

Der Weg, auf dem Germanicus beim Rückmarsch vom Plackweg zur Hochfläche gekommen ist, geht über das ‚Hohe Liet' hinweg weiter auf der Wasserscheide nach Belecke. Hier überschreitet der Weg in einer Furt die Möhne, um dann in einer halben Marschstunde den Haarweg zu erreichen. Da wir jedoch von *Tacitus* erfahren:

„Zu beiden Seiten lagen allmählich ansteigende Waldstücke, die jetzt Arminius besetzt hielt,"[48]

wissen wir, daß die über der Möhne im Süden liegenden Wallburgen von den Germanen besetzt gewesen sind, sowohl die am Wege des Caecina wie auch die Bergkuppe am Wege des Germanicus, auf der später die Burg Belecke erbaut wurde (siehe Abb. 43).
Auf dem in das Möhnetal hineinreichenden Bergsporn von Belecke wird zu dieser Zeit eine germanische Wallburg gestanden haben. Aus verschiedenen Umständen ist dies zu schließen. Zunächst ist der soeben beschriebene Weg, den Germanicus marschierte, der wichtigste und gangbarste Wasserscheidenweg vom Haarweg zum Plackweg,

weil ein großer Teil seines Verlaufes über die wasserlose Warsteiner Hochfläche geht, ohne, wie auf dem Weg des Caecina, einen weiteren Wasserlauf überschreiten zu müssen. Wenn auf dem Wege des Caecina die Loermund als Sicherungsburg steht, dann wäre es unverständlich, wenn auf dem Hauptweg die Sicherung fehlen würde. Zudem erscheint dieser Bergsporn, auf dem sich heute die Stadt Belecke befindet, eindeutig für eine Burg bestimmt und bei einem Vergleich der Höhenlinien dem Loermund so ähnlich, daß ohne nähere Angaben ein Verwechseln unausbleiblich ist. Der wichtigste Hinweis jedoch ist der Nachweis einer starken kaiserlichen Burg von Otto dem Großen in der ersten Urkunde über Belecke aus dem Jahre 938. Diese Burgen sind fast immer über älteren Anlagen errichtet. Wenn man heute keine Spuren der alten Wallburg mehr vorfindet, so ist das auf die immerwährende Bautätigkeit zuerst der Errichtung der großen kaiserlichen Burg und später der Stadt Belecke zurückzuführen.

Wäre dieser Bergsporn nach der Schlacht bei Warstein nicht von den Germanen besetzt gewesen, die Römer hätten vielmehr hier ihren Übergang über die Möhne durchgeführt, dann hätte Tacitus in dem folgenden Bericht über die Schlacht bei Welschenbeck diese Tatsache erwähnt, denn der Übergang bei Belecke und der Notübergang des Caecina bei Welschenbeck liegen dicht beieinander. Germanicus ist wegen der von den Germanen besetzten Burg Belecke gezwungen, einen anderen Übergang über die Möhne zu suchen; er wird auf den Übergang bei Rüthen ausgewichen sein.

9. RÜCKMARSCH DES GERMANICUS AN DEN RHEIN

a. Zu Schiff

Über den Rückmarsch des Germanicus an den Rhein berichtet *Tacitus* zunächst im Anschluß an seinen Bericht über die Reiterschlacht bei Warstein:

„. . . dann führte er das Heer an die Ems zurück und ließ die Legionen zu Schiff, wie sie gekommen waren, wieder zurückbefördern.“[49]

Diese kurze und sachliche Meldung macht trotzdem stutzig, denn das Heer des Germanicus mit seinen 4 Legionen ist wohl auf der Ems in das Operationsgebiet gefahren worden und hat den großen Umweg in Kauf genommen, „damit der Krieg nicht auf einmal mit aller Kraft losbreche“; doch die Rückfahrt auf dem gleichen Fluß ist unwahrscheinlich. Es scheint hier eine Verwechslung vorzuliegen. Die Hinfahrt auf der Ems hatte, wie wir oben erfuhren, einen strategischen Sinn: Die feindlichen Kräfte sollten getäuscht werden, indem man zuerst den Eindruck erwecken wollte, von der Ems aus die Nordfront der Germanen am Wiehengebirge oder auch den westseitigen Eingang der Weserfestung anzugreifen. Germanicus ging aber an beidem vorbei und in die Westfälische Bucht hinein und bog dann nach Süden ab.

Nach Erledigung ihrer Bestattungsarbeiten sind die Legionen des Germanicus nach der Schlacht bei Warstein über die Möhnefurt bei Rüthen gekommen und in Höhe der Spitzen Warte auf dem Haarstrang marschiert, um, wie wir oben lesen, ‚zu Schiff' wieder an den Rhein zurückbefördert zu werden. Nur vor ihnen liegt jetzt zunächst nicht die Ems, vor ihnen liegt die Lippe. Erst dahinter, durch unwegsames Land getrennt, zieht die Ems dahin. Auf der besten damals verfügbaren Straße, dem (alten) Hellweg, konnte man schnell zu dem nur 40 km entfernten großen römischen Anlandeplatz des ehemaligen Hauptstützpunktes Neuhaus gelangen. Es ist zu vermuten, daß nach dem Vorstoß der Römer nach Osten, im Jahre 15 nach Chr., die Lippe als Nachschubfluß wieder nutzbar war. Für den West- und Nordverkehr stellte diese Straße jedoch keine Verbindung dar, weil sie hinter Neuhaus im Sumpf endet. Von dort aus fuhr man auf der Lippe, vorbei an den alten römischen Kastellen und dem alten Hauptlager Oberaden/Aliso, über den guten und beschwerdefreien Wasserweg direkt nach Vetera, dem großen Lager an der Mündung der Lippe in den Rhein.

Die Ems entspringt wohl in der Nähe von Neuhaus, nur 10 km nordwärts. Sie geht zunächst als kleiner Wasserlauf, als Bach, durch die Westfälische Bucht; erst bei Rheine, über 100 km Luftlinie entfernt, wird sie schiffbar. Die Nachricht, daß das Heer zur Ems marschiert sei, kann daher nur auf einem Irrtum beruhen.

Da dieser Bericht uns jedoch bei der Suche nach dem Ort der Varusschlacht nicht weiter bringt, brauchten wir nicht näher auf ihn einzugehen, weil es unwesentlich ist, wo Germanicus seinen Rückweg nahm. Trotzdem muß versucht werden, den Irrtum zu erklären; es hat sich nämlich gezeigt, daß dieser Bericht viel dazu beigetragen hat, Unsicherheiten zu erzeugen und die Neigung zu verstärken, den Ort der Schlacht nördlich der Lippe bis hin in den Raum jenseits des Wiehengebirges zu suchen, da erst hier die schiffbare Ems und auch die Weser im Fußmarsch erreichbar sind.

b. Umweg übers Meer

Hören wir uns an, was Tacitus über den weiteren Weg und die sonderbaren Erlebnisse dabei zu berichten hat, denn erst viel später, nach dem Bericht über die Schlacht bei Welschenbeck und den Rückmarsch des Caecina mit seinen 4 Legionen an den Rhein, kommt Tacitus erneut auf den Rückmarsch des Germanicus zurück. Man spürt, daß zwischen diesem Bericht, der anscheinend sehr viel später eingefügt wurde, und der obigen sachlichen Mitteilung über die Einschiffung der Legionen des Germanicus eine große Kluft besteht. *Tacitus* berichtet:

„Indessen übergab Germanicus zwei von den zu Schiff beförderten Legionen, die 2. und die 14., dem P. Vitellius, um sie auf dem Landwege weiterführen zu lassen. Die Flotte sollte, dadurch möglichst entlastet, auf dem seichten Wattenmeere fahren und bei Ebbe auf Grund gehen. Vitellius hatte anfangs auf trockenem Boden oder bei nur mäßig anschwellender Flut einen ruhigen Marsch. Bald aber wurde der Heereszug durch den Ansturm des Nordwindes – es war die Zeit der Herbstnachtgleiche, wo der Ocean am stärksten anschwillt – auseinander gerissen und hin- und hergeworfen. Das Land war überschwemmt; Meer, Strand und Feld, alles war ein Anblick; nicht zu unterscheiden waren unsichere Stellen von festen, seichte von tiefen. Die Soldaten werden von den Wellen umgeworfen, von den Strudeln verschlungen. Vieh, Gepäck und Leichen schwimmen einher und treiben ihnen entgegen. Die Abteilungen kommen durcheinander, die Leute ragen bald mit der Brust, bald nur mit dem Gesicht heraus und werden bisweilen, wenn der Boden unter ihren Füßen weicht, auseinander geworfen oder überflutet. Kein Ruf, kein gegenseitiger Zuspruch half gegen die andringenden Wogen. Nichts hatte der Entschlossene vor dem Unerfahrenen voraus, nichts die Überlegung vor dem Zufall. Alles wurde mit dem gleichen Ungestüm (in die Wogen) hineingerissen. Endlich gelang es Vitellius, eine höher gelegene Stelle zu gewinnen und den Zug ebendahin zu leiten. Sie brachten die ganze Nacht ohne Lebensmittel und ohne Feuer zu, ein großer Teil war nackt oder übel zugerichtet. Ihr Zustand war nicht weniger beklagenswert, als wenn sie vom Feinde belagert wären; denn denen ist ja noch ein ehrenvoller Tod vergönnt, ihrer harrte nur ein ruhmloser Untergang. Doch der Tag brachte das feste Land wieder; man drang bis zur Weser vor, wohin der Caesar mit der Flotte gesteuert war. Darauf wurden die Legionen eingeschifft, während das Gerücht ging, sie seien ertrunken."[50]

Wenn wir nun versuchen, diesen Bericht des Tacitus zu überprüfen, da er unsere bisherigen Vorstellungen in Frage stellt, halten wir fest:

a) Das Land der äußersten Brukterer, das Tacitus als Zielpunkt des Vorstoßes der Römer angab, liegt einwandfrei in der Nähe der Quellen von Ems und Lippe.
b) Der Einschiffungsplatz auf der Lippe ist von dort nur wenige Kilometer entfernt, dagegen auf der Ems über 100 km; dazu liegt er noch hinter der großen wasserreichen Westfälischen Bucht.

c) Ein strategischer Grund für den erneuten Umweg ist nicht erkennbar, da er mindestens fünf mal so weit und voller unwägbarer Gefahren ist.
d) Nach den bisherigen Ergebnissen dieser Untersuchung liegt das Zielgebiet des Germanicus bei diesem Feldzug südlich der Lippe.
e) Die Weser als Strom wird plötzlich in die Schilderung einbezogen.

Selbst der Übersetzer des Tacitus schreibt verwirrt: „Die Erwähnung der Weser ist wohl ein Irrtum; vielleicht ist die Hunse (Unsingis) in Holland oder der östl. Rheinarm gemeint."[51]
Und Professor Koepp meint dazu: „Man könnte den Zug an der friesischen Küste her sich leidlich vorstellen, wenn nicht bei Tacitus schließlich zu lesen wäre, daß die Legionen an der Weser die Flotte getroffen hätten. Aber hierfür darf man wohl doch nicht eine geographische Begriffsverwirrung des Tacitus verantwortlich machen oder gar die Angabe für richtig halten, sondern es kann nur ein Verderbnis des Textes vorliegen, entweder durch Veränderung eines minder geläufigen Flußnamens – man hat an die Hunse gedacht – oder durch unverständige Hinzufügung des Namens, . . ."[52]

c. Wie kommt die Weser ins Bild?

Wir wissen, daß Tacitus nicht selbst diese Zeit miterlebt hat, sondern die Annalen erst als Alterswerk, also fast 100 Jahre später, verfaßte. Er hat aus den Archiven alte Berichte, Schilderungen und Kriegstagebücher benutzt, um die Geschichte seines Landes von der Regierungsübernahme des Kaisers Tiberius an zusammenzustellen und der Nachwelt zu überliefern. Wo ein Zusammenhang zu fehlen schien, hat er sicherlich auch Ergänzungen vorgenommen, auch bildhafte Ausschmückungen sind leicht festzustellen; von Irrtümern und Fehlern ist auch er nicht frei geblieben. Obwohl oder weil wir bisher feststellten, daß seine Berichte, wenn man die phantasievollen Schilderungen zwischen den Fakten ausklammerte, recht genau und präzise den Hergang der Ereignisse darzustellen scheinen, vermutlich Berichte von Augenzeugen oder aus Kriegstagebüchern wiedergebend, wird die Frage wichtig, ob und wie hier ein Irrtum auch bei Wiedergabe der Fakten entstanden sein könnte.
Germanicus war auf der Ems in das Operationsgebiet gekommen. Die Lippe als Schiffahrtsweg ist in der Zeit der Berichterstattung kaum in Erscheinung getreten und wenn, dann nur einmal, bis Oberaden/Aliso. So wird, wenn von der Rückfahrt des Germanicus per Schiff die Rede war und dem Urbericht keine genauen Kartenunterlagen beilagen, selbstverständlich und ohne Zweifel angenommen worden sein, es sei der gleiche Fluß für die Rückfahrt benutzt worden wie für die Hinfahrt. Beide Flüsse entspringen zudem dicht beieinan-

der vor den Bergen im Osten der Westfälischen Bucht und fließen zunächst auch gemeinsam durch diese Bucht nach Westen, bis die Ems nach Norden zur Nordsee abbiegt, während die Lippe geradeaus weiter zum nahen Rhein fließt. Von Rom aus, wo der Bericht entstand, konnte man die beiden Flüsse wohl kaum genau auseinanderhalten.

d. Tendenz oder Irrtum?

Da von großen Verlusten der Römer bei diesem Feldzug im Bericht des *Tacitus* die Rede ist,

„. . . übrigens wetteiferten Gallien, Spanien und Italien, die Verluste des Heeres zu ersetzen, und boten alles an, was jedem zu Gebote stand: Waffen, Pferde. Gold. Germanicus . . . um die Erinnerung an die Niederlage auch durch Leutseligkeit zu mildern, besuchte er die Verwundeten und rühmte die Taten eines jeden . . .“[53]

und die Berichte über die Zusammenstöße mit den Germanen jedoch so abgefaßt waren, als ob nur geringe Verluste entstanden seien, mußte eine Möglichkeit gesucht werden, die Verluste auf die Unbilden von Landschaft und Wetter zurückzuführen.
Ausgelöst durch den Irrtum bei der ersten kurzen sachlichen Meldung über die Einschiffung der Truppe auf der Ems statt auf der Lippe, entstand dann ein Bericht, der den Berichten vom Feldzug des Jahres 16 nach Chr., der in den Raum zwischen Ems und Weser führte, erstaunlich ähnlich sieht.
Die Lippe stand jedoch für den Transport auf dem Wasser in das Land der äußersten Brukterer nicht zur Verfügung, da das Land vom Feind besetzt war; jetzt aber war es erneut erobert, die Lippe demnach für den Schiffsverkehr wieder frei.
Wir können uns nun den Ablauf des Rücktransportes der Römer zum Rhein so vorstellen, daß die Schiffe, die das Heer des Germanicus nach Rheine brachten, dort selbstverständlich nicht liegen blieben und auf die Rückkehr des Heeres warteten, sondern, da der Marsch weit in Feindesland führte, in den Heimathafen Vetera zurückkehrten und dort neue Weisungen erwarteten.
Auch über die Menge der Boote gibt uns Tacitus Auskunft. Tausend Boote läßt Germanicus, vermutlich doch für die zusätzlichen vier Legionen, neu bauen, mit denen er im nächsten Jahr den Feldzug in Norddeutschland führen will, denn mit acht Legionen fällt er im Jahre 16 nach Chr. dort ein. So können wir annehmen, daß die Fahrt nach Rheine mit mindestens 800 Booten durchgeführt wurde. Es standen danach für jede Legion 200 Boote, je Kohorte 20, je Manipel 6 und für jede Centurie 3 Boote zur Verfügung. Das ist eine gewaltige Flotte, die sich in Rheine gestaut haben mag.

In Vetera kam dann der neue Auftrag, die 4 Legionen in Neuhaus abzuholen. Durch die vielen Kastelle an der Lippe war hier leichter ein gestaffeltes Vorgehen möglich, so daß sich Stauungen vermeiden ließen. Diese Möglichkeit erweist sich allein schon durch den ergrabenen großen Lippehafen des lediglich 14 km entfernt am Wasserweg zum Rhein neu entdeckten Lagers Anreppen. In Neuhaus kann man noch heute den Eindruck gewinnen, wie der lange doppelseitige Kai, der im Lagerbereich zwischen Alme und Lippe angelegt war, gute Verlademöglichkeiten mit vielen Schiffen gleichzeitig bot.
Auch ein späteres Einschiffen von 2 Legionen, die, von schwerem Gepäck entlastet, zum nächsten Kastell am Fluß entlang marschierten, läßt sich vorstellen.
So ist es sicher richtig, als möglichen Weg für die Rückkehr des Germanicus mit seinem Heer an den Rhein, den einfachen Lippeweg anzunehmen; es spricht alles dafür. Wenn Tacitus die Weser nennt, die nicht mit diesem Feldzug in einen Zusammenhang gebracht werden kann, da sie im Osten 120 km Luftlinie entfernt von der Ems nach Norden zieht, so ist eine Verwechslung der Ems mit der Lippe ein verhältnismäßig leichter und verständlicher Irrtum.

10. DIE SCHLACHT BEI WELSCHENBECK

a. Heeresgruppe Caecina

Betrachten wir nun die Situation der Truppen des Caecina, die als Vorhut des ganzen Heeres auf dem Schlachtfeld des Varus in Richtung Arnsberg standen, so dürfen wir aus der zuletzt aufgeführten Anweisung an Caecina nicht vermuten, daß diese auch an dieser Stelle erteilt wurde. Die gesonderte Erwähnung, daß Caecina eine eigene Truppe führte, unterstreicht, daß diese Truppe auch eigenständig operierte und die Anweisung für den Rückmarsch zum Rhein bereits nach den Bestattungen auf dem Schlachtfeld des Jahres 9 nach Chr. erhielt. *Tacitus* schreibt:

„Caecina, der seine eigene Mannschaft führte, wurde angewiesen, obwohl er auf bekannten Wegen heimkehrte, die ‚Langen Brücken' möglichst zeitig zu überschreiten. Diese bildeten einen schmalen Fußsteig zwischen unabsehbaren Sümpfen und waren einst von L. Domitius angelegt worden. Alles andere war Moorboden, entweder zähes, schlammiges Erdreich oder schwer passierbare Bäche."[54]

Caecina unterstanden 4 Legionen, die 1., 5., 20. und 21. Vom angenommenen Platz des Tumulus aus gesehen, wo Germanicus stand, liegt etwa 3 km nach Westen der ‚Streitberg'. Davor, am

Stimmstamm, führt der zweite Wasserscheidenweg über die Warsteiner Hochfläche und die Burg Loermund bei Sichtigvor (seichte Furt) auf den Haarweg. Zwischen dem Wideybach und dem Bilsteinbach senkt sich dieser Weg von 550 m am Stimmstamm nach 4 km beim Eintritt auf die Hochfläche auf 420 m, um nach weiteren 4 km die Hochfläche bei 300 m wieder zu verlassen. Hier quert ein Bach diesen Weg; der Bach heißt ‚Romecke'. Eine Brücke war ohne Schwierigkeiten zu schlagen, da kein Sumpf hinderte (siehe Abb. 44).

Langsam steigt dann der Weg wieder an und führt um den ‚Hanske Kopf' herum auf den Wasserscheidenweg, der auf etwa gleicher Höhe von 350 m über 4 km bis auf die letzten Erhebungen vor der Möhne verläuft, begleitet von der ‚Romecke', die allerdings nach 3 km ihre Richtung verändert, da ihre Quelle 1000 m seitwärts entspringt. Der ‚Ochsenrücken', eine weiträumige Bergkuppe, auf der der Weg zunächst landet und auf der die Truppe aufschließen konnte, zeigt drei strahlenförmig auseinanderstrebende Wege nach Nordwest, Nord und Nordost. Der Weg nach Nordwesten, nach Sichtigvor, der eigentliche Weg über die Möhne, geht von hier schnell auf den Haarweg. Doch jetzt ist er gesperrt, denn *Tacitus* berichtet:

„Zu beiden Seiten lagen allmählich ansteigende Waldstücke, die jetzt Arminius besetzt hielt."[55]

b. Römerkopf

Fast 1200 m weiter auf diesem Weg, einem Waldstück auf dem Bergsporn vor der Möhne, liegt eine germanische Wallburg, Loermund, die die Römer zuvor hätten erobern müssen. Das wird aber hier im Wald gegen den Widerstand der Germanen kaum von Erfolg gekrönt gewesen sein. Die Römer gingen deshalb zunächst zur Erkundung den Weg nach Norden auf einen burgähnlich abgesicherten Berg, um von hier über das weite Möhnetal zu schauen. Dieser Berg nennt sich: ‚Römerkopf'; nur ein schmaler Zugang führt hinauf, und dann sieht man über das 750 m breite Möhnetal auf die gegenüberliegenden waldfreien Höhen des Haarstrangs, über dessen Kamm, 2500 m entfernt, der Haarweg verläuft. Weit hinaus nach Nordosten kann man seinen Lauf verfolgen; fast noch weiter nach Nordwesten, bis er sich im Dunst verliert. Wie ein waagerechter gerader Strich zeichnet sich der Kamm des Haarstranges gegen den Horizont ab.

Caecina wird gezwungen gewesen sein, den Wasserscheidenweg nach Nordosten für seinen Möhneübergang zu wählen, den er nach 2500 m erreicht. Dieser Übergang trägt noch heute einen bezeichnenden Namen: ‚Welschenbeck', also eigentlich auch Römerbach.

Demnach liegen drei Römernamen als Flurnamen an diesem Weg: ‚Romecke', ‚Römerkopf' und ‚Welschenbeck'!

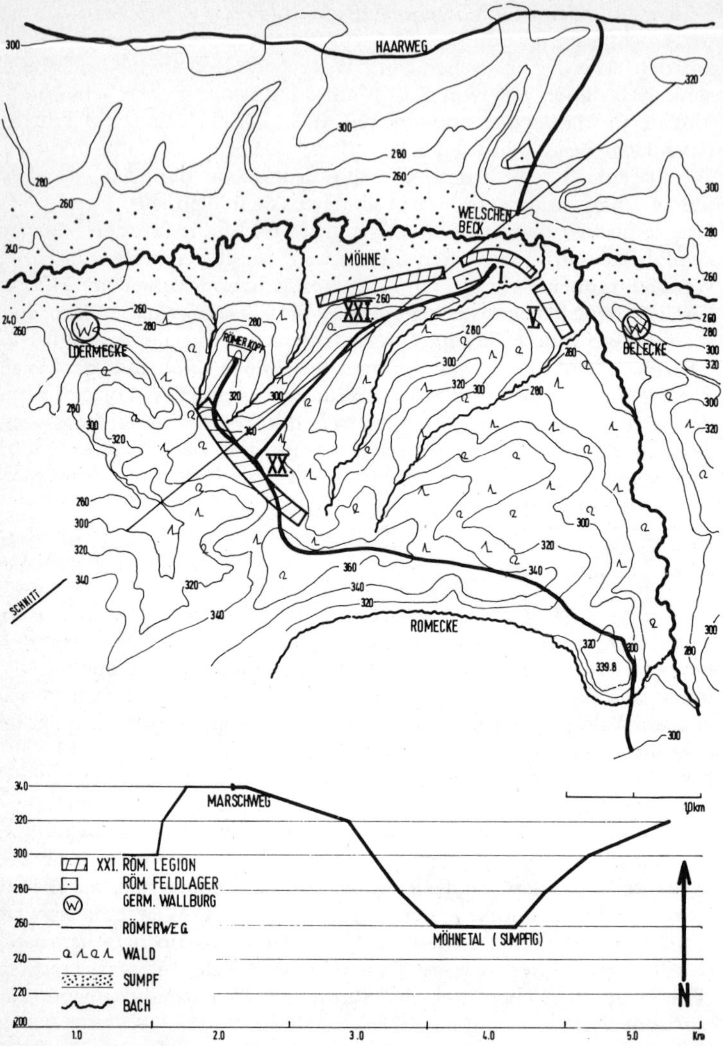

Abb. 44: Schlacht bei Welschenbeck.

c. Sumpf oder Flußtal

Tacitus schreibt weiter:

„Alles andere war Moorboden, entweder zähes, schlammiges Erdreich oder schwer passierbare Bäche. Zu beiden Seiten lagen allmählich ansteigende Waldstücke, die jetzt Arminius besetzt hielt, da er auf Richtwegen und in beschleunigtem Marsche unseren mit Gepäck und Waffen beladenen Soldaten zuvorgekommen war."[56]

Bei der Anweisung für den Marsch des Caecina durch Germanicus wurde im Zusammenhang mit den ‚Langen Brücken' von unübersehbaren Sümpfen gesprochen, anschließend von Moorboden. Viele Forscher wurden dadurch, daß zwischen beiden Darstellungen keine Trennung vollzogen wurde, dazu verleitet, diese Schlacht und die ‚Langen Brücken' im gleichen Gebiet zu suchen, und glaubten, beides in der Norddeutschen Tiefebene finden zu können. Wir haben oben den Satzteil mit den ‚ansteigenden Waldstücken' noch einmal wiederholt, wodurch deutlich werden sollte, daß die ‚unabsehbaren Sümpfe' und die ‚Moore mit den ansteigenden Waldstücken' zwei ganz verschiedene Gebiete darstellen.
Die ‚Langen Brücken' sollte Caecina ‚möglichst zeitig überschreiten'; das deutet darauf hin, daß Germanicus das Heer des Caecina möglichst bald in Sicherheit wissen wollte. Erst hinter dem mit Wasser übersättigten Gürtel vor dem Fuß des Haarstrangs, wo die unterirdisch heranfließenden Wasser des Haarstrangs sich vor den von Norden ankommenden Salzwasserströmen stauen, war Sicherheit gegeben. Über diese wasserreiche Niederungsstrecke waren die ‚Langen Brücken' gebaut, sie führten zum großen Lippelager Oberaden/Aliso.
Die ‚Langen Brücken' sind, wie wir schon im Teil B darlegten, vermutlich dort angelegt, wo der Verbindungsweg von der Hauptstraße der Römer, dem Haarweg, zum großen Lager Oberaden/Aliso führte, dabei vom trockenen Haarstrang in die vom Wasser des Haarstrangs übersättigte feuchte Lippeniederung kam, die wie ‚unabsehbare Sümpfe' erschien. Dieser Knüppeldamm, um den es sich gehandelt haben wird, ist von L. Domitius im Jahr 6 vor Chr. angelegt worden, als er von seinem Marsch an die Elbe auf diesem Wege zurückehrte. Da dieser Weg von den Römern immer benutzt wurde, war er der von Tacitus genannte ‚bekannte Weg'.
Nun erst schildert Tacitus die Schlacht, die sich auf dem Marsch des Caecina vom Plackweg zum Haarweg entwickelte. Die Richtwege, die hier angesprochen sind, können nicht im Osten liegen, denn die Germanen dort hatten ihren eigenen Feind, die Truppen des Germanicus, vor sich. Der Richtweg, um den es sich hier handeln wird, ist der noch heute ‚Rennweg' genannte Wasserscheidenweg, der über

den nördlichen Höhenzug des Arnsberger Waldes zwischen Hevebach und Möhne, sowie zwischen Plackweg und Haarweg, genau von West nach Ost, 20 km weit, den Arnsberger Wald bis zur Warsteiner Hochfläche aufschließt. Dieser Weg mündet auf dem Ochsenrücken in unseren Weg ein. Den Rennweg begleitet in seinem letzten Teil ein Bach, der im Gegensatz zu ‚Romecke' ‚Deutmecke' heißt, also etwa Deutschbach oder Volksbach.
Caecina steht am Mündungspunkt seines Wasserscheidenweges vor der Möhne gegenüber Welschenbeck. So schildert *Tacitus* dessen Überlegungen:

„Caecina war im Zweifel, wie er die altersschwachen Knüppeldämme ausbessern und zugleich die Feinde abwehren sollte. Deshalb faßte er den Entschluß, an Ort und Stelle ein befestigtes Lager abzustecken, damit die einen die Brückenarbeiten, die anderen den Kampf aufnehmen könnten."[57]

Die Lage scheint für die Römer nicht besonders angenehm gewesen zu sein, denn *Tacitus* schildert weiter:

„Die Barbaren strengten sich an, die Postenketten zu durchbrechen und an die Schanzarbeiter heranzukommen. Sie reizen sie, machen Umgehungsversuche und offene Angriffe. Arbeits- und Kampfeslärm schallt durcheinander. Für die Römer war alles gleichermaßen ungünstig: das grundlos morastige Gelände war ebenso unhaltbar, wenn sie darauf fußten, wie schlüpfrig, wenn sie vorwärtsschreiten wollten; sie selbst waren mit Kettenpanzern beschwert und konnten nicht einmal ihre Speere mitten im Wasser schwingen. Dagegen waren die Germanen an den Kampf in Sümpfen längst gewöhnt, ihre hochgewachsenen Leiber und mächtigen Lanzen vermochten den Gegner aus noch so weiter Entfernung zu verwunden. Erst die Nacht befreite die schon wankenden Legionen von dem unglücklichen Kampfe."

Tacitus schildert nun eingehend den Schlachtverlauf, auf den wir hier in dieser Breite nicht einzugehen brauchen, da er weitschweifige und phantasievolle Schilderungen bringt und es uns wesentlich ja um Erkennen der Örtlichkeit geht. Zur weiteren Aufhellung der geografischen Lage, in der diese Schlacht stattfand, hier noch ein Satz aus der langen Erzählung des *Tacitus:*

„. . . leiten alle Wasserläufe, die rings auf den Höhen entsprangen, in die Niederungen ab."

d. Aufstellung des Heeres

Tacitus schildert die taktischen Vorstellungen:

„Als er überlegte, was zu tun sei, fand er keinen anderen Ausweg, als den Feind in den Wäldern zurückzuhalten, bis die Verwundeten und die schwer beweglichen Teile des Heereszuges einen Vorsprung gewonnen hätten. Zwischen den Bergen und Sümpfen zog sich nämlich eine Ebene hin, die die Entfaltung einer schmalen Kampflinie zuließ. Danach wurden die Legionen ausgewählt: der 5. Legion wird der rechte Flügel zugewiesen, der 21. der linke; die 1. sollte den Zug eröffnen, die 20. sich gegen die Verfolger wenden."

Hier wird deutlich, daß es sich um ein Tal handeln muß, in dem der versumpfte Boden für das Heer ein großes Hindernis bedeutete. Die schmale Ebene, auf der sich die Kampflinie entfalten ließ, deutet auf das Ufergelände eines Flußtales hin, denn nach dem Plan müssen sich die Truppen auf jeder Seite des angelegten Lagers auf einer ‚schmalen Ebene' entfalten können. Da auf jeder Seite eine Legion mit Hilfstruppen steht, muß diese schmale Ebene ausreichend lang sein, daß sich 6–10 000 Soldatan darauf entfalten können.

Wenn wir den Übergang bei Welschenbeck annehmen, wird der ‚Römerkopf' der westlichste Eckpfeiler des Stützpunktes sein, der von den Römern besetzt und verteidigt wurde. Diesem Berg gegenüber auf dem gleichen Ufer liegt die germanische Wallburg Loermund, von der aus die Germanen versucht haben werden, den Übergang der Römer über die Möhne zu stören. Von der Burg Belecke aus wird kaum in diesen Kampf eingegriffen worden sein, da die Germanen dort gegen Germanicus selbst zu kämpfen hatten, obwohl der Abstand von hier nur etwa 1000 m, dagegen vom Loermund 3 km beträgt.

Die 1. Legion hatte nach Plan den Brückenschlag zu sichern. Sie sollte auch zuerst über die Brücke gehen und auf der anderen Seite der Möhne einen Brückenkopf bilden; dort gehen die Südausläufer des Haarstranges mit erheblichen Höhen bis an die Möhne heran. Wenn eine solche Höhe besetzt war, konnte der Übergang gut abgesichert werden.

Die Nacht scheint für die Römer recht unruhig gewesen zu sein, wie allein die wenigen Sätze aus der breiten Darstellung des *Tacitus* andeuten:

(Caecina hatte) „eine grausige Nacht. Er sah im Traume, wie Quintilius Varus blutbefleckt aus dem Sumpf auftauchte; . . . alles klagte über die unheilvolle Finsternis und jammerte, daß so vielen tausend Soldaten nur noch ein Tag zu leben vergönnt sei."[58]

e. Flußübergang und Lager

Schließlich berichtet *Tacitus* vom anderen Morgen:

„Als der Tag anbrach, verließen die an den Flanken aufgestellten Legionen aus Furcht oder Ungehorsam ihren Platz und besetzten eiligst das ebene Feld jenseits des Moores."

Dieser Satz bestätigt ganz eindeutig, daß es sich nicht um unabsehbare Sümpfe gehandelt hat, sondern eben einfach um ein Flußtal. Wenn die Soldaten in der Morgenfrühe eiligst, das heißt doch in kürzester Frist, das ebene Feld jenseits des Moores besetzten, so besagt dies,

a) daß dieses Moor nicht so breit war, um es nicht eiligst überschreiten zu können; auch,
b) daß es nicht zu umgehen war, sich also nach den Seiten weit hinzog; weiter,
c) daß dieses ‚ebene Feld jenseits des Moores' in Anlehnung an die Schilderung des ebenen Feldes diesseits, eine ähnliche oder gleiche Beschaffenheit hatte, also der anderseitige Uferraum gemeint war. Die Soldaten müssen ohne Schwierigkeiten über die nassen Wiesen der Flußaue gegangen sein und
d) daß die Soldaten den Fluß durchwatet haben; es kann kein allzugroßer Fluß gewesen sein.

Hier können wir noch einmal auf die Überlegungen des Caecina zurückgreifen, um das Bild noch deutlicher zu machen: Er wollte ‚die altersschwachen Knüppeldämme ausbessern' und sorgte dafür, daß ‚die einen die Brückenarbeiten ... aufnehmen könnten'. Der Weg über die Flußaue wird demnach durch einen Knüppeldamm befestigt und über den Fluß wird eine Brücke geschlagen worden sein.

Die Taktik der Germanen bei diesem Kampf zeigt wieder die zahlen- und kräftemäßige Überlegenheit der Römer, die einen offenen Angriff der Germanen nicht zuließ. Der Bericht des *Tacitus* sagt:

„Trotzdem brach Arminius nicht sofort los, obgleich er jetzt freie Bahn hatte. Erst als ein Troß im Sumpf und in den Gräben stecken blieb, als die Soldaten ringsum in Verwirrung gerieten, als die Feldzeichen in Unordnung kamen und ein jeder, wie das in solcher Lage natürlich ist, nur auf seine eilige Rettung bedacht, für Befehle taube Ohren hatte, da gibt er den Germanen den Befehl zum Angriff."

Die panikartige Furcht der Römer ist sicherlich nicht auf die starken Kräfte der Germanen zurückzuführen, sondern eher auf die psychologische Wirkung der nacherlebten Schlacht des Jahres 9 nach Christus.

Dann schildert *Tacitus* sachlich weiter:

„So arbeiteten sich die Legionen gegen Abend ins Freie und auf festen Boden heraus."

Demnach sind an diesem Tage alle Legionen über die Brücke gezogen. Die Belästigungen der Germanen scheinen sich in Grenzen gehalten zu haben. Immerhin dauert der Übergang eines solchen Heeres über eine Brücke schon in Friedenszeiten, ohne Feindeinwirkung, einige Stunden. Das Lager, das die Römer dann auf der anderen Uferseite aufgeschlagen haben, wird schon auf der Höhe des Haarstrangs gelegen haben, denn die Höhen reichen bis unmittelbar an die Möhne heran. Das ist auch aus dem Bericht des Tacitus zu entnehmen; er schildert die Reaktion der Römer, als die Germanen bei einem Angriff auf dieses Lager zurückgeschlagen werden und die Römer „höhnisch ausriefen: hier gebe es keine Wälder und Sümpfe, hier seien Gelände und Götter für beide gleich".

Es war nicht weit bis zum Haarweg, und die Höhen des Haarstrangs waren zumeist wald- und wasserfrei. Das kann man aus den Worten des Feldherrn selbst ersehen, der meinte, die Rettung beruhe einzig und allein auf den Waffen, jedoch müsse man sie mit klugem Bedacht gebrauchen und innerhalb des Walles bleiben, bis die Feinde, in der Hoffnung, ihn zu erstürmen, näher heranrückten; dann aber müsse man von allen Seiten zugleich ausfallen. Durch einen solchen Ausfall werde man bis an den Rhein gelangen.

Caecina hatte demnach die große Zuversicht, jetzt, wo er am Haarweg angekommen war, ‚auf den bekannten Wegen' ohne wesentliche Hindernisse bis an den Rhein marschieren zu können.

Die panikartige Stimmung der Truppe war allerdings schon bis jenseits des Rheines gedrungen, denn, so *Tacitus*,

„hätte Agrippina nicht den Abbruch der Rheinbrücke verhindert, so wären Leute dagewesen, die diese schändliche Tat aus lauter Feigheit gewagt hätten".[59]

11. DER ALTAR

a. Vorstoß bis Aliso

Für seinen großen Angriff im Jahre 16 nach Chr., den wir nur kurz erwähnen, weil er für die Ortsbestimmung der Schlacht im saltus teutoburgensis keine Aussagen bringt, läßt Germanicus 1000 Schiffe bauen, die sich im Bataverland, zwischen den Rheinmündungsarmen Niederrhein und Waal, sammeln sollen. Mit ihnen will er seine ganze Armee von Norden her über die See und die Flußmündungen bis nahe an den Feind führen. Mit aller Gewalt will er den Widerstand der Germanen brechen und dabei die Weserfestung aufreißen.

Zunächst läßt er den Legaten Silius noch einmal mit einer schlagkräftigen Truppe von Süden her, von Mainz, in das Chattenland einfallen. Er selbst geht vom Westen mit sechs Legionen in die Westfälische Bucht hinein, um dort an der Lippe das größte Lager und das erste Lager an der Lippe überhaupt, das Lager Oberaden/Aliso, das von den Germanen belagert wurde, zu entsetzen. Daß es sich um dieses Lager handelt, bestätigt sich dadurch, daß Germanicus einen von den

Germanen zerstörten ,alten Altar' wieder herrichten läßt, der seinem Vater Drusus gewidmet war. Zu Ehren seines Vaters hält er dabei an der Spitze der Legionen einen feierlichen Umzug.[60]
Ein feierlicher Umzug mit mehreren Legionen, immerhin sechs Legionen, war nur im Lager Oberaden/Alsio möglich, denn zwischen Paderborn und Vetera gab es in dieser Größe kein anderes Lager, dessen Hauptstraße 45 m breit war und 800 m Länge hatte, dazu eine Wallstraße mit 15 m Breite und 2,5 km Länge. Diese Straßen boten für einen demonstrativen Aufmarsch mit anschließender Parade und Vorbeimarsch am Statthalter vor dem Praetorium genügend Raum.
Hier wird zum ersten Mal wieder das Lager Aliso mit Namen genannt, denn *Tacitus* berichtet:

„Doch wurde das ganze Gebiet zwischen dem Kastell Aliso und dem Rhein durch neue Grenzwälle und Erdwerke befestigt."[61]

Damit ist noch einmal bestätigt, daß das hier immer wieder genannte Lager ohne Namen nur das Lager Oberaden/Aliso sein kann.
Eine weitere Bestätigung für die Identität des zuvor genannten Lagers mit dem Lager Oberaden/Aliso und gleichzeitig den sehr wichtigen Nachweis für die unmittelbare Nähe des Varianischen Schlachtfeldes bringt uns die Nachricht des *Tacitus*:

„Auch dem Caesar stellten sich die Belagerer nicht zum Kampf, da sie schon auf die Kunde von seiner Annäherung sich zerstreut hatten. Doch hatten sie vorher den für die Legionen des Varus errichteten Grabhügel und einen alten, dem Drusus geweihten Altar zerstört. Den Altar stellte Germanicus wieder her und hielt an der Spitze der Legionen einen feierlichen Umzug. Den Grabhügel zu erneuern, schien nicht ratsam."

Diese Meldung über beide Zerstörungen, die des Altars und die des Grabhügels, zeigt uns, daß beide, Altar und Grabhügel, auch in einem räumlichen Verhältnis stehen, denn die das Lager belagernden Germanen hatten beide kurz zuvor zerstört. Der Altar wurde wieder errichtet, das Grabmal jedoch nicht; es schien ,nicht ratsam'. Das Grabmal lag auf dem Varianischen Schlachtfeld mitten in einem Wald. Dieser Wald kann nur im Süden des Lagers Aliso liegen, denn nur dort ist ein erreichbarer großer Wald; demnach kann nur dort das Varianische Schlachtfeld sein. So bestätigt sich von der anderen Seite, von der Lippe her, die Lage des Grabmals und damit auch des Varianischen Schlachtfeldes als im Arnsberger Wald gelegen. Der Weg dorthin geht vom Lager Oberaden/Aliso über die ,Langen Brücken', den Haarweg und über die Warsteiner Hochfläche auf den Kamm des Gebirges.
Das Lager Oberaden/Aliso wird Germanicus wie sein Vater wieder als Hauptlager in der Westfälischen Bucht vorgesehen haben; in diesem

Sommer allerdings nur in einer Verteidigungslinie, die durch die von Tacitus gemeldeten Arbeiten zur Verstärkung der Verteidigungswerke bestätigt wird, die von der Sigiburg an der Ruhr aus über Oberaden/Aliso – Haltern und die ‚Landbrücke' bis Rheine gedacht gewesen sein könnte. Germanicus wird aber zur Täuschung der Germanen den Eindruck erweckt haben wollen, daß er wiederum in der Westfälischen Bucht angreifen will, um u. a. das Grabmal zu erneuern.

b. Strategieüberlegungen

In Wirklichkeit ging Germanicus aber nicht wie im Vorjahr (15 n. Chr.) über die See und die Ems in die Westfälische Bucht hinein, sondern mit starker Macht massiert gegen die Weserfestung, die er von Norden angriff. Da *Tacitus* in dieser Meldung auch strategische Überlegungen des Germanicus bringt, die auch uns in dieser Untersuchung angehen, folgt dieser Bericht:

„Doch Germanicus strebte ..., desto mehr danach, den Sieg zu beschleunigen. Er erwog die mannigfachen Kampfweisen, sowie die Mißerfolge und Erfolge, die ihm die nunmehr schon dreijährige Kampfführung gebracht hatten. Geschlagen wurden die Germanen in offener Schlacht und auf regelrechtem Gelände, begünstigt aber durch Wälder und Sümpfe, durch den kurzen Sommer und frühzeitigen Winter. Die eigenen Soldaten litten nicht so sehr durch Verwundungen als unter den großen Märschen und Verlusten an Waffen. Gallien sei durch Pferdelieferungen erschöpft; der lange Troß lade zu Überfällen ein und sei schwer zu verteidigen."[60]

Nach dieser Bilanz der hinter ihm liegenden Kämpfe kommt Germanicus zu folgenden strategischen Überlegungen:

„Wenn man dagegen den Seeweg einschlage, so sei man ohne weiteres Herr (des Meeres), das den Feinden unbekannt sei, zudem könne man den Krieg zeitiger beginnen und die Legionen zusammen mit dem Proviant befördern; Roß und Reiter könnten durch die Mündungen und Läufe der Flüsse hinaufgefahren werden und stünden dann mit noch frischen Kräften mitten in Germanien."

Wir beschränken uns in dieser Arbeit auf das Gebiet der Westfälischen Bucht, in der Germanicus, nachdem ihm der Einbruch in die Weserfestung trotz stärkster Anspannung und großer Verluste nicht gelungen ist, im Herbst des Jahres 16 nach Chr. zum letzten Mal erscheint. Nachdem zunächst Silius mit 30 000 Soldaten und 3000 Reitern gegen die Chatten gezogen ist, bricht Germanicus selbst mit der Mehrzahl seiner Truppen wiederum ins Marserland ein, wie *Tacitus* schreibt:

„... er verwüstet das Land und vernichtet die Feinde, die nicht mehr zu kämpfen wagten; leisteten sie aber irgendwo Widerstand, so ... mußten sie doch anerkennen, daß die Römer unbesiegbar und durch keine Schicksalsschläge überwindbar seien. Obwohl sie ihre Flotte verloren und ihre Waffen eingebüßt hätten, obwohl das Gestade mit Menschen- und Pferdeleichen bedeckt sei, seien sie jetzt mit der gleichen Tapferkeit, mit dem gleichen Ungestüm und, wie man glauben möchte, in noch größerer Zahl ins Land eingefallen."[63]

Doch der Kaiser Tiberius berief Germanicus aus Germanien ab. Damit war der Eroberungskrieg der Römer gegen Germanien jenseits des Rheines nach 28 Jahren gescheitert und wurde abgebrochen. Die Germanen jenseits des Rheines entgingen auf Dauer der Romanisierung und beschritten einen eigenständigen Weg.
Der dieses historische Ergebnis, sich gegen die Weltmacht Rom zu behaupten, erreichte, war ein junger Cheruskerfürst mit dem römischen Namen Arminius, dessen germanischen Namen wir nicht kennen. Publius Cornelius Tacitus, der römische Geschichtsschreiber, beklagt, daß die großen Taten des germanischen Feldherrn in den griechischen Geschichtswerken, die nur die Taten des eigenen Volkes bewundern, unbekannt seien und daß selbst die römischen Geschichtsschreiber diesen großen Feldherrn nicht genügend würdigten, weil sie nur die graue Vorzeit priesen. *Tacitus* selbst aber setzt mit wenigen Worten dem germanischen Führer ein bleibendes Denkmal:

„Unstreitig war er der Befreier Germaniens und hat das römische Volk nicht in den ersten Anfängen seiner Macht, wie andere Könige und Heerführer, sondern in seiner höchsten Blüte herausgefordert. In seinen Schlachten war er nicht immer glücklich, im Kriege aber blieb er unbesiegt!"[64]

12. ERGEBNISSE

Die vergleichende Gegenüberstellung der Schilderungen des Schlachtfeldes bei Tacitus mit dem Bericht des Dio Cassius zeigte im wesentlichen Übereinstimmung. Ausgangspunkt bei der Suche nach dem Platz der Varusschlacht waren bislang bei den meisten Forschern, wenn man die Hinweise – ‚an der Weser' und ‚zu den Cheruskern' – als ungenaue Übersetzungen außer acht läßt, die Angaben des Tacitus vom Besuch des Germanicus auf dem Schlachtfeld.

Deshalb seien zunächst die von Tacitus erwähnten beiden Angaben angesprochen, die bisher als konkrete örtliche Hinweise betrachtet wurden:

- ‚Die entlegensten Teile des Bruktererlandes'. Es ist als sicher anzusehen, daß der Vormarsch nach Osten durch das verwüstete Land zwischen Ems und Lippe nicht nördlich der Lippe endete und daß nicht dort die entlegensten Teile des Bruktererlandes lagen, sondern südlich der Lippe, auf der Paderborner Hochfläche; der Weg des Germanicus führte auch nicht über die Berge in das Land zwischen Egge und Weser.
- ‚Nicht fern vom saltus Teutoburgiensis'. Ebenfalls ist sicher, daß, da der Marschweg nicht nördlich der Lippe endete, auch der saltus Teutoburgiensis nicht im Norden gelegen haben kann, sondern nicht fern von der Paderborner Hochfläche oder vom Hauptmarschweg. Er kann daher nur im Süden der Lippe-Linie liegen. Es ist auch nicht eine Burg gemeint, sondern ein Bergwald voller Volksburgen. ‚Nicht fern' heißt, daß der Bergwald nur wenige Kilometer von dem entlegensten Teile des Bruktererlandes oder des Anmarschweges gelegen haben kann.

Die Begründungen hierfür lauten: Die Unbefahrbarkeit der Senne; die strategische Situation; die geographischen Gegebenheiten; die Liste der germanischen Volksburgen; der klare Bericht des Tacitus und die fehlenden Römerfunde im Wesergebiet.

Auch wenn wissenschaftlich exakte Beweise noch nicht vorliegen, wollen wir als Ergebnis dieses Abschnittes und als Arbeitsshypothese folgende Feststellungen treffen:

Zum Römerlager Kneblinghausen, das einzig festgestellte Lager der Römer in Norddeutschland, das nicht an der Lippe liegt:
- Es scheint identisch mit dem 1. Lager, das Germanicus findet
- Es liegt an dem einzigen großen Wasserscheidenweg, der von dem höchsten Punkt des Hauptmarschweges der Römer vom Rhein zu den Lippequellen nach Süden abzweigt.
- Es befindet sich unmittelbar am Waldeingang auf dem höchsten Punkt des Weges dorthin.
- Hier wechselt das Gestein im Untergrund von der Oberkreide zum Flözleeren Karbon; es beginnen die ‚verborgenen Waldschluchten, feuchten Sümpfe und trügerischen Moorwiesen'.
- Das Lager hat einen ‚weiten Umfang', es hat eine Größe von 30 Morgen.
- Es liegt auch in der den Forschern immer Schwierigkeiten bereitenden Reihenfolge (siehe S. 150), zuerst das 1. Lager im Bericht des Tacitus, Kneblinghausen, und dann erst das 2. Lager, Brandriger Berg.
- Es ist ergraben und archäologisch nachgewiesen.
- Vier aufeinanderfolgende Bauwerke bestätigen die langjährige Benutzung durch die Römer.

Die im Arnsberger Wald gefundenen Grabhügel haben bisher die ihnen gebührende Beachtung nicht gefunden; erst jetzt können sie in den Zusammenhang der Schlacht eingebunden werden. Sie könnten sicherlich wesentlich zur Bestätigung des rekonstruierten Schlachtverlaufes beitragen.

– Nach den wissenschaftlichen Ergebnissen der Untersuchungen der Jahre 1910/11 besteht der größere Teil der Hügel ‚mit Sicherheit' aus Gräbern.
– Die Hügelgräbergruppen am Judenkirchhof, am Greverhagen, am Ensterknick, auf der Wennemer Höhe und in der Giesmecke liegen an den Schwerpunkten des Schlachtgeschehens.
– Die Gruppen an der Bormecke, im Siebenscheid, am Steinberg und in den Steinhaufen befinden sich am Fluchtweg der Römer zum Lager Aliso.
– Die größte Hügelgruppe, der über 100 ha große Friedhof am Ensterknick mit etwa 600 Massengräbern, ist eindeutig als eine militärische Anlage zu erkennen.

Die Gesamtschau all dieser Gesichtspunkte, die strategische Situation der Schlacht, die landschaftlichen Gegebenheiten, der Bericht des Dio Cassius, die Schilderungen des Tacitus, die Anlage des Friedhofs am Ensterknick und die Verteilung der Grabhügelgruppen dürften mit allen Vorbehalten den Schluß erlauben, daß es sich hierbei um die von Germanicus angelegten Gräber handeln könnte und damit der dritte Tag der Schlacht sich im Ablauf an der Verteilung der Grabhügelgruppen ablesen läßt.

Das von Germanicus auf dem Varianischen Schlachtfeld errichtete Grabmal dürfte ebenfalls örtlich zu bestimmen sein.

– Es lag in dem Bergwald auf dem Wasserscheidenweg, an dem die Schlacht stattfand.
– Die gemeinsame Nennung von Altar (Aliso) und Grabmal bestätigt auch von Aliso aus den festgestellten räumlichen Zusammenhang, somit den Ort der Schlacht südlich der Lippe.
– Der ‚Hessengraben' scheint eine Sicherungsanlage der Römer während der Bestattungsarbeiten gewesen zu sein. Er sperrt die Anmarschwege der Germanen. Er kann auch mit der Anlage des Grab-, Ehren- oder Denkmals in Zusammenhang gesehen werden.
– Das Denkmal wird vermutlich auf dem herausragendsten und höchsten (580 m) Punkt des Plackweges gestanden haben, wo auch Germanicus seinen Standort hatte, ehe er Arminius folgte.

Der Ablauf der Reiterschlacht bei Warstein entspricht so verblüffend haargenau den in der Natur vorhandenen Gegebenheiten, daß ein Irrtum ausgeschlossen erscheint. Wir stellen dazu fest:

- Die Verfolgung des Arminius in ‚unwegsame Gegenden' in diesem Bergwald kann nur 1. auf dem Wasserscheidenweg erfolgt sein, der 2. bei der Straßengabel an der Höhe 580 beginnt, wo auch das Grabmal gestanden haben mag.
- Das für einen Reiterangriff notwendige freie Gelände beginnt mit der Kalkhochfläche, wo auch der Wald endet.
- Die auf einer Anhöhe, 20 m höher und 1500 m entfernt vor dem freien Horizont agierenden Germanen konnten gut von den Römern eingesehen werden. Ein Wald über einem tief eingeschnittenen Bachtal begleitet rechts den freien Höhenrücken; der Flankenangriff der Germanen kam aus einer vorragenden Waldspitze. Genau gegenüber der Waldspitze, 400 m entfernt, befindet sich ein großer Bruch, der Enkebruch, in den die Römer hineingetrieben werden.
- Es liegt ein archäologischer Nachweis vor: Sechs ‚römische' Hufeisen (Erläuterung S. 145–148) wurden in diesem Bruch gefunden.

Eine weitere Bestätigung bringt der Bericht des Tacitus vom Rückmarsch des Caecina auf dem parallelen Weg mit der Schilderung der Schlacht bei Welschenbeck:

- Caecina soll auf ‚bekannten Wegen' heimkehren; das ist der Haarweg, dabei zeitig ‚die langen Brücken' überschreiten; diese führen nach Aliso.
- Vom Stimmstamm am Plackweg, wo Caecina steht, geht der Weg zunächst über die Wasserscheide an dem hochliegenden Warstein vorbei zur ‚Romecke' und danach zur Möhne, wo die Germanen die Höhen besetzt und hier durch die Wallburg ‚Loermund' den Übergang gesperrt hatten. So mußte ein Ersatzübergang gesucht, Knüppeldamm und Brücke über Sumpf und Fluß gebaut werden. Es hat sich also um ein Flußtal gehandelt, denn ebene Flächen beiderseits des Sumpfes, ansteigende Waldstücke und die Tatsache, daß die Soldaten ‚eiligst' vom ebenen Feld diesseits zum jenseitigen ebenen Feld hinüberwechseln, beweisen dies.
- Die Meldung des Tacitus von den Bergen ringsum beweist, daß es sich keinesfalls um einen unabsehbaren Sumpf gehandelt haben kann.
- Bemerkenswert sind noch die drei auf die Römer bezogenen Flurnamen: Römerkopf, Romecke und Welschenbeck.

So können wir zum Abschluß dieses Abschnittes feststellen, daß der Bericht des Tacitus über den Besuch des Germanicus auf dem Varianischen Schlachtfeld viele Bestätigungen und zusätzliche Beweise erbrachte für die Richtigkeit der These:

Die Varusschlacht fand im Arnsberger Wald statt.

13. RÜCKBLICK

Unsere Suche nach dem Ort der Varusschlacht auf neuen Wegen ist mit diesen Ergebnissen beendet. Im Bericht der Römisch-Germanischen Kommission Band 62, 1981 hat Siegmar von Schnurbein, einer der derzeit besten Kenner der Forschungslage über die Zeit der römischen Eroberungen im rechtsrheinischen Germanien, Hinweise über den Stand der heutigen Forschung gegeben. Er spricht von den „bislang vergeblichen Versuchen ... die in der antiken Literatur genannten Plätze im Gelände festzulegen, wie etwa Arbalo, die Pontes longi, den sog. Angrivarierwall, das sog. Sommerlager des Varus oder gar die Örtlichkeit der Varusschlacht."[65]
Das Lager Kneblinghausen wird erst gar nicht behandelt, da eine „augusteische Zeitstellung nach allem, was wir wissen, sicher ausscheidet."
Von Schnurbein stellt dann fest: „Die Versuche, den Grabungsergebnissen entsprechende Aussagen abzuringen, wurden ... mit Eifer betrieben, wobei die Diskussion um die Lokalisierung des Stützpunktes Aliso im Vordergrund stand. Das zuweilen krampfhafte Bemühen, archäologischen Befund und historische Überlieferung zur Deckung zu bringen, hat bemerkenswerte Blüten getrieben, ..."
Außer zum Angrivarierwall, der nicht zur Untersuchungsaufgabe gehörte, sind zu allen anderen Plätzen, Arbalo, Pontes longi, Sommerlager, Örtlichkeit der Varusschlacht, Lager Kneblinghausen und auch zum Lager Aliso neue und verständliche Interpretationen erarbeitet worden, die hiermit der Wissenschaft zur Überprüfung vorgelegt werden.
Aus den Bemerkungen von Schnurbeins ist ersichtlich, daß es nicht genügt, allein die Archäologie zur Lösung der Fragen heranzuziehen, dazu gehören die Erkenntnisse der Landeskunde, der Geographie, Geologie, Topographie, Hydrologie, Geschichte und Volkskunde. Auch das Verkehrswesen auf dem Wasser und auf der Straße sowie militärkundliche und strategische Voraussetzungen müssen ebenso wie die Flur- und Bezirksnamen berücksichtigt werden. Schließlich sind dazu die antiken Berichte zu überprüfen und zu vergleichen.
So haben wir, ausgehend von der politischen Situation der letzten Jahre vor der Zeitenwende und von den Eroberungsabsichten der Römer zunächst die Landschaft jenseits des Rheines betrachtet: Dort öffnet sich, nachdem am Lauf des Flusses die Berge zurücktreten, eine weite Ebene nach Osten, die Westfälische Bucht. Nach drei Seiten ist sie von Bergen umgeben: nach Süden vom Rheinisch-Westfälischen Schiefergebirge; nach Osten vom Eggegebirge und seinem Hinterland, dem Wesergebiet; nach Nordosten begrenzt die Bucht der Teutoburger Wald, dem ein bewegtes Hügelland bis zum nördlich

gelegenen Wiehengebirge folgt. Bis zum Meer breitet sich von dort dann die Norddeutsche Tiefebene aus.
Das wichtigste Gewässer, die Lippe, kommt aus dem äußersten Winkel der Westfälischen Bucht vor der Egge und fließt durch die gesamte Bucht nach Westen zum Rhein. Bereits bei dem Zusammenfluß von Pader, Alme und Lippe wird sie so wasserreich, daß sie in der Lage ist, kleinere Wasserfahrzeuge zu tragen. Von diesem Zusammenfluß bis zum Rhein, etwa 150 km, hat die Bucht nur ein Gefälle von 75 m. Sie ist, von vielen Bächen durchzogen und mit Wasser überreich ausgestattet, für den Verkehr zu Lande wenig günstig.
Jedoch ziehen sich südlich der Lippe sumpffreie Höhen entlang der Ruhr, die, in weiten Teilen aus karstfähiger Oberkreide bestehend, eine trockene Struktur und weiche Geländeformen aufweisen. Hinter der Quelle der Emscher nennt sich der Höhenzug Haarstrang. Seine Oberflächenwässer verschwinden sofort im Untergrund und fließen auf dem darunterliegenden Urgestein nach Norden, wo sie auf der Grenzlinie zur Niederung in einem Quellenhorizont zutage kommen. Gleichzeitig stoßen sie hier, nördlich des Hellweges auf die von Norden kommenden Salzwasserströme, die dann in artesischen Quellen ebenfalls austreten.
So entsteht auf der gesamten Strecke vom Rhein bis zur Vereinigung der drei Quellflüsse eine wasserreiche Trennzone, zuerst vom Rhein aus durch die sumpfreiche Emscher und anschließend durch das oben geschilderte wasserreiche Gebiet nördlich des Hellweges.
Für die Römer, die ja in den Osten, an die Elbe, wollten, gab es keine bessere Möglichkeit, in das Herz Germaniens vorzustoßen, als den Wasserweg auf der Lippe und den Marschweg über die sumpffreien Höhen entlang der Ruhr. Es war ihnen also von der Natur die militärische Handlungsweise bereits vorgezeichnet. Sie bauten deshalb auch vor dem Wasserweg das große Lager Vetera und vor den Marschweg das bekannte Lager Asciburgium.
Von dieser Grundlinie aus haben alle weiteren Überprüfungen der antiken Berichte auszugehen. Es ergab sich, daß die Berichte recht genau den Wechsel in der Landschaft schildern, der auf der wechselnden geologischen Beschaffenheit des Untergrundes beruht. Wie selbstverständlich fügten sich die dargestellten Begebenheiten, vor allem die Schlachtberichte, in die Erkenntnisse über die Landschaft ein. Die wesentliche Hilfe bei dieser Rekonstruktion des Geschehens bildete die Einsicht, daß der Verkehr zu Lande, vor allem in dem südlichen Bergland, nur auf den Wasserscheiden möglich war.
Es entstand so aus den einzelnen Ergebnissen fast wie ein Mosaik ein lebendiger Zusammenhang und ein beinahe lückenloses Bild der Ereignisse während der römischen Invasion Germaniens rechts des Rheins. In den Grundzügen wird es sicher den wirklichen Begeben-

heiten entsprechen, in den Details mögen manche Beanstandungen erfolgen. Die Arbeit ist ein Versuch, zur Klärung der geschichtlichen Wahrheit beizutragen. Es könnte sich hier erweisen, was Hans Delbrück in seiner „Geschichte der Kriegskunst“ schreibt:

„Die richtige Rekonstruktion, einmal gefunden, pflegt sich darin zu bewähren, daß auch andere Stücke der Überlieferung, sonst schwer zu verstehen, eine einfache und einleuchtende Erklärung finden.“[66]

Verzeichnis der verwendeten Literatur

1. Quellen

Dio Cassius, Historiarum Romanarum quae supersunt, with an Engl. transl. By E. Cary, Loeb-Edition (London 1914–1927), Bd. VI, Buch LVI.

Dionis Cassii, Historia Romana, Ed. L. Dindorf (Leipzig 1894).

Dio Cassius, Römische Geschichte, übersetzt von Johann Wilhelm Wagner, Bd. 1–4 (Frankfurt/Main 1783–1787).

P. Cornelius Tacitus, Annales; Textausgabe mit dt. Übersetzung von C. Hoffmann (München 1954).

Tacitus, Annalen, Historien, Dialog, Ed. Hoffmann, (Lizenzausgabe Wiesbaden 1978).

Tacitus, Germania (München 1977).

Velleius Paterculus, Historiae Romanae, ed. F. Haase (Leipzig 1863); deutsche Übersetzung von F. Eyssenhardt (Berlin 1913).

Velleii Paterculi, Historiae Romanae, Libri duo Ed. A. H. Cludius (Hannover 1815).

2. Nachschlagewerke

Bengtson, Hermann, Großer historischer Weltatlas, 3 Teile (München 1957/8, 1970).

Brockhaus, Enzyklopädie, 17. Aufl., Bd. 1–20 (Wiesbaden 1966–1974).

Dehio, Georg, Handbuch der deutschen Kunstdenkmäler, Westfalen (München 1965).

Duden, Band 7, Etymologie (Mannheim 1963).

Förstemann, Ernst, Altdeutsches Namenbuch, II. Band, Namenbuch, 2 Bände, 1. A–K, 2. L–Z, Herausgeber: Hermann Jellinghaus (München 1967).

Gehle, Heinrich, Wörterbuch westfälischer Mundarten (Münster 1977).

Hömberg, Philipp, Bibliographie zur Vor- und Frühgeschichte Westfalens (Hildesheim 1969).

Meyers, Meyers Lexikon, 7. Aufl., Bd. 1–12 (Leipzig 1924).

Ploetz, Karl, Auszug aus der Geschichte, 26. Aufl. (Würzburg 1960).

Putzger, F. W., Historischer Schulatlas, 26. Aufl. (Bielefeld 1902). 60. Aufl. (Bielefeld 1942). 82. Aufl. (Bielefeld 1961).

Schmedding, J. H., Biermann, F., Atlas vor- und frühgeschichtlicher Befestigungen in Westfalen (Münster 1920).

Woeste, Friedrich, Wörterbuch der westfälischen Mundart (Wiesbaden 1966).

3. Literatur zur Varusschlacht

Beneke, Arnold, Siegfried und die Varusschlacht (Dortmund 1909).
–, Die Steinhügelgräber im Arnsberger Walde, in Mannus V (1913).
–, Die neuen Untersuchungen der Gräber im Arnsberger Wald, in: Sauerländer Gebirgsbote, 50–52, 1912.
Beste, Ferd., Die Varusschlacht an der unteren Lippe (Dortmund 1922).
Boemers, F. L., Die letzten Freiheitskämpfe der Germanen gegen die Römer (Gütersloh 1866).
Clostermeier, Christian Gottlieb, Wo Hermann den Varus schlug (1888).
Dahm, Otto, Die Hermannschlacht (Hanau 1888).
Dederich, A., Kritik der Quellenberichte über die Varianische Niederlage im Teutoburger Wald (Paderborn 1868).
Dragendorff, H., Okkupation Germaniens durch die Römer, Bericht über die Fortschritte der römisch-germanischen Forschung (1905).
–, Westdeutschland zur Römerzeit (Leipzig 1912).
Dünzelmann, E., Das römische Straßennetz in Norddeutschland (Leipzig 1893).
Fuchs, Theodor, Arminius und die Externsteine (Stuttgart 1981).
Höfer, Paul, Die Varusschlacht (Leipzig 1828).
Hülsenbeck, Fr., Die Gegend der Varusschlacht nach den Quellen und Lokalforschungen (Paderborn 1878).
–, Die Wohnsitze der germ. Marsen (Paderborn 1871).
–, Das römische Kastell an der Lippe (Osnabrück 1923).
John, Walther, Die Örtlichkeit der Varusschlacht bei Tacitus (Göttingen 1950).
–, P. Quinctilius Varus, in: Paulys Realencyclopädie der classischen Altertumswissenschaft (Stuttgart 1963).
Kesting, Hermann, Arminius und die Varusschlacht (Detmold 1961).
–, Der Befreier Arminius, 12. Aufl. (Detmold 1976).
Knoke, Friedrich, Gegenwärtiger Stand der Forschungen über die Römerkriege im nordwestlichen Deutschland (Osnabrück 1903).
Köckeritz von, Untersuchungen über die Kriegsführung der Römer in den Feldzügen des Caesar, Drusus, Tiberius, Germanicus (Mainz 1862).
Koehler, Friedrich, Wo war die Varusschlacht? (Dortmund 1925).
Koepp, Friedrich, Lichter und Irrlichter auf dem Wege zum Schlachtfeld des Varus (1927).
–, Die Römer in Deutschland (Bielefeld 1926).
Kolbe, Walter, Forschungen über die Varusschlacht (Leipzig 1932).
Mommsen, Theodor, Die Örtlichkeit der Varusschlacht (1885).

Norkus, Johannes, Die Feldzüge der Römer in Nordwestdeutschland, von einem Soldaten gesehen (Hildesheim 1963).
Nöthe, H., Die Varusschlacht im Arnsberger Wald, in: Sauerländer Gebirgsbote (1911).
Petrikovits, Harald von, Arminius, in: Bonner Jahrbücher 166 (1966).
Roth, Hermann, Germanen im Kampf (München 1939).
Schneider, Jacob, Die römischen Militärstraßen an der Lippe (Düsseldorf 1878).
Schnurbein, Siegmar von, Die Römer in Haltern, Heft 2 des Westf. Landesmuseums (Münster 1979).
–, Untersuchungen zur Geschichte der römischen Militärlager an der Lippe, in: Bericht der Röm. Germ. Kommission Bd. 62 (Frankfurt/Main 1981).
Timpe, Dieter, Arminius-Studien (Heidelberg 1968).
–, Der Triumph des Germanicus (Bonn 1968).
Völker, Werner, Ein Mann der sich Arminius nannte (Berlin 1981).
–, Als die Römer frech geworden (Berlin 1981).
Winkelmann, Wilhelm, 700 Theorien – doch keine führt zum Schlachtfeld (Münster 1983).

4. Literatur zu römischen Funden

Albrecht, Christoph, Das Römerlager Oberaden (Dortmund 1938).
Baum, Albert, Das Legionslager in Oberaden und das Uferkastell in Beckinghausen an der Lippe, in: Mannus V (1913).
Bechert, Tilmann, Asciburgium (Duisburg 1974).
Beneke, Arnold, Die neuen Untersuchungen der Gräber im Arnsberger Wald, in: Sauerländer Gebirgsbote, 50–52 (1912).
Biermann, F., Bericht über die Untersuchungen mehrerer Grabhügel im Arnsberger Wald, in: Sauerländer Gebirgsbote, 87–90, 120–124 (1912).
–, Bericht über die Aufdeckung mehrerer Hügelgräber auf der Wennemer Höhe, in: Sauerländer Gebirgsbote (1911).
Bleicher, Wilhelm, Das Werk Arnold Benekes, in: Heimatblätter für Hohenlimburg (o. J).
Feaux de Lacroix, Karl, Das Sauerland als Schauplatz weltgeschichtlicher Ereignisse, in: Sauerländer Gebirgsbote, 12 (1904).
–, Das Geheimnis des Arnsberger Waldes, in: Sauerländer Gebirgsbote, 21 (1913).
Führer zu vor- und frühgeschichtlichen Denkmalen
Nr. 4 – Hameln, Deister, Rinteln, Minden (Mainz 1975).
Nr. 13 – Südliches Rheinhessen, Nördliche Vorderpfalz (Mainz 1972).
Nr. 15 – Rechter Niederrhein (Mainz o. J.).
Nr. 16 – Göttingen und das Göttinger Becken (Mainz o. J.).

Nr. 20 – Paderborner Hochfläche (Mainz o. J.).
Nr. 42 – Das Osnabrücker Land (Mainz 1979).
Nr. 45 – Münster, Westliches Münsterland, Tecklenburg (Mainz 1980).
Gehrig, U., Der Hildesheimer Silberfund (Berlin 1976).
Hell, Martin, Ein frühgeschichtliches Hufeisen aus Salzburg, ÖJh 28 (Wien 1933).
Henneböle, E., Das Römerlager Kneblinghausen, in: Der Sauerländer (Arnsberg 1941).
Hübener, Wolfgang, Die römischen Metallfunde von Augsburg-Oberhausen (Kallmünz/Opf. 1973).
Jacobi, L., Das Römerkastell Saalburg (Homburg v.d.H. 1897).
Kahrstedt, Ulrich, Lager mit Claviculae, Bonner Jb. 138 (Darmstadt 1933).
Kraft, Konrad, Das Enddatum des Legionslagers Haltern, Bonner Jb. 155/56 (1955/56).
Kropatscheck, Gerhard, Das Alisoproblem, in: Deutsche Geschichtsblätter Okt. 1910 (Dresden 1910).
Lindemann, Kurt, Hildesheimer Silberfund (Hildesheim 1957).
Lohmann, Medebach, Welchem praktischen Zweck haben die Steinhaufen im Arnsberger Walde gedient, in: Sauerländer Gebirgsbote 21 (1913).
Loeschcke, Siegfried, Die römische und die belgische Keramik aus Oberaden, in: Römerlager Oberaden 2 (Dortmund 1938).
Mandera, Heinz-Eberhard, Sind die Hufeisen von der Saalburg römisch, in: Saalburg-Jb. XV, 1956 (Berlin 1956).
Müller, Wilhelm, Römische Hufeisen und die Varusschlacht, in: Forschungen und Fortschritte, 36. Jgg. (Berlin 1962).
Nowotny, Eduard, Römische Hufeisen aus Virunum, Österreichisches Jahrbuch XXVI Beibl. (Wien 1930).
Prein, Otto, Aliso bei Oberaden (Münster 1907).
–, Aliso bei Oberaden und die Varusschlacht (Münster 1930).
Ruprechtsberger, Erwin M., Römische Hufeisen und der Phaidrasarkophag im Camposanto zu Pisa, Römisches Österreich Jg. 5/6 (Wien 1978).
Samesreuther, Ernst, Neue Untersuchungen in Kneblinghausen, in: Germania 23 (1939).
Schuchardt, Karl, Die vermutlichen Varusschlachthügel im Arnsberger Wald, in: Prähistorische Zeitschrift 4 (1912).
Stieren, August, Das neue römische Lager in Westfalen, in: Germania 32 (1954).
Stupperich, Reinhard, Römische Funde in Westfalen und Nordwest-Niedersachsen, in: Boreas, Münstersche Beiträge zur Archäologie (Münster 1980).

Tscholl, Elmar, Römisches Limeskastell in Wallsee, in: Römisches Österreich Jg. 5/6 (Wien 1977/78).
Winkelmann, Fr., Über das Hufeisen, in: Germania XII, Heft 4, (1928).

5. Landeskundliche Darstellungen

Belecke, Monographie der Stadt Belecke (Belecke 1970).
Bender, Joseph, Geschichte der Stadt Warstein (Werl 1844, Nachdruck 1973).
Brilon, Stadtführer (Brilon 1975).
Brinkmann, Heinz-Hermann, Rüthen, Stadtführer (Rüthen 1968).
Bschorner, Hans, Handbuch der deutschen Flurnamen-Literatur bis Ende 1926 (Frankfurt/Main 1928).
Burmeister, Werner, Westfälische Dome (München 1951).
Görich, Willi, Taunus-Übergänge und Wetterau-Straßen, Mitteilungen des Vereins für Geschichte und Landeskunde, Heft 20 (Bad Homburg 1954).
Gößwald, Karl, Die Waldameise, Beilegeheft zur Ausstellung (Neuwied 1980).
Götsch, Wilhelm, Die Staaten der Ameisen (Berlin 1953).
Grupe, Heinrich, Das Landschaftsbild der Oberweser (Melsungen 1951).
Haaren, 1000 Jahre (Paderborn 1975).
Hartmann, A., Die Wallburg auf dem Loermund b. Sichtigvor (Sauerländer Gebirgsbote 15, 1907) 41–43; 55–58; 78–79; 123–126; 147–149; 207–209.
Hauck, Karl, Das Wissen Widukinds von Corvey von der Neubildung des sächsischen Stammes im 6. Jahrhundert, in: Stoob, Ostwestfälisch-Weserländische Forschung zur geschichtl. Landeskunde (Münster 1970).
Henkel, Gerhard, Geschichte und Geographie des Kreises Büren (Paderborn 1974).
Henneböle, E., Beiträge zur Heimatkunde des Kreises Lippstadt (Lippstadt 1952).
–, Heimatgeschichte der Stadt Rüthen (Lippstadt 1950).
–, Das Römerlager Kneblinghausen, in: Der Sauerländer (Arnsberg 1941).
–, Die Vor- und Frühgeschichte, in: Monographie der Stadt Belecke (Belecke 1970).
Henningsen, Dirk, Einführung in die Geologie der Bundesrepublik Deutschland (Stuttgart 1976).
Herstelle, An der Weser (Paderborn 1975).
Hoffmann, Hugo, Hausgrundrisse aus der Vor- und Frühgeschichte Westfalens, in: Westf. Forschungen, Bd. 3 (Münster 1940).

Hofmann, Albert von, Das deutsche Land und die deutsche Geschichte (Berlin 1923).
Hömberg, Albert K., Zwischen Rhein und Weser (Münster 1967).
Jäger, Helmut, Historische Geographie, 2. Aufl. (Braunschweig 1973).
Jellinghaus, H., Die westfälischen Ortsnamen nach ihren Grundwörtern (Osnabrück 1923).
Jordan, Wilhelm, Ein münzdatierter germ. Hausgrundriß des 1. Jh. von Böddeken Kr. Büren, in: Germania 25 (1941).
Karst- und Höhlenkunde, 2. Heft (Blaubeuren 1961).
Keller, Klaus, Ein Gang durch die Geschichte, in: Bergkamen gestern und heute (Bergkamen) 1975).
Koch, Josef, Frühe Verkehrsstraßen in der östlichen westfälischen Bucht (Paderborn 1977).
Kraemer, Ad., Die Wallburgen des Ruhrtales, in: Aus der Vorzeit in Rheinland, Lippe und Westfalen, Jg. 2 (1935).
Maasjost, L., Südöstliches Westfalen (Berlin 1973).
Mildenberger, Gerhard, Germanische Burgen (Münster 1979).
Möller, Reinhold, Niedersächsische Siedlungs- und Flurnamen, in: Beiträge zur Namensforschung, Beiheft 16 (Heidelberg 1979).
Ortmann, B., Aus der Frühgeschichte des Paderborner Landes, in: Warte (Paderborn 1937).
–, Vororte Westfalens (Paderborn 1949).
Poeschel, Hans Claus, Alte Fernstraßen in der mittleren Westfälischen Bucht (Münster 1968).
Polenz, Peter von, Landschafts- und Bezirksnamen im frühmittelalterlichen Deutschland (Marburg 1961).
Runge, Fritz, Erläuterungen zur Vegetationskarte der Westfälischen Bucht, in: Westf. Forschungen, Bd. 6 (Münster 1953).
Rüther, Josef, Aus der Geschichte der Straßen und Wege im Kreise Brilon, in: Sauerländer Gebirgsbote 25 u. 26 (Arnsberg 1918).
Schroeder, Edgar, Teutoburger Wald (Pforzheim 1977).
Schöning, A., Germanien in der Geographie des Ptolemaeus (Detmold 1962).
Schwarz, Ernst, Ortsnamenforschung und Sachsenfrage, in: Westfälische Forschungen, Bd. 6 (Münster 1953).
Sölter, Walter, Das römische Germanien aus der Luft (Bergisch-Gladbach 1981).
Sonne, Otto, Geschichtliches über Bad Karlshafen (o. J).
Stolze, Johannes, Neue Wege der Orts- und Flurnamenforschung (Offenburg o. J).
Stoob, Heinz, Ostwestf.-Weserländische Forschung zur geschichtlichen Landeskunde (Münster 1970).
–, Westf. Städteatlas Nr. 10 (Dortmund 1970).

Tochtrop, Theodor, Brilon, Stadtführer (Brilon 1975).
Warstein, Buch der Heimat, 700 Jahre Warstein (Warstein 1976).
Wilhelmi, Klemens, Beiträge zur einheimischen Kultur der jüngeren vorrömischen Eisen- und der älteren römischen Kaiserzeit zwischen Niederrhein und Mittelweser (Münster 1967).

6. Allgemeine Darstellungen zur römischen Geschichte

Bengtson, Hermann, Einführung in die Alte Geschichte, 7. Aufl. (München 1975).
–, Römische Geschichte (München 1973).
–, Kaiser Augustus, sein Leben und seine Zeit (München 1984).
Böcking, Werner, Die Römer am Niederrhein und in Nordwestdeutschland (Frankfurt/Main 1974).
Cuncliff, Barry, Rom und sein Weltreich (Bergisch-Gladbach 1979).
Doppelfeld, Otto, Der Rhein und die Römer (Köln 1970).
Fernau, Joachim, Cäsar läßt grüßen (München 1971).
Hilgers, Werner, Römische Straße (Köln 1979).
Jung, Ernst F., Sie bezwangen Rom (Düsseldorf 1976).
Koehne, Carl, Das Testament des Augustus (Darmstadt 1968).
Petrikovits, Harald von, Das römische Rheinland (Köln 1960).
–, Altertum (Düsseldorf 1978).
Pörtner, Rudolf, Mit dem Fahrstuhl in die Römerzeit (Berlin 1961).
Schneider, Jacob, Die alten Heer- und Handelswege der Germanen, Römer und Franken im Deutschen Reich (Düsseldorf 1888).
Ternes, Charles-Marie, Die Römer an Rhein und Mosel (Stuttgart 1975).

7. Literatur zur Sagengeschichte

Beneke, Arnold, Siegfried und Alberich (Wingeshausen/W. 1937).
Grimm, Wilhelm, Deutsche Heldensagen (Göttingen 1829).
Gering, Hugo, Die Edda (Leipzig 1892).
Hauck, Karl, Zur germanisch-deutschen Heldensage (Darmstadt 1961).
Hempel, Heinrich, Nibelungenstudien (Heidelberg 1926).
Hoffmann, Werner, Das Siegfriedbild in der Forschung (Darmstadt 1979).
Höfler, Otto, Siegfried-Arminius (Heidelberg 1961).
–, Deutsche Heldensage, in: Hauck (Darmstadt 1961).
Heusler, Andreas, Nibelungensage und Nibelungenlied (Dortmund 1922).
Kralik, Dietrich, Die Siegfriedtriologie (Halle 1941).
Mohr, Wolfgang, Geschichtserlebnis im alten germ. Heldenliede, in: Hauck (Darmstadt 1961).

Motz, Ulrich von, Siegfried-Armin (1956).
Nibelungenlied, Übersetzung Simrock (Leipzig 1909).
Ritter-Schaumburg, Heinz, Die Nibelungen zogen nordwärts (München 1981).
–, Dietrich von Bern, König zu Bonn (München 1982).
Schröder, F. R., Mythos und Heldensage, in: Hauck (Darmstadt 1961).
Teudt, Wilhelm, Germanische Heiligtümer (Jena 1954).
Thidreksage (Tübingen 1961).
Wiesnewski, Roswitha, Thidreksage (Tübingen 1961).

8. Kulturgeschichtliche Darstellungen

Akademischer Verein Hütte, Taschenbuch für Eisenhüttenleute (Berlin 1961).
Appel, Otto, Karl der Große (Limburg/Lahn 1938).
Beck, Ludwig, Geschichte des Eisens (Braunschweig 1884).
Burgenländisches Landesmuseum, Archäologische Eisenforschung in Europa (Eisenstadt 1977).
Carnat, Germain, Das Hufeisen in seiner Bedeutung für Kultur und Zivilisation (Zürich 1953).
Delbrück, Hans, Geschichte der Kriegskunst (Berlin 1901).
Fischer-Fabian, S., Die ersten Deutschen (Locarno 1975).
Johannsen, Otto, Geschichte des Eisens (Düsseldorf 1953).
Kornemann, Ernst, Gestalten und Reiche (Bremen 1943).
Pastenaci, Kurt, Volksgeschichte der Germanen (Berlin 1936).
Schmidt, Ludwig, Geschichte der germ. Frühzeit (Bonn 1925).
Schuchardt, Karl, Vorgeschichte von Deutschland (München 1943).
Uslar, Rafael von, Studien aus Alteuropa (Köln 1965).
Zander, Matthias, Entwicklung und Gestalt der Heiligenverehrung zwischen Rhein und Elbe im Mittelalter, in: Stoob, Ostwestf.-Weserländische Forschung (Münster 1970).

Anmerkungen

Zu Teil A (Seite 1–10):

[1] Beneke, Arnold, Siegfried und die Varusschlacht (Dortmund 1909), 6.
[2] Kesting, Hermann, Der Befreier Arminius, 12. Aufl. (Detmold 1976), 87.
[3] Sueton, Vita Caesarum II § 23.
[4] Tacitus, Annalen II, 88.
[5] Dio Cassius, Historiarum Romanarum quae supersunt, with an Engl. transl. By E. Cary, Loeb-Edition (London 1914–1927), Bd. VI, Buch LVI (Grundlage für die im folgenden ins Deutsche übersetzten Textstellen).
[6] Velleius Paterculus, Historiae Romanae, ed. F. Haase (Leipzig 1863); deutsche Übersetzung von F. Eyssenhardt (Berlin 1913).
[7] P. Cornelius Tacitus, Annales; Textausgabe mit dt. Übersetzung von C. Hoffmann (München 1954).
[8] Vell. Pat. II, 118.
[9] Pörtner, Rudolf, Mit dem Fahrstuhl in die Römerzeit (Berlin 1961), 17ff.
[10] Brockhaus, Enzyklopädie, 17. Aufl., Bd. 19 (Wiesbaden 1974), 378.
[11] John, Walther, P. Quinctilius Varus, in: Paulys Realencyclopädie der Klassischen Altertumswissenschaft, Stuttgart 1963.
[12] Kesting a.a.O. 88.
[13] Dio Cass. LVI, 18.
[14] Kesting a.a.O. 90.

Zu Teil B (Seite 11–48):

[1] Bengtson, Hermann, Römische Geschichte (München 1973), 235.
[2] Dahm, Otto, Die Hermannschlacht (Hanau 1888), 7–8.
[3] Bengtson a.a.O. 235.
[4] Dahm a.a.O. 8.
[5] Beneke, Arnold, Siegfried und die Varusschlacht (Dortmund 1909), 51.
[6] Dio Cassius, LV 3.
[7] Norkus, Johannes, Die Feldzüge der Römer in Nordwestdeutschland in den Jahren 9–16 n. Chr., von einem Soldaten gesehen (Hildesheim 1963), 4, 9, 10, 12, 47.
[8] Dünzelmann, E., Das römische Straßennetz in Norddeutschland (Leipzig 1893), 83.
[9] Hofmann, Albert von, Das deutsche Land und die deutsche Geschichte (Berlin 1923), 18.
[10] Norkus a.a.O. 33.
[11] Ebd. 11.
[12] Hofmann a.a.O. 18–52.
[13] Koch, Josef, Frühe Verkehrsstraßen in der östlichen westfälischen Bucht (Paderborn 1977), 1, 154.
[14] Schneider, Jacob, Die alten Heer- und Handelswege der Germanen, Römer und Franken im Deutschen Reich (Düsseldorf 1888) Heft II, Nr. 3, 10.
[15] P. Cornelius Tacitus, Germania 3, 22; Historiae IV 33, 1.
[16] Claudius Ptolemaios, Geographia II 11, 13.
[17] Bechert, Tilmann, Asciburgium (Duisburg 1975), 14.
[18] Stadtplan: Bochum 1980/1, 28. Aufl. – Dortmund 1982, 25. Aufl.
[19] Koch a.a.O. 13, 162.
[20] Hömberg, Albert K., Zwischen Rhein und Weser (Münster 1967), 198.
[21] Koch a.a.O. 162.
[22] Hofmann a.a.O. 67.

[23] Mildenberger, Gerhard, Germanische Burgen (Münster 1979), 68.
[24] Brockhaus, Enzyklopädie, 17. Aufl., Band 4, 546.
[25] Hofmann a.a.O. 18.
[26] Hofmann a.a.O. 20.
[27] Albrecht, Christoph, Das Römerlager Oberaden (Dortmund 1938).
[28] Koch a.a.O. 11.
[29] Karst- und Höhlenkunde, 2. Heft (Blaubeuren 1961), 18.
[30] Henneböle, E., Die Vor- und Frühgeschichte, in Monographie der Stadt Belecke (Belecke 1970), 45/46.
[31] Vgl. zu diesem Weg durch den Wald auch Dünzelmann a.a.O. 132f.; Henneböle a.a.O. 45f.; Koch a.a.O. 170; Brinkmann, H.-H., Rüthen Stadtführer (1968) 28.
[32] Brilon, Stadtführer (Brilon 1975), 8.
[33] Rüther, Josef, Aus der Geschichte der Straßen und Wege im Kreise Brilon, in: Sauerländischer Gebirgsbote Nr. 25, 26 (Arnsberg 1918), 117.
[34] Brilon a.a.O. 10.
[35] Karst- und Höhlenkunde a.a.O. 9.
[36] So auch Henneböle, E., Die Vor- und Frühgeschichte (Lippstadt 1952), 28. Rüther a.a.O. 114–117. Schuchardt, Karl, Vorgeschichte Deutschlands, 5. Aufl. (München 1943), 337.
[37] Koch a.a.O. 2.
[38] Polenz, P. von, Landschafts- und Bezirksnamen im frühmittelalterlichen Deutschland (Marburg 1961), 119/120.
[39] Stupperich, Reinhard, Römische Funde in Westfalen und Nordwest-Niedersachsen (Münster 1980), 28, 87.
[40] Henkel, Gerhard, Geschichte und Geographie des Kreises Büren (Paderborn 1974), 78.
[41] Topographische Karte 1:25 000, Nr. 4518.
[42] Maasjost, L., Südöstliches Westfalen (Berlin 1973), 67.
[43] Dünzelmann a.a.O. 87.
[44] Stoob, Heinz, Ostwestf.-Weserländische Forschung zur gesch. Landeskunde (Münster 1970), 118.
[45] Koch a.a.O. 63.
[46] Ders. 109, 114, 122.
[47] Topographische Karte 1:25 000, Nr. 4420.
[48] Stupperich a.a.O. 51: „auf der Wallburg Rothenburg (Rotenbreite) wurde eine Scherbe . . . eines relativ frühen Terrasigillata-Tellers gefunden (1. Jh.)."
[49] Herstelle an der Weser (Paderborn 1978), 4.
[50] Ebd. 6; Einhard, Kaiser Karls Leben (Leipzig 1888), 16.
[51] Schneider a.a.O. Heft IX D, S. 11.
[52] Sonne, Otto, Geschichtliches über Bad Karlshafen (Karlshafen o. J.), 13; Hofmann a.a.O. 39/40; Tk 4322.
[53] Hofmann a.a.O. 39/40.
[54] Brockhaus a.a.O. 4. Band, 546.
[55] Sonne a.a.O. 13.
[56] Tacitus, Ann. I 56–57.
[57] Stoob a.a.O. 114.
[58] Tk 4517.
[59] Henneböle a.a.O. 45/46.
[60] Köhler, Friedrich, Wo war die Varusschlacht (Dortmund 1925), 62 (aus: Deutscher Reichs- und Kgl. Preussischer Staatsanzeiger Nr. 61. v. 11. 3. 1905).
[61] Kahrstedt, Ulrich, Lager mit Klavikulae, in: Bonner Jahrbücher Heft 138 (Darmstadt 1933), 152.
[62] Mildenberger, Gerhard, Germanische Burgen (Münster 1979), 70/71.
[63] Unveröffentlicht im Archiv der Altertumskommission für Westfalen in Olpe.

[64] Henneböle a.a.O. 36.
[65] Polenz a.a.O. 235–237.
[66] Henneböle, Festschrift der Stadt Rüthen, 1950, 13.
[67] Jellinghaus, H., Die westf. Ortsnamen nach ihren Grundwörtern (Osnabrück 1923), 130.
[68] Polenz a.a.O. 119.
[69] Im Abschnitt D wird zu den Flurnamen Stellung genommen.
[70] Hülsenbeck, Fr., Das römische Kastell an der Lippe (Paderborn 1873), 14.
[71] Norkus a.a.O. 11.
[72] Pörtner, Rudolf, Mit dem Fahrstuhl in die Römerzeit (Berlin 1961), 13–16.
[73] Beneke a.a.O. 56.
[74] Schneider, Jacob, Die römischen Militärstraßen an der Lippe, 19.
[75] Beneke a.a.O. 56.
[76] Stupperich a.a.O. 51.
[77] Schneider a.a.O.
[78] Beneke a.a.O. 56.
[79] Tacitus, Annalen I 63.
[80] Ebd.
[81] Koch a.a.O. 15.
[82] Pörtner a.a.O. 32–35; Beneke a.a.O. 54.
[83] Albrecht a.a.O. 18–21.

Zu Teil C (Seite 49–91):

[1] Vell. Pat. 97.
[2] Bengtson, Hermann, Römische Geschichte (München 1973), 235/6.
[3] Hofmann, Albert von, Das deutsche Land und die deutsche Geschichte (Berlin 1923), 26–29.
[4] Mildenberger, Gerhard, Germanische Burgen (Münster 1979).
[5] Albrecht, Christoph, Das Römerlager Oberaden (Dortmund 1938), 21.
[6] Schnurbein, Siegmar von, Die Römer in Haltern (Münster 1979), 32.
[7] Albrecht a.a.O. 21.
[8] Loeschke, Siegfried, Die römische und belgische Keramik aus Oberaden, in: Römerlager Oberaden, Heft 2 (Dortmund 1938), 11.
[9] Albrecht a.a.O. 31.
[10] Caesar, Bell. Gall. IV 3, 1.
[11] Tacitus, Germania, 16.
[12] Maasjost, Ludwig, Südöstliches Westfalen (Berlin 1973), 54–57.
[13] Norkus, Johannes, Die Feldzüge der Römer (Hildesheim 1963), 39.
[14] Maasjost a.a.O. 55.
[15] Führer zu vor- und frühgeschichtlichen Denkmälern Bd. 20, 196.
[16] Delbrück, Hans, Geschichte der Kriegskunst (Berlin 1901), 135–136.
[17] Führer zu ... a.a.O. 201.
[18] Vell. Pat. 105–107.
[19] Koch, Josef, Frühe Verkehrsstraßen in der östlichen westfälischen Bucht (Paderborn 1977), 24.
[20] Koch a.a.O. 151.
[21] Führer zu ... a.a.O. 114.
[22] Führer zu ... a.a.O. 78.
[23] Schnurbein a.a.O. 70.
[24] Maasjost a.a.O. 54/55.
[25] Polenz, Peter von, Landschafts- und Bezirksnamen im frühmittelalterlichen Deutschland (Marburg 1961), 116–131.

[26] Maasjost a.a.O. 69–75.
[27] Henkel, Gerhard, Geschichte und Geographie des Kreises Büren (Paderborn 1974), 78.
[28] Führer zu . . . a.a.O. 20–29, 34, 47.
[29] Ebd. 82–84.
[30] Ebd. 223–224.
[31] Henkel a.a.O. 89.
[32] Koch a.a.O. 126, 132, 140, 227.
[33] Dio Cassius LVI 18.
[34] Koch a.a.O. 138.
[35] Koch a.a.O. 192–194.
[36] Ortmann, Bernhard, Vororte Westfalens (Paderborn 1949), 96.
[37] Führer zu . . . a.a.O. 126.
[38] Ortmann, Bernhard, Aus der Frühgeschichte des Paderborner Landes (Paderborn 1937), 87.
[39] Ders. a.a.O. 87 und 96.
[40] Bschorner, Hans, Handbuch der deutschen Flurnamenliteratur bis Ende 1926 (Frankfurt/M. 1928), 167.
[41] Jellinghaus, H., Die westfälischen Ortsnamen nach ihren Grundwörtern (Osnabrück 1923), 37.
[42] Führer zu . . . a.a.O. 224.
[43] Schnurbein, Siegmar von, Die Römer in Haltern (Münster 1979), 32.
[44] Koch a.a.O. 151.
[45] Ders. a.a.O. 93.
[46] Ders. a.a.O. 94.
[47] Dünzelmann, E., Das römische Straßennetz in Norddeutschland (Leipzig 1893), 87.
[48] Schnurbein, Siegmar von, Die Römer in Haltern (Münster 1979), 69.
[49] Ders. in: Bericht der Römisch-Germanischen Kommission, Band 62, 1981, 96.
[50] Vell. Pat. 112.
[51] Tacitus, Annalen II 7.
[52] Schnurbein a.a.O. 81.
[53] Ders. 19.
[54] Ebd.
[55] Vgl. dazu Schnurbein a.a.O. 15.
[56] Schnurbein a.a.O. 17–18.
[57] Prein, Otto, Aliso (Münster 1930), 17–18.
[58] Prein a.a.O. 16.
[59] Vgl. von Schnurbein, Die Römer in Haltern, a.a.O. 67–69.
[60] Ebd. 70.
[61] Hofmann a.a.O. 54.
[62] Delbrück a.a.O. 142.
[63] Bengtson a.a.O. 236.
[64] Stupperich, Reinhard, Römische Funde in Westfalen und Nordwest-Niedersachsen (Münster 1980), 33 (= Münstersche Beiträge zur Archäologie).
[65] Stupperich a.a.O. 18.
[66] Ebd. 16.
[67] Mommsen, Theodor, Die Örtlichkeit der Varusschlacht, 1885, 64.
[68] Vgl. auch Führer zu vor- und frühgeschichtlichen Denkmälern, Band 4 (Mainz 1975), 24.

Zu Teil D (Seite 93–133):

[1] Vell. Pat. 105.
[2] Dio Cassius LVI 18.

[3] Vell. Pat. 119.
[4] Dio Cassius LVI 19.
[5] Vell. Pat. 105.
[6] Mommsen, Th., Die Örtlichkeit der Varusschlacht, 1885, 63/64.
[7] Dio Cassius LVI 19, 3–4.
[8] Ebd.
[9] Hülsenbeck, Fr., Die Gegend der Varusschlacht nach den Quellen und Lokalforschungen (Paderborn 1878), 23.
[10] Schmedding, J. H./Biermann, F., Atlas vor- und frühgeschichtlicher Befestigungen in Westfalen (Münster 1920), 21.
[11] Hömberg, A. K., Zwischen Rhein und Weser (Münster 1967), 85.
[12] Brinkmann, H. H., Rüthen, Stadtführer (Rüthen 1968), 28.
[13] Geländebeschreibung n. Top. Karte 4517, 11. Aufl. 1977.
[14] Wir nehmen hier die Top. Karte 4617 als Ergänzung zur Hand; den gesamten Raum der Schlacht zeigt Karte C 4714; sonst sind noch Karten 4514, 4515, 4516, 4615 und 4616 heranzuziehen.
[15] Vell. Pat. 117.
[16] Ders. 118.
[17] Ebd.
[18] Dio Cassius LVI 19.
[19] Pastenaci, K., Volksgeschichte der Germanen (Berlin 1936), 150–155.
[20] Delbrück, H., Geschichte der Kriegskunst (Berlin1901), 36.
[21] Dio Cassius LVI 19.
[22] Stupperich, R., Römische Funde in Westfalen und Nordwest-Niedersachsen (Münster 1980), 87.
[23] Dio Cassius LVI 20.
[24] Polenz, P. von, Landschafts- und Bezirksnamen im frühmittelalterlichen Deutschland (Marburg 1961), 119–120 und 237.
[25] Dio Cassius LVI 21.
[26] Dio Cassius LVI 21.
[27] Dio Cassius LVI 21.
[28] Dio Cassius LVI 21.
[29] Der Flurname ist verzeichnet in der Flurkarte Eversberg Flur II vom 28. 5. 1820 und ist beim Katasteramt Arnsberg einzusehen.
[30] Schmedding-Biermann, Atlas vor- und frühgeschichtlicher Befestigungen in Westfalen, 29–30.
[31] Kraemer, Die Wallburgen des Ruhrtales, 49.
[32] Dio Cassius LVI 22, 1–2.
[33] Henneböle, Die Römerlager bei Kneblinghausen (Dortmund 1941), 122.
[34] Pörtner, Mit dem Fahrstuhl in die Römerzeit (Berlin 1961), 33.
[35] Vell. Pat. 119.
[36] Dio Cassius LVI 20, 1.
[37] Dio Cassius LVI 22.
[38] Hülsenbeck a.a.O. 17.
[39] Vell. Pat. 112.

Zu Teil E (Seite 135–196):

[1] Vgl. Bengtson, Hermann, Kaiser Augustus (München 1981), 92.
[2] Tacitus, P. Cornelius, Annalen, Ed. Hoffmann (Wiesbaden 1978), I 49–51.
[3] Tacitus, Ann. I 55, 56, 57.
[4] Ann. I 60.
[5] Ann. I 60.

[6] Ann. I 55.
[7] Timpe, Dieter, Der Triumph des Germanicus, 66, 67.
[8] Timpe a.a.O. 70.
[9] Tacitus, Ann. I 55.
[10] Ann. I 59–60.
[11] Ann. I 60.
[12] Timpe a.a.O. 70.
[13] Tacitus, Ann. I 60.
[14] Ann. I 60–61.
[15] Müller, Wilhelm, Römische Hufeisen und die Varusschlacht, 377.
[16] Ders. 377–78.
[17] Timpe a.a.O. 46, Tacitus Ann. II 41.
[18] Ruprechtsberger, Erwin M., Römische Hufeisen und der Phaidrasarkophag im Camposanto zu Pisa, Römisches Österreich, Jg. 5–6 (Wien 1978), 83–100.
[19] Hübener, Wolfgang, Die römischen Materialfunde von Augsburg-Oberhausen (Kallmünz 1973).
[20] Tacitus, I 60, 64, 69. Hübener a.a.O. 23. Doppelfeld, Otto, Der Rhein und die Römer (Köln 1974), 12.
[21] Duden, Band 7, 90.
[22] Tacitus, Ann. I 61, 1.
[23] Ann. I 61, 1–2.
[24] Ann. I 61, 2.
[25] Dio Cassius LVI 21, 1.
[26] Dahm, Otto, Die Hermannschlacht (Hanau 1888), 39.
[27] Tacitus, Ann. I 61, 2–4.
[28] Hülsenbeck, Fr., Die Gegend der Varusschlacht (Paderborn 1871), 25.
[29] Beneke, Arnold, Siegfried und die Varusschlacht (Dortmund 1909), 59.
[30] Stieren, A., Germanengräber im Arnsberger Wald, in ‚Germania' 16 (Berlin 1932), 63/64.
[31] Beneke, A., Die neuen Untersuchungen der Gräber im Arnsberger Wald, in: Sauerländer Gebirgsbote 1912, 50–52.
[32] Biermann, F., Bericht über die Untersuchung mehrerer Grabhügel im Arnsberger Wald, in: Sauerländer Gebirgsbote 20 (Arnsberg 1912), 87 und 120.
[33] Beneke a.a.O. 50.
[34] Hülsenbeck a.a.O. 26.
[35] Beneke a.a.O. 52.
[36] Bleicher, Wilhelm, Das Werk Arnold Benekes (Hohenlimburg 1974), 283–285.
[37] Schuchardt, C., Die vermeintlichen Varusschlacht-Hügel im Arnsberger Wald (Berlin 1912), 387.
[38] Lohmann, Medebach, Welchem praktischen Zweck haben die Steinhaufen im Arnsberger Walde gedient (1913), 139, 158.
[39] Feaux de Lacroix, Karl, Das Geheimnis des Arnsberger Waldes (1913), 185.
[40] Tacitus, Ann. I 62.
[41] Ann. I 63.
[42] Biermann a.a.O. 89.
[43] Beneke a.a.O. 60.
[44] Vgl. Brinkmann, Heinz-Hermann, Rüthen-Stadtführer (Rüthen 1968), 41.
[45] Tacitus, Ann. I 63.
[46] Beneke a.a.O. 50–52.
[47] Beneke, Siegfried und die Varusschlacht, a.a.O. 64.
[48] Tacitus, Ann. I 63.
[49] Ann. I 63.
[50] Ann. I 70.
[51] Tacitus, Annalen, Ed. Hoffmann, Erläuterungen zu Ann. I 56.

[52] Koepp, Friedrich, Die Römer in Deutschland (Bielefeld 1926), 42.
[53] Tacitus, Ann. I 71.
[54] Ann. I 63.
[55] Ann. I 63.
[56] Ann. I 63.
[57] Ann. I 63.
[58] Ann. I 65.
[59] Ann. I 65.
[60] Ann. II 7.
[61] Ann. II 7.
[62] Ann. II 5.
[63] Ann. II 25.
[64] Ann. II 88.
[65] Schnurbein, Siegmar von, Untersuchungen zur Geschichte der römischen Militärlager an der Lippe, in: Bericht der Römisch-Germanischen Kommission Nr. 62, 1981 (Mainz 1982), 7–9.
[66] Delbrück, Hans, Geschichte der Kriegskunst (Berlin 1901), 89.

Verzeichnis der Abbildungen im Text

Anhang

Römische Funde und Grabungen

32. Kriegerfriedhof.
33. Steinhaufen (Grab), ohne Humusschicht.
34. Umgrabung des Steinhaufens.
35. Prüfgrube.
36. Gruben von 1911 und 1984.
37. Hessengraben.
38. Dolchscheide von Rösenbeck.
39. Grabstein für den Centurio Marcus Caelius.

Köpfe der römischen Feldherren

Abb. 1: Drusus.

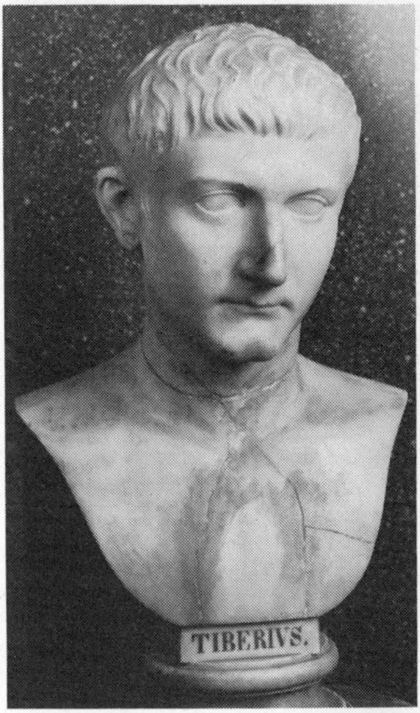

Abb. 2: Tiberius.

Abb. 3: Varus (auf einer Münze der afrikanischen Stadt Achulla).

Abb. 4: Germanicus (Büsten, Schloßmuseum Erbach).

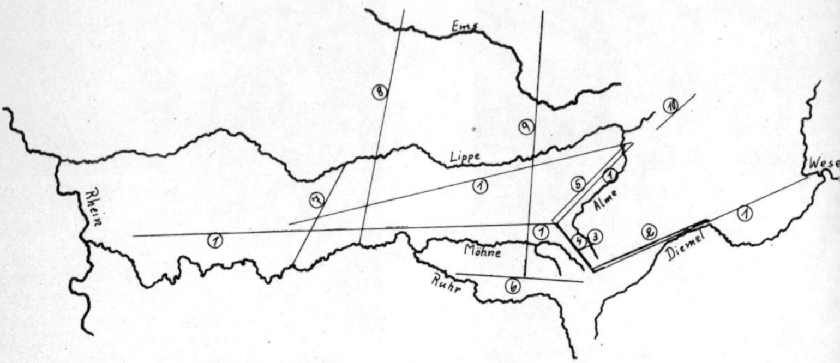

1. Vom Rhein zur Weser (= Abb. 6)
2. Von Brilon zur Egge (Diemelweg) (= Abb. 7)
3. Hauptstoß am ersten Kampftag, von „Burg“ zum „Streitberg“ (= Abb. 8)
4. Durch den Wald zwischen Alme und Möhne (= Abb. 9)
5. Von „Spitze Warte“ nach Paderborn (Alter Hellweg) (= Abb. 10)
6. Von Arnsberg nach Brilon (Plackweg) (= Abb. 11)
7. Ruhl–Lippe, über Sigiburg nach Oberaden (= Abb. 12)
8. Ruhr–Osning, von Fröndenberg nach Ibbenbüren (= Abb. 13)
9. Ruhr–Osning, über Warstein bis Bielefeld (= Abb. 14)
10. Lippequelle–Warburger Börde, über Römerberg (= Abb. 15)

Abb. 5: Höhenschnitte und Wegepläne (Übersicht).

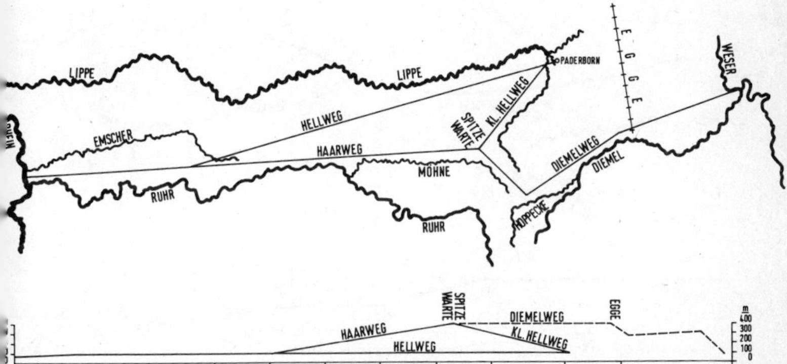

18	18	18	15	15	15	15	15	20	15	30		km
50	100	100	100	100	100	100	100	100	120	400	90	HELLWEG
DUISBURG	ESSEN	BOCHUM	DORTMUND	UNNA	WERL	SOEST	ERWITTE	GESECKE	PADERBORN	EGGE	WESER	
20	35	45	50	55	60	65	75	90	100	—	—	LIPPE
—	—	—	150	170	230	300	389	—	—	—	—	HAARWEG
—	—	—	—	—	—	—	—	400	500	475	100	DIEMELWEG
28	40	70	100	125	150	225	300	—	—	—	—	RUHR
—	—	—	—	—	—	—	—		300	200	100	DIEMEL
27	40	50	65	—	—	—	—	—	—	—	—	EMSCHER

Abb. 6: Vom Rhein zur Weser. Schnitte 1 : 30.

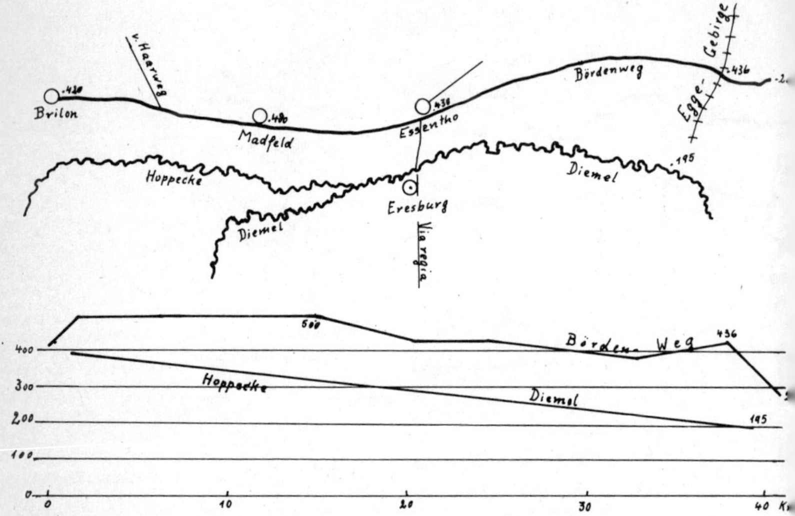

Abb. 7: Diemelweg von Brilon bis zur Egge.

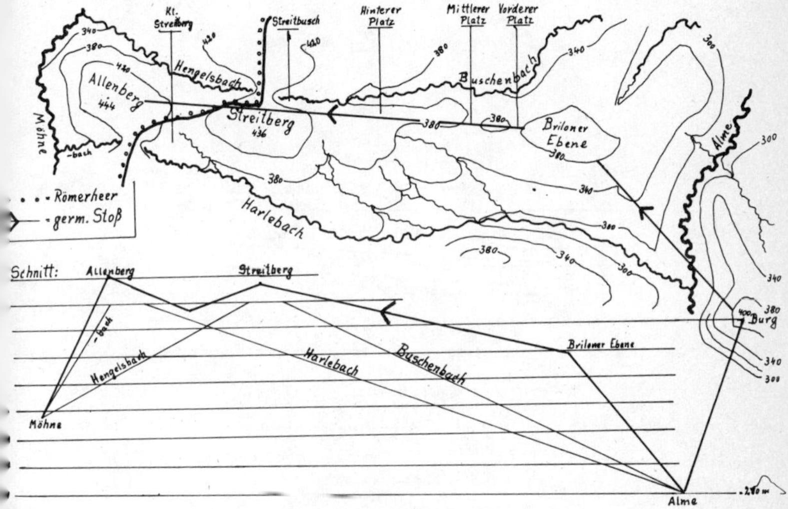

Abb. 8: Hauptstoß der Germanen am ersten Kampftag von der „Burg“ zum „Streitberg“. (1 cm = 500 m)

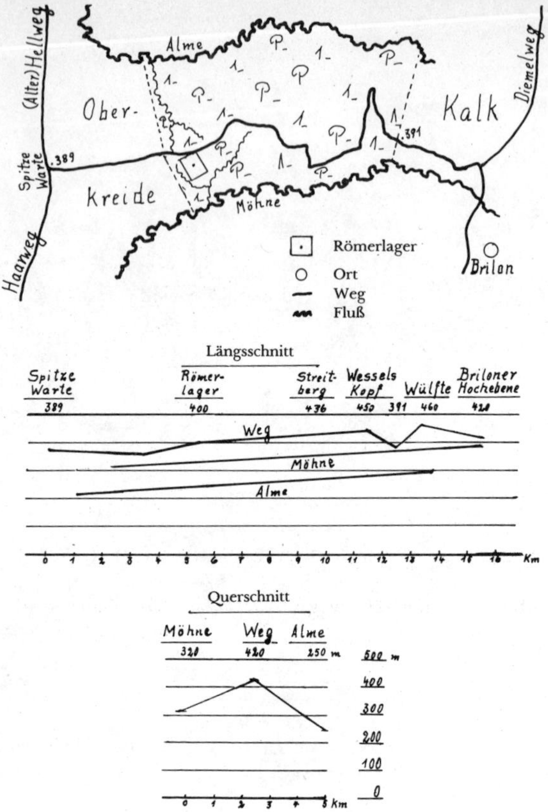

Abb. 9: Weg durch den Wald zwischen Alme und Möhne (erster Kampftag).

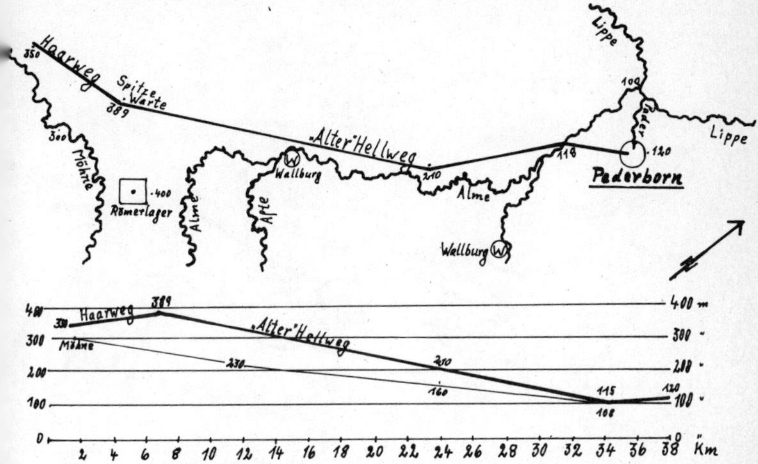

Abb. 10: „Alter" Hellweg, „Spitze Warte" bis Paderborn.

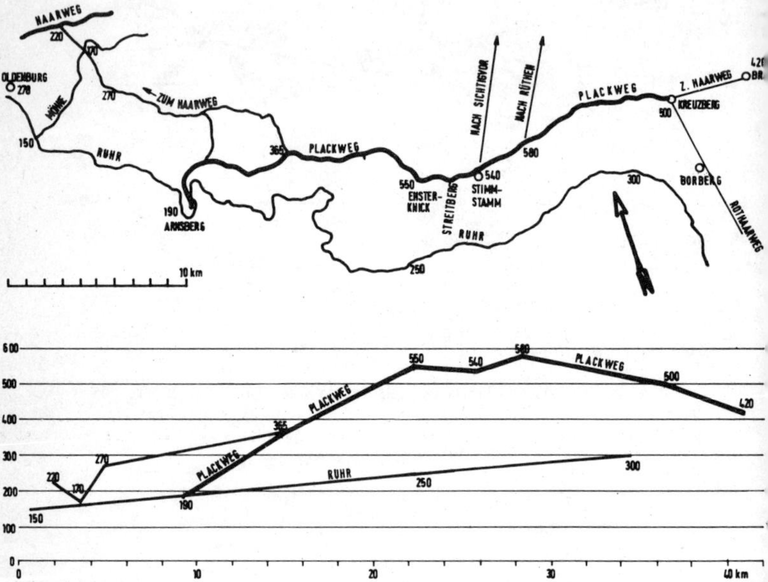

Abb. 11: Plackweg, Kreuzberg bis Arnsberg,
mit Anschluß nach Westen (Haarweg) und Osten (Brilon).
Schnitt 1 : 20.

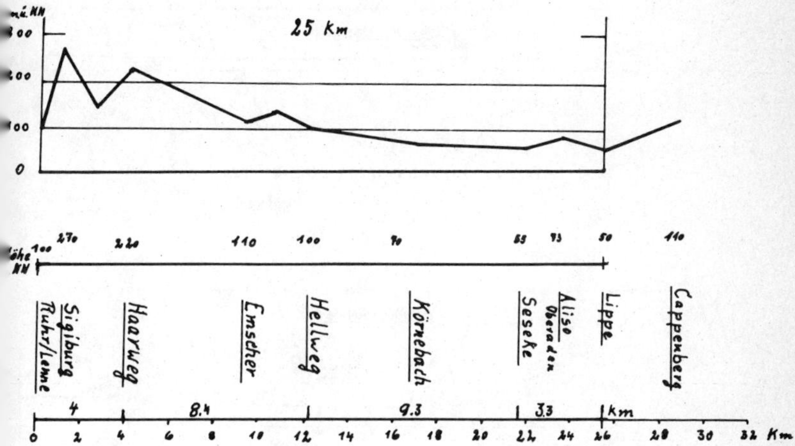

Abb. 12: Schnitt Ruhr–Lippe, über Sigiburg und Oberaden.

Schnitt Ruhr–Osning

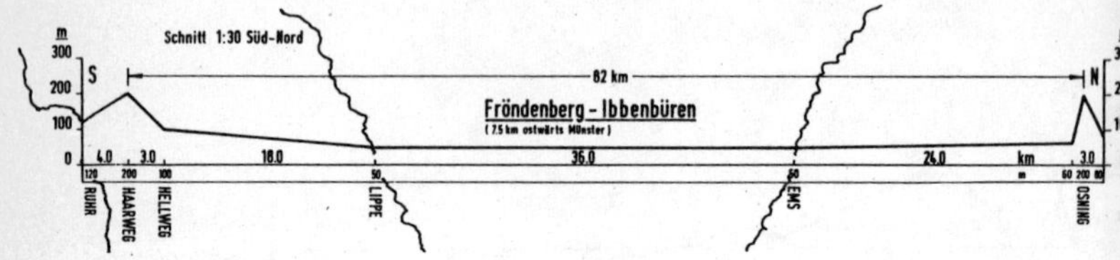

Abb. 13: Fröndenberg–Ibbenbüren

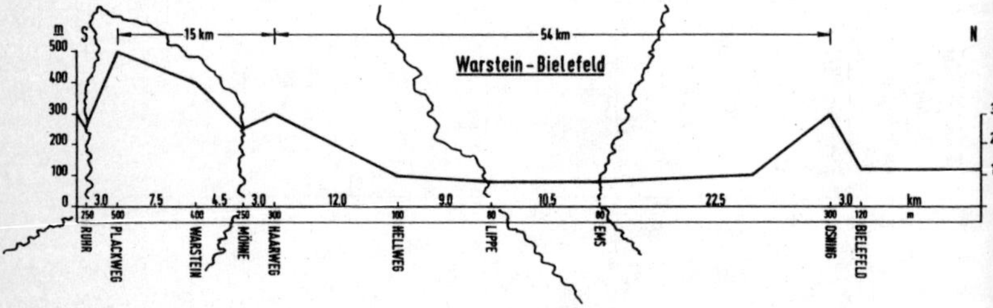

Abb. 14: Warstein–Bielefeld

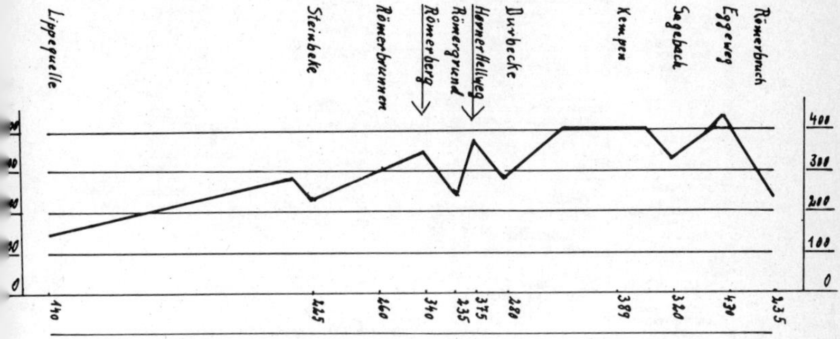

Abb. 15: Schnitt über Römerberg,
von der Lippequelle bis nach Grevenhagen-Sandebeck.
(1 cm = 700 m)

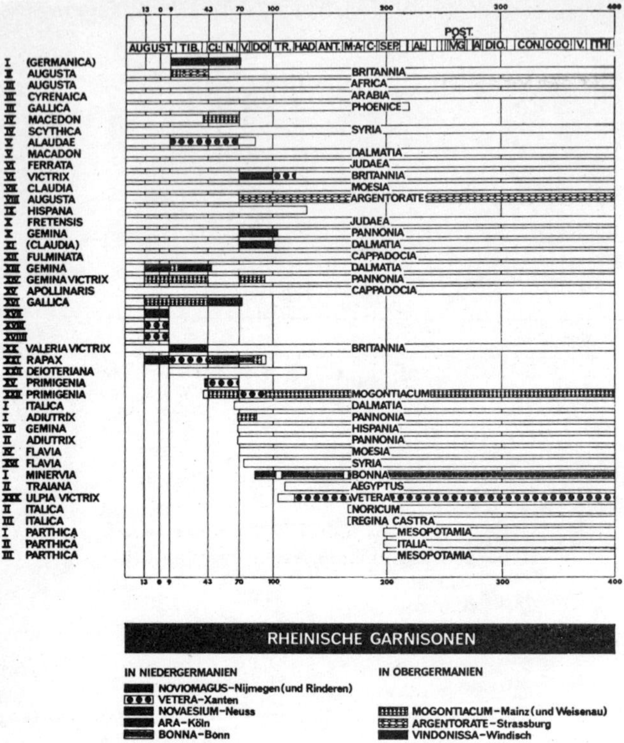

Abb. 16: Übersicht über die römischen Legionen, die Zeit ihrer Stationierung an der Rheinfront und ihre Kastelle.

Abb. 17: Asciburgium. Ausschnitt einer Karte der Grafschaft Moers, gestochen von Johann Mercator im Jahre 1591.

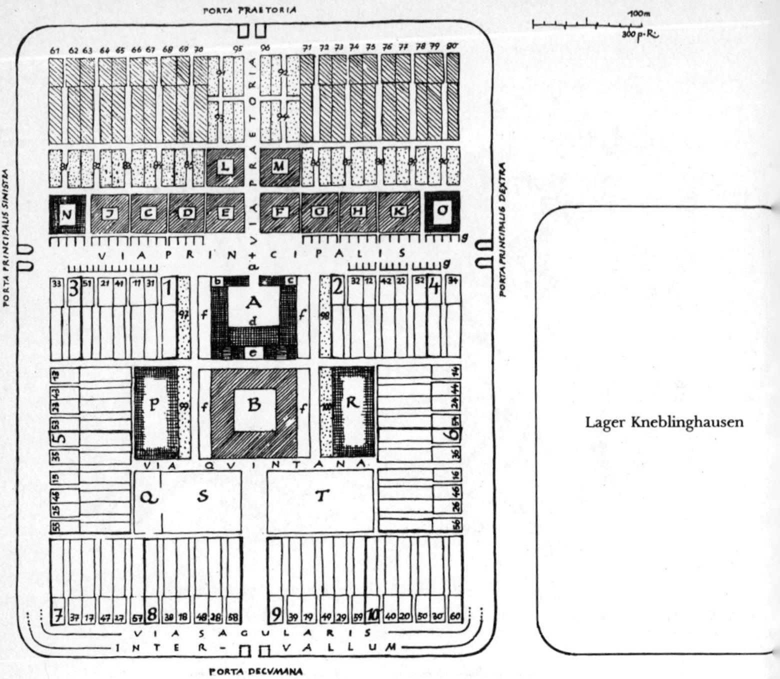

Abb. 18: Das Legionslager Neuss und das Lager Kneblinghausen (Länge 420 m, Breite 240 m) im Vergleich. (1 cm = 50 m)

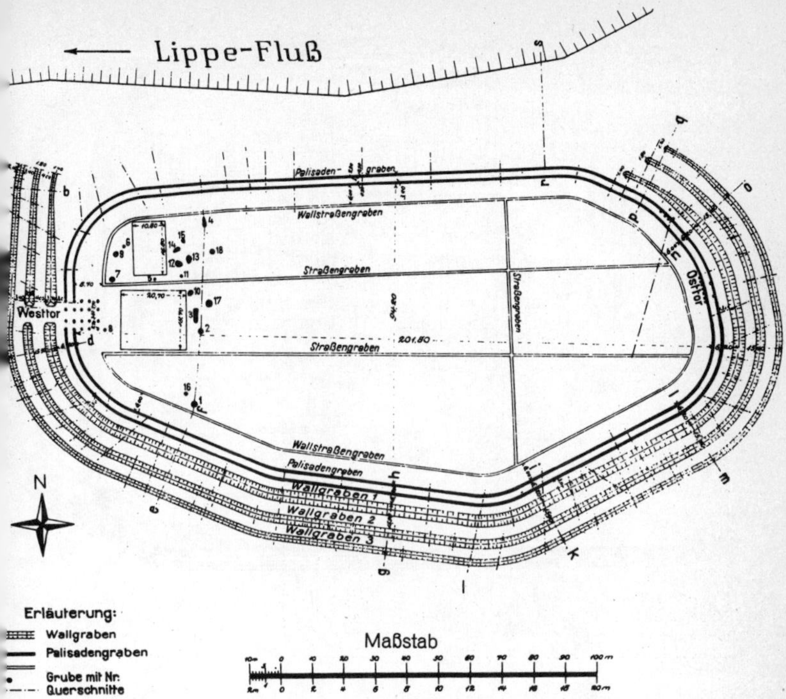

Abb. 19: Ergänzung zum Lager Oberaden: Flußlager Kastell Beckinghausen.

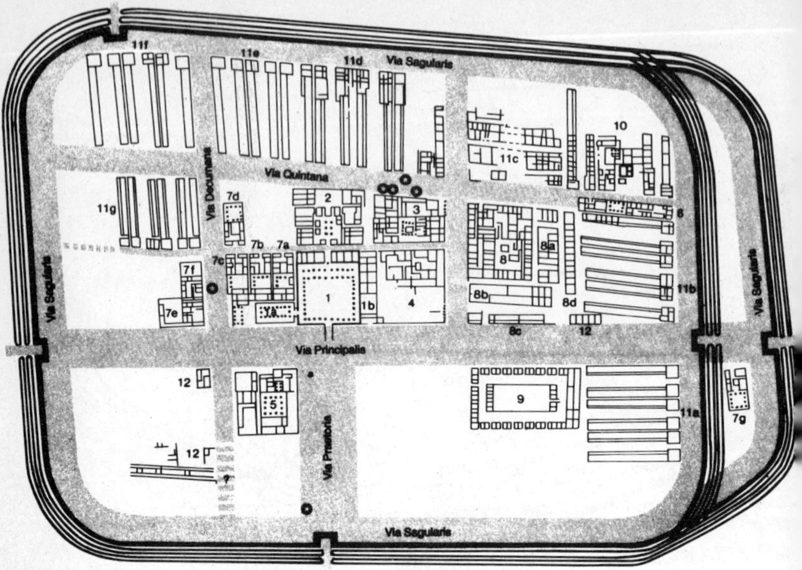

Abb. 20: Anordnung von Kasernenbauten im Römerlager Haltern (Beschreibung siehe S. 73).
Bei dem frühkaiserzeitlichen Haus von Böddeken (siehe S. 64) kann es sich um einen römischen Kasernenbau gehandelt haben.

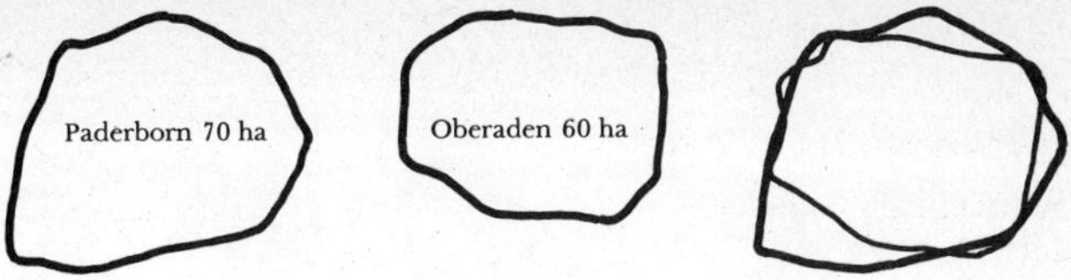

Abb. 21: Paderborn und Oberaden im Größenvergleich.

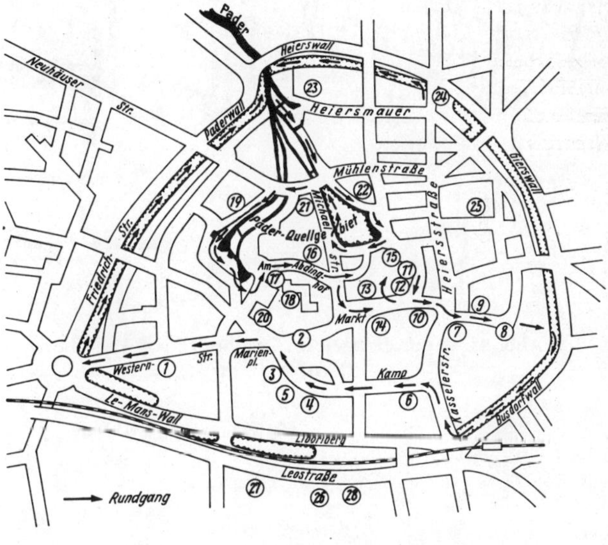

Abb. 22: Der Stadtkern von Paderborn.
(1 cm = 125 m)

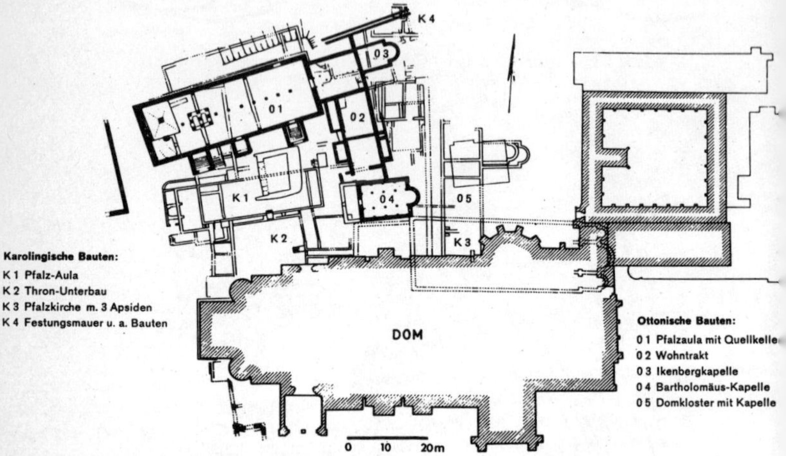

Abb. 23: Ausgrabungen im Dombezirk von Paderborn.
(1 cm = 15 m)

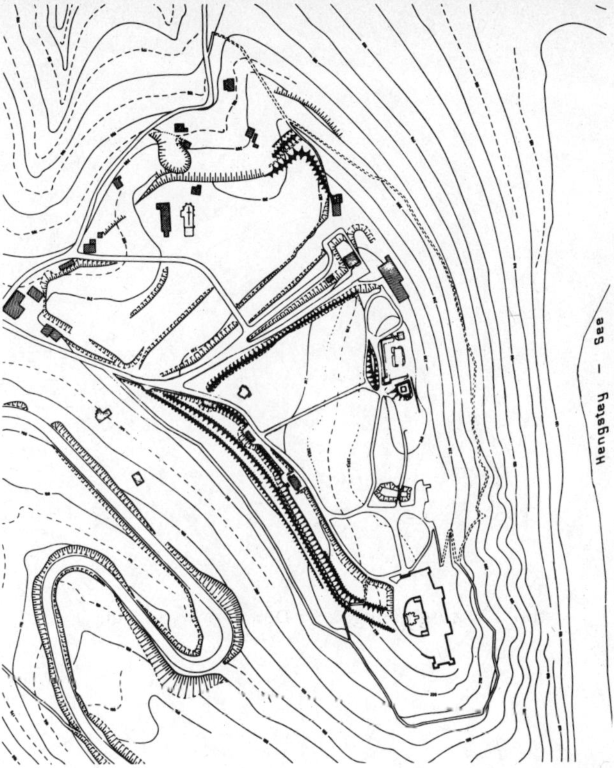

Abb. 24: Sigiburg (Hohensyburg).
(1 cm = 100 m)

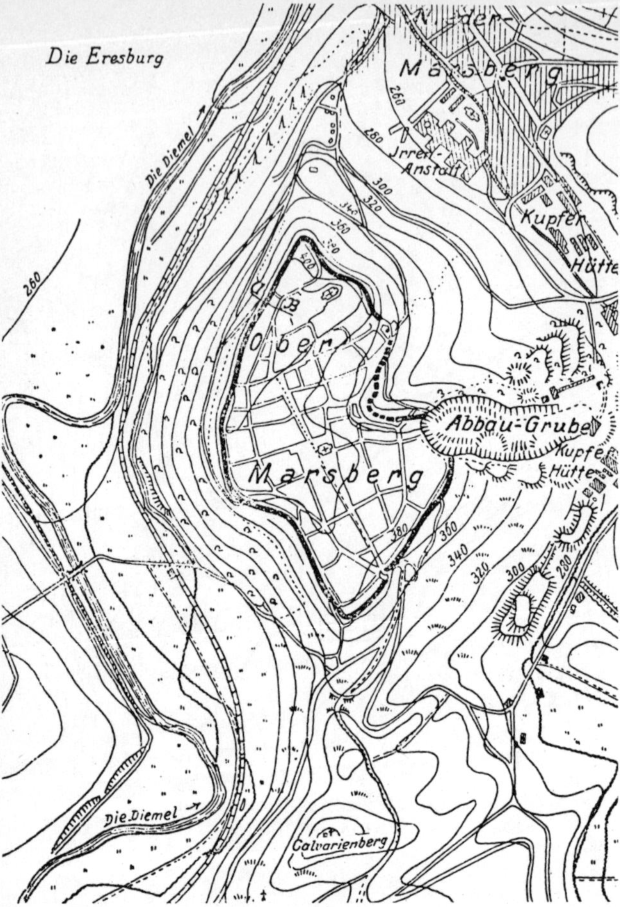

Abb. 25: Die Eresburg an der Diemel.
(1 cm = 125 m)

Geologische Geländeschnitte und -pläne

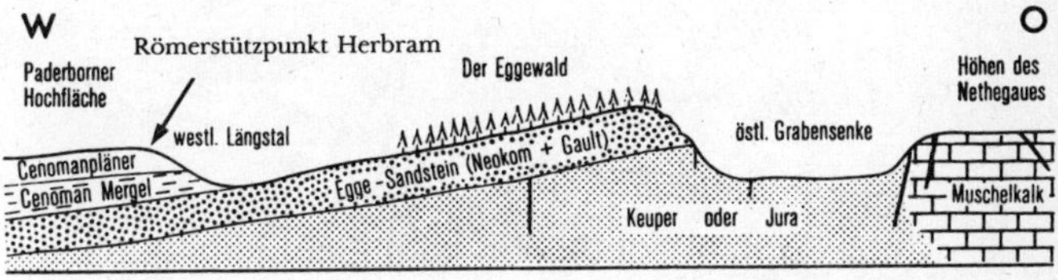

Abb. 26: Profil durch das südliche Eggegebirge.

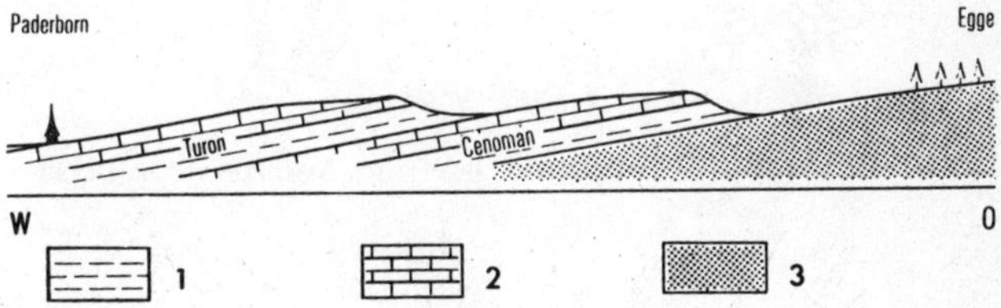

Abb. 27: W-O-Schnitt durch die Paderborner Hochfläche.

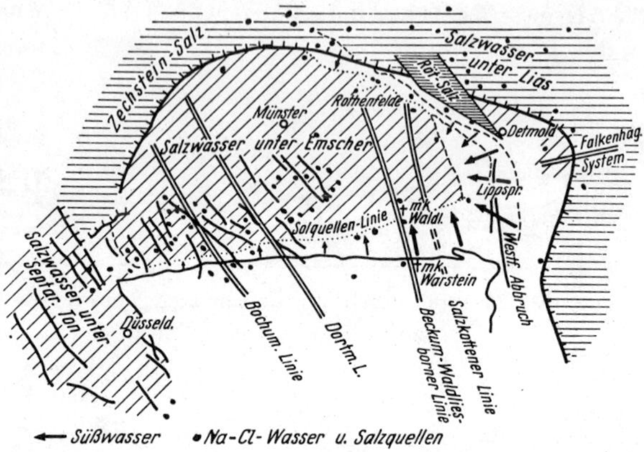

Abb. 28: Verbreitung von Salzwassern im Münsterschen Becken.

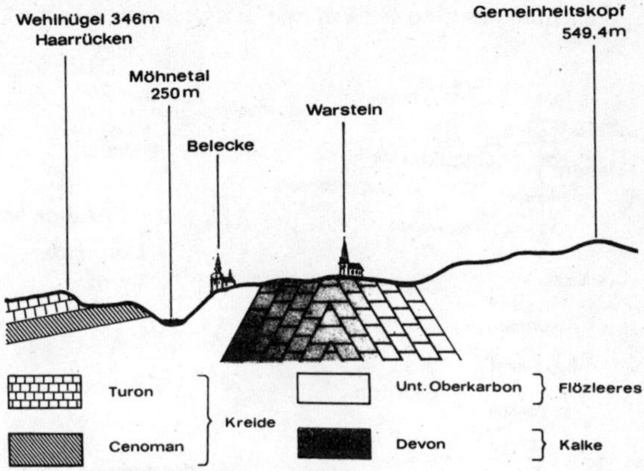

Abb. 29: Topographischer Längsschnitt vom Plackweg zum Haarweg (über Warstein).

Germanische Stämme und alte Wege

Abb. 30: Die germanischen Stämme zur Zeit Armins (um 9 n. Chr.).

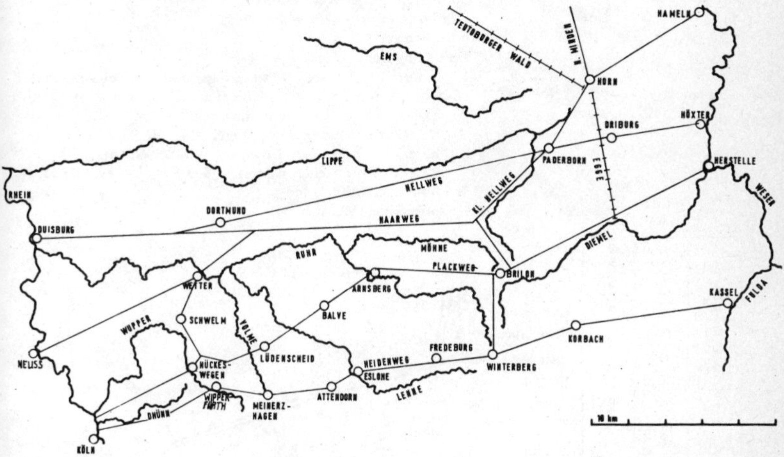

Abb. 31: Alte Straßen vom Rhein zur Weser.

Vermuteter Arbeitsablauf bei der Anlage dieses Kriegerfriedhofs = 100 ha (Auszug 1. und 2. Phase)

1 Legion:
10 Kohorten zu je drei Manipel =
30 Manipel zu je zwei Centurien =
60 Centurien zu je 100 Mann =
6000 Krieger.
Aufteilung der Legion:
10 Kohorten = 1 Stabs-, 3 Sicherungs- und 6 Arbeitskohorten.
6 Arbeitskohorten zu je 3 Manipel à 2 Centurien = 36 Centurien

1. Arbeitsphase entlang dem Plackweg:
   36 Centurien erstellen je 2 Hügel = 72 Hügel;
2. Phase, quer zum alten Ensterweg (Wasserscheide):
   36 Centurien erstellen weitere je 8–9 Hügel = ca. 300 Hügel;
3. Phase, das Restgelände = ca. 230 Hügel.
   (siehe Seite 152, Abb. 37)

2. Phase = Arbeitsschema:

1 Kohorte

Manipel

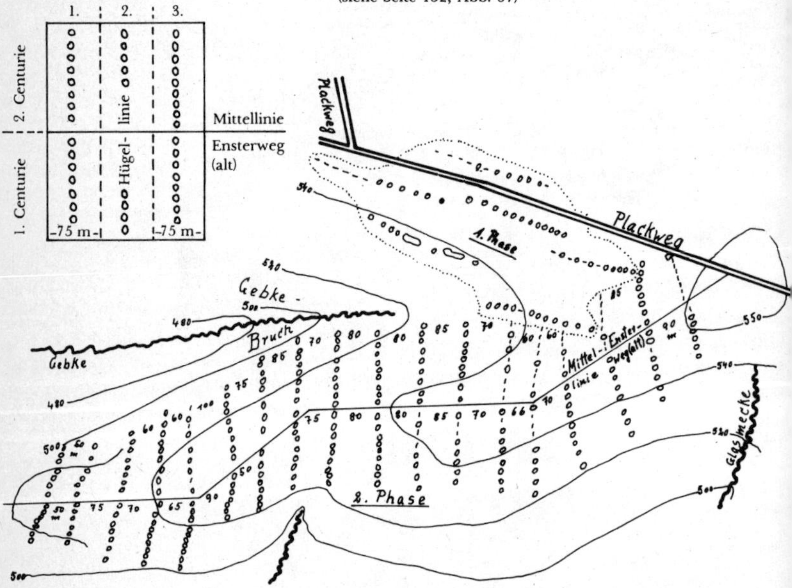

Abb. 32: Kriegerfriedhof am Ensterknick.

Abb. 33: Steinhaufen (Grab), ohne Humusschicht. 7,5 m³.

Abb. 34: Prüfgrube und Umgrabung.

Abb. 35: Prüfgrube und Hügelrand.

Abb. 36: Gruben, vorn 1984, hinten 1911 untersucht.

Abb. 37: Hessengraben (2 m tief, 1100 m lang).

Abb. 38: Rösenbeck, römische Dolchscheide des 1. Jh. n. Chr. mit Bronze- und Emailtauschierung. Gefunden um 1880 auf Burg Aldenfels.

Abb. 39:
Grabmal
des Caelius.

Noch immer ist dieser bei Xanten gefundene römische Grabstein der einzige archäologisch greifbare Nachweis für die Varusschlacht im Jahre 9 nach Christus. Er wurde für den im Feldzug des Varus gefallenen Centurio Marcus Caelius von dessen Bruder in Auftrag gegeben.

Der Verstorbene ist als Halbfigur, mit seinen beiden Freigelassenen, sowie mit dem Zeichen seiner Centurionenwürde (Rebstock, vitis) im vollen Schmuck seiner Auszeichnungen dargestellt. Es sind: phalerae (Scheiben), torques (Halsring), armillae (Armreifen) und dazu die ursprünglich nicht allen Dienstgraden zustehende corona.

Die Inschrift lautet:

M(arco) Caelio T(iti) f(ilio) Lem(onia tribu) Bon(onia) / [p(rimo)] o(rdini) leg(ionis) XIIX (duodevicesimae), ann(orum) LIII (quinquaginta trium) s(emissis) / [oc]cidit bello Variano, ossa [. . . i]nferre licebit. P(ublius] Caelius T(iti) f(ilius) Lem(onia tribu) frater fecit.

Dem Marcus Caelius, Sohn des Titus von der Tribus Lemonia aus Bologna, Centurio erster Ordnung der 18. Legion, 53½ Jahre alt. Er fiel im Kriege des Varus. Die Gebeine dürfen (in diesem Grab) beigesetzt werden. Der Bruder Publius Caelius, Sohn des Titus von der Tribus Lemonia hat es errichtet.

Die Freigelassenen M(arcus), Caelius, M(arci) l(ibertus) Privatus (und) Thiaminus.

(Lothringischer Kalkstein, Höhe 1,37 m. Rheinisches Landesmuseum Bonn.)

Quellennachweis

Für Abdruckgenehmigungen danken wir:

Dr. R. Stupperich, Archäologisches Seminar der Universität Münster (Seite 246, Abb. 38).

Verlag H. Bösmann, Detmold (Seite 8, Abb. 1; Seite 217, Abb. 3).

Verlag Gebrüder Bornträger, Stuttgart (Seite 56, Abb. 14; Seite 233, Abb. 22; Seite 234, Abb. 23; Seite 237, Abb. 26 und 27; Seite 238, Abb. 28).

Verlag Eckhardt Braun, Duisburg (Seite 229, Abb. 17).

Deutsche Verlags-Anstalt, Stuttgart (Seite 84, Abb. 25).

Econ-Verlag, Düsseldorf (Seite 40, Abb. 8; Seite 83, Abb. 24; Seite 240, Abb. 30).

Greven Verlag, Köln (Seite 228, Abb. 16; Seite 230, Abb. 18).

Verlag Ferdinand Schöningh (Seite 45, Abb. 11).

Kultur- und Verkehrsamt der Stadt Warstein (Seite 34, Abb. 6; Seite 239, Abb. 29).

Westfälisches Museum für Archäologie – Amt für Bodendenkmalpflege, Münster (Seite 47, Abb. 12; Seite 231, Abb. 19; Seite 232, Abb. 20).

Verlag Philipp von Zabern, Mainz (Seite 57, Abb. 15; Seite 74, Abb. 21).